普通高等院校“十二五”规划重点教材
国际贸易系列

国际贸易实务

李朝民／主编
王华雷／副主编

立信会计出版社
LIXIN ACCOUNTING PUBLISHING HOUSE

图书在版编目(CIP)数据

国际贸易实务 / 李朝民主编. —上海：立信会计出版社，2012.4

普通高等院校“十二五”规划重点教材. 国际贸易系列

ISBN 978 - 7 - 5429 - 3358 - 4

Ⅰ.①国… Ⅱ.①李… Ⅲ.①国际贸易—贸易实务—高等学校—教材 Ⅳ.①F740.4

中国版本图书馆 CIP 数据核字(2012)第 062468 号

策划编辑 赵新民

责任编辑 余 榕

封面设计 周崇文

国际贸易实务

出版发行	立信会计出版社		
地 址	上海市中山西路 2230 号	邮政编码	200235
电 话	(021)64411389	传 真	(021)64411325
网 址	www.lixinaph.com	电子邮箱	lxaph@sh163.net
网上书店	www.shlx.net	电 话	(021)64411071
经 销	各地新华书店		

印 刷	浙江省临安市曙光印务有限公司	
开 本	787 毫米×1092 毫米	1/16
印 张	17	
字 数	389 千字	
版 次	2012 年 4 月第 1 版	
印 次	2017 年 2 月第 2 次	
印 数	3 101—5 100	
书 号	ISBN 978 - 7 - 5429 - 3358 - 4/F	
定 价	28.00 元	

高等院校“十二五”规划重点教材·国际贸易系列

总　　序

改革开放以来，尤其是加入WTO之后，中国的对外贸易得到了快速发展，为国民经济的健康发展作出了巨大贡献。在这种背景下，培养高素质的外贸从业人员，保持国际贸易持续快速增长，就显得十分重要。高素质的外贸从业人员需要掌握系统的相关理论、知识和技能，本套国际贸易系列教材就是为这一目的而编写的。

本套教材共13本，分别是《国际营销学》、《中国对外贸易概论》、《国际贸易》、《国际贸易实务》、《国际贸易法》、《国际金融》、《外贸英语函电》、《国际商务英语》、《国际服务贸易》、《国际贸易结算》、《国际货物运输与保险》、《国际贸易单证实务》、《国际商务谈判》。其中，前8本可作为商务部外销员的考试用书，它们均以商务部最新外销员考试大纲为指导，在涵盖大纲全部内容的基础上，适当进行了扩充，使其既可满足外贸从业人员参加外销员考试复习之用，亦可供高等院校国际贸易及相关专业的学生学习使用。

本套教材的最大特点在于：不仅注重理论性、知识性和趣味性，同时也注重实用性和可操作性。例如，《国际贸易实务》介绍了如何选择进出口商品和寻找贸易商的各种有效途径，以及如何办理出口外汇核销和出口退税手续的相关内容等；《外贸英语函电》的案例几乎全部来源于外贸公司的真实案例；《国际贸易单证实务》的各种单证全部来源于外贸公司和外贸运输公司的真实单证，以便学生学以致用，提高实际业务操作技能，毕业后能快速适应外贸工作。本套教材都适当增加了“知识拓展”和“案例分析”模块，便于学生理解、掌握相关理论和知识。

本套教材的另一特点在于内容的前沿性和新颖性。最新相关理论、惯例、政策、规章制度以及所涉及的相关最新知识、信息等均纳入教材中，紧跟时代步伐。

本套教材的编者，有长期从事国际贸易相关专业的教学和科研工作的专家、学者，还有长期从事国际贸易实务、管理及相关工作的专业人士，既确保了理论知识的深度、广度和系统性，又确保了应用知识的真实性和实用性。

本套教材的广泛使用，将有助于改变长期以来教材与国际贸易实践脱节的现状，有利于培养理论知识系统，全面、扎实，操作技能强的综合性外贸专门人才。

李朝民

2012年4月

前　言

改革开放以来，尤其是加入世界贸易组织后，我国的对外贸易得到了快速发展，亟须大量高素质的人、掌握专业的理论知识和实际操作技能的国际贸易从业人员。“国际贸易实务”这门课程，就是指导大家如何从事货物进出口贸易的课程，它也是商务部外销员考试的核心课程。

本书以商务部2010年外销员考试大纲为指导，紧密结合我国进出口贸易实际，采用以实践诠释理论的思路，全面而系统地讲解国际贸易的相关知识和实际操作技能，为有志于从事国际贸易的人员提供一本理论知识全面，应用性和可操作性较强的教科书和工具书。

国际贸易实务是一门综合性的应用学科，是国际贸易专业的专业必修课。本书以开展国际贸易的先后步骤为顺序对国际贸易流程做了简要诠释。第一章至第六章介绍开展国际贸易前必要的基础知识，每一个将要从事国际贸易的人员首先要做到对国际贸易基础知识谙熟于心；第七章和第八章结合我国进出口贸易实践，详细介绍开展国际贸易的步骤和流程；第九章介绍多样化的国际贸易方式；第十章介绍电子商务在当今国际贸易中的应用。另外，书后附有近几年来外销员考试的真题，供准备参加外销员考试的人员复习时参考。

本书参考了大量文献资料，大多数都已经在书本的主要参考文献中列出，但难免有所疏漏，敬请各位专家学者谅解。在此，我们向所有本书参考过的文献资料的作者表示诚挚的谢意。

本书总编为李朝民，副主编为王华雷，其他编写人员有郭若、曹琪、郭界秀。

由于当今国际贸易环境风云变幻，各种新的贸易政策和理论不断涌现，信息新旧更替也日益迅速，书中的一些案例可能很快会过时。另外，由于编者知识和经验所限，书中难免存在不妥之处，请各位同行和读者提出宝贵意见，以便再版时修订完善。

编　者

2012年4月

目　　录

第一章　国际贸易术语与进出口货物的价格 …… 1
第一节　国际贸易术语的含义与作用 …… 1
第二节　国际贸易术语的国际贸易惯例 …… 2
第三节　国际贸易术语 …… 4
第四节　国际贸易术语的实际运用 …… 15
第五节　进出口商品价格的掌握 …… 18
第六节　佣金和折扣 …… 23
第七节　国际货物买卖合同中的价格条款 …… 25
本章小结 …… 28
思考与练习 …… 28

第二章　商品的品名、品质、数量与包装 …… 30
第一节　商品的品名与品质 …… 30
第二节　商品的数量 …… 36
第三节　商品的包装 …… 40
本章小结 …… 44
思考与练习 …… 44

第三章　国际货物运输 …… 46
第一节　运输方式 …… 46
第二节　运输单据 …… 56
第三节　国际货物买卖合同中的装运条款 …… 66
本章小结 …… 70
思考与练习 …… 70

第四章　国际货物运输保险 …… 71
第一节　国际货物运输中的风险与损失 …… 71
第二节　我国海运货物保险条款 …… 75
第三节　我国陆、空、邮运输货物保险条款 …… 80
第四节　伦敦保险协会海运货物保险条款 …… 83
第五节　国际货物买卖合同中的保险条款 …… 86
本章小结 …… 88

思考与练习 …… 88

第五章 国际贸易货款的收付 …… 90
第一节 支付工具 …… 90
第二节 汇付与托收 …… 95
第三节 信用证 …… 102
第四节 银行保函与备用信用证 …… 113
第五节 国际保付代理 …… 116
第六节 国际货物买卖合同中的支付条款 …… 118
第七节 出口收汇核销与出口退税 …… 121
本章小结 …… 126
思考与练习 …… 126

第六章 商品检验、索赔、不可抗力与仲裁 …… 128
第一节 商品检验 …… 128
第二节 索赔 …… 133
第三节 不可抗力 …… 134
第四节 仲裁 …… 136
本章小结 …… 139
思考与练习 …… 140

第七章 国际贸易的准备工作与国际货物买卖合同的签订 …… 141
第一节 选择出口目标商品 …… 141
第二节 选择出口目标市场 …… 147
第三节 寻找客户的途径 …… 151
第四节 国际贸易谈判与合同的订立 …… 163
本章小结 …… 169
思考与练习 …… 169

第八章 国际货物买卖合同的履行 …… 171
第一节 出口合同的履行 …… 171
第二节 进口合同的履行 …… 183
本章小结 …… 187
思考与练习 …… 187

第九章 国际贸易方式 …… 189
第一节 经销与代理 …… 189
第二节 招标与投标 …… 193

第三节 寄售与拍卖 …… 195
第四节 期货贸易 …… 198
第五节 加工贸易 …… 200
第六节 对销贸易与补偿贸易 …… 203
本章小结 …… 205
思考与练习 …… 205

第十章 电子商务在国际贸易中的运用 …… 207
第一节 电子商务概述 …… 207
第二节 电子商务与国际贸易 …… 210
第三节 电子商务在我国对外贸易中的运用 …… 213
本章小结 …… 215
思考与练习 …… 215

专业词汇索引 …… 217
联合国国际货物销售合同公约 …… 224
跟单信用证统一惯例(UCP600) …… 242
外销员考试历年真题汇总 …… 257
主要参考文献 …… 260

第一章 国际贸易术语与进出口货物的价格

学习目标

1. 熟悉贸易术语的含义与作用。
2. 了解有关贸易术语的国际贸易惯例。
3. 掌握六种主要贸易术语及其区别。
4. 熟悉其他七种贸易术语。
5. 了解贸易术语在实践中的运用及应注意的问题。
6. 熟悉影响商品价格的因素。
7. 掌握进出口商品成本核算的方法。
8. 掌握六种主要贸易术语之间的价格换算。
9. 了解各种作价方法的适用及应注意的问题。
10. 掌握佣金和折扣的含义及计算方法。
11. 熟悉国际货物买卖合同中价格条款的规定方法。

第一节 国际贸易术语的含义与作用

在国际贸易中，买卖双方处在两个法律规则不同的国家，货物运输距离十分遥远，运输途中货物遭受自然灾害或者意外事故的风险也比较大，货物顺利通关要从双方国家的多个部门办理多种手续，以上这些国际贸易中不可避免的问题都会对交易条件产生影响，如货物交货地点及货物运至交货地点的费用由谁承担、货物运输过程中的风险如何划分及分别由谁承担、货物通关手续由谁办理及费用由谁承担等。在长期的国际贸易实践中，为了促进交易的达成，节约时间、精力及便于沟通交流，逐渐形成了各种不同的贸易术语，以简洁的短语和字母缩写来概述复杂的问题。

一、贸易术语的含义

贸易术语（trade term）也被称为价格术语（price term），是在长期的国际贸易实践中产生的，以简明的贸易语言、字母缩写或者国际通用代码来表示成交价格的构成和交货条件，确定买卖双方费用、风险和责任划分，确定买卖双方在交接货物过程中各自应尽的义务等同题的专门用语。

贸易术语的定义涵盖了两个方面：一方面它可以用来表示交货条件，说明买卖双方在交接货物时各自承担的费用、风险和责任；另一方面它还表示了货物价格的构成要素，即货物价格中除了成本外，是否包含运输费用、保险费用或货物通关费用等要素。贸易术语的两方面含义又是密切相关的。例如，在卖方所在国家交货的几种贸易术语，卖方承担的费用、风险和责任都相对较少，因此货物价格也相对低些；而在买方国家交货的几种贸易术语，卖方承担的费用、风险和责任都相对较多，因此货物价格也会相对高些。

二、贸易术语的作用

（一）有利于买卖双方洽谈交易和订立合同

每一种贸易术语都有特定的含义，并且其含义解释和规定已在国际上被广泛接受，成为国际贸易的普遍行为规则，因此，买卖双方只要商定了交易的贸易术语，即可明确彼此在交易中应承担的费用、风险和责任。这就简化了交易手续，缩短了交易洽谈的时间，从而降低了交易成本，有利于促进买卖双方洽谈交易和订立合同。

（二）有利于买卖双方核算价格和成本

由于贸易术语可以表示价格的构成要素，因此买卖双方确定了交易采用的贸易术语就可以依据该术语涵盖的费用、风险和责任的划分来确定成交价格，这有利于买卖双方在市场中进行比价和加强成本核算。

（三）有利于妥善解决贸易争端

贸易术语的一般解释已经成为国际贸易惯例，是贸易商普遍遵守的行为准则。因此，若由于货物买卖合同条款未尽事宜或者合同履行过程中产生的争议和纠纷，都可以援引有关贸易术语的国际惯例来处理。

第二节　国际贸易术语的国际贸易惯例

19 世纪初，随着国际贸易的发展，贸易术语已经在国际贸易中使用，但最初各种贸易术语没有统一的解释，经常出现贸易纷争和分歧，为解决这些矛盾，国际商会、国际法协会等国际组织以及一些著名的商业团体经过长期的努力陆续制定出了一些统一的贸易术语解释规则，这些规则在国际贸易实践中被广泛接受，从而逐渐形成有关贸易术语的国际惯例。

目前，国际上有较大影响的有关贸易术语的惯例有《1932 年华沙-牛津规则》、《1941 年美国对外贸易定义修正本》和《2000 年国际贸易术语解释通则》。

一、《1932 年华沙-牛津规则》

《1932 年华沙-牛津规则》（Warsaw-Oxford Rules 1932）是国际法协会专门为解释 CIF 合同而制定的。该规则最初制定于 1928 年，共包括 22 条，称为《1928 年华沙规则》，后又经过 1930 年纽约会议、1931 年巴黎会议和 1932 年牛津会议修订为 21 条，定名为《1932 年华沙-牛津规则》（Warsaw-Oxford Rules 1932，简称 W. O. Rules 1932）。这一规则对于 CIF 术语的性质、买卖双方所承担的风险、责任和费用的划分以及所有权转移的方式等问题都做了比较详细的解释。这一规则在当时最有影响，对促进国际贸易顺利开展起到了重要作用，至今仍然得到国际上的承认。但是由于国际商会将其内容引入《国际贸易术语解释通则》，并随着《国际贸易术语解释通则》的不断修订而完善了对 CIF 的解释，《1932 年华沙-牛津规则》实际上已经很少使用。

二、《1941 年美国对外贸易定义修正本》

1919 年，美国九大商业团体制定了《美国出口报价及其缩写》（The U. S. Export Quotations and Abbreviations）。后来，因贸易习惯发生了很多变化，在 1940 年举行的美国第 27 届全国对外贸易会议上对该定义做了修订，并于 1941 年 7 月 31 日经美国商会、美国进出口商协会和美国对外贸易协会组成的联合委员会讨论通过，称为《1941 年美国对外贸易定义修正本》（Revised American Foreign Trade Definitions 1941）。

《1941 年美国对外贸易定义修正本》对以下六种贸易术语做了解释：

（1）Ex works（point of origin）　工厂交货。

（2）FOB（free on board）　船上交货。

（3）FAS（free alongside ship）　装运港船边交货。

（4）C&F（cost and freight）　成本加运费。

（5）CIF（cost，insurance and freight）　成本加保险费、运费。

（6）Ex Dock（named port of importation）　进口港码头交货。

《1941 年美国对外贸易定义修正本》主要在美洲国家采用，由于它对贸易术语的解释，特别是对 FOB 和 FAS 的解释与我国所采用的《国际贸易术语解释通则》有明显差异，因此我国企业在与北美洲国家进行交易时，应予以特别注意。

三、《2010 年国际贸易术语解释通则》

《国际贸易术语解释通则》（International Rules for the Interpretation of Trade Terms）是国际商会（ICC）为统一各种贸易术语的不同解释于 1936 年制定的，其缩写形式为 INCOTERMS。它最早产生于 1936 年，后来为适应国际贸易发展的需要几经修订和补充。1999 年，国际商会在 1990 年《国际贸易术语解释通则》的基础上，为适应新出现的无关税区的广泛发展、交易中使用的电子信息的增多和运输方式的变化，再次对该通则进行修订，并于 1999 年 7 月公布《2000 年国际贸易术语解释通则》（INCOTERMS 2000，简称《2000 年通则》），并于 2000 年 1 月 1 日起生效。国际商会根据国际货物贸易的最新发展，对《2000 年通则》进行了修订，于 2010 年 9 月 27 日公布《2010 年国际贸易术语解释通则》（INCOTERMS 2010，简称《2010 年通则》），于 2011 年 1 月 1 日开始全球实施。《2010 年通则》较《2000 年通则》更准确标明各方承担货物运输风险和费用的责任条款，令船舶管理公司更易理解货物买卖双方支付各种收费时的角色，有助于避免现时经常出现的码头处理费纠纷。此外，《2010 年通则》亦增加大量指导性贸易解释和图示，以及电子交易程序的适用方式。

相对《2000 年通则》，《2010 年通则》主要有以下变化：

(1) 13 种贸易术语变为 11 种。

(2) 贸易术语分类由四级变为两类。

(3) 使用范围扩大至国内贸易合同。

(4) 电子通信方式被《2010 年通则》赋予完全等同的功效。

(一)《2010 年通则》的适用范围

《2010 年通则》的适用范围只限于货物买卖合同中交易双方权利义务的规定，而且该货物是有形的，不包括电脑软件之类无形的东西。《2010 年通则》只涉及与交货有关的事项，不涉及货物所有权和其他权益的转移、违约行为的后果和某些情况的免责等。

(二)《2010 年通则》中的贸易术语

《2010 年通则》共有 11 种贸易术语，按照所适用的运输方式划分为两组：

第一组：适用于任何运输方式的术语(共有 7 种)。

EXW(ex works)	工厂交货
FCA(free carrier)	货交承运人
CPT(carriage paid to)	运费付至目的地
CIP(carriage and insurance paid to)	运费/保险费付至目的地
DAT(delivered at terminal)	目的地或目的港的集散站交货
DAP(delivered at place)	目的地交货
DDP(delivered duty paid)	完税后交货

第二组：适用于水上运输方式的术语(共有 4 种)。

FAS(free alongside ship)	装运港船边交货
FOB(free on board)	装运港船上交货
CFR(cost and freight)	成本加运费
CIF(cost insurance and freight)	成本、保险费加运费

在有关贸易术语的国际惯例中，《2010 年通则》适用范围最广，在世界范围内影响力最大。但是《2010 年通则》作为通用的国际惯例，本身并不是法律，对贸易双方也没有法律上的强制性约束力，其适用以贸易双方当事人的意愿选择为基础，国际贸易买卖双方愿意采用《2010 年通则》时，应在合同中特别注明“本合同受《2010 年通则》管辖”。

第三节　国际贸易术语

在国际贸易中，常用的贸易术语有 FOB、CFR、CIF、FCA、CPT、CIP 六种，前三种是装运港交货的术语，只适用于水上运输；后三种是向承运人交货的术语，适用于各种运输方式。

一、FOB

FOB 术语规定卖方应在约定期限在约定装运港将货物交至买方指定的船上，并承担货物越过船舷为止的一切风险。《2010 年通则》规定，此术语只适用于海运和内河航运。

(一) FOB 术语下买卖双方的主要义务

1. 卖方义务

(1) 在合同规定的时间和期限内，在指定装运港将符合合同规定的货物按照港口惯常方式交至买方指定的船上，并及时通知买方。

(2) 承担货物在装运港越过船舷为止的一切费用和风险。

(3) 自负风险和费用、取得出口许可证或其他官方批准证件，办理货物出口所需的一切海关手续。

(4) 自负费用、提供商业发票和证明货物已交至船上的通常单据；如果卖方双方约定采用电子通信，则所有单据均可被具有同等效力的电子数据交换(electronic data interchange, EDI)信息所替代。

2. 买方义务

(1) 自负风险和费用、取得进口许可证或其他官方批准证件，办理货物进口所需的海关手续；货物运输途中经由他国过境时，支付相关费用和过境费。

(2) 订立运输合同，负责租船订舱、支付运费，并将船名、装船地点及要求交货的时间等给予卖方及时、充分、准确的通知。

(3) 承担货物在装运港越过船舷后的一切费用和风险。

(4) 接受卖方按照合同规定交付的货物和相关单证，并按照合同规定付款。

(二) 采用 FOB 术语时的注意事项

1. 关于风险的转移

以装运港船舷作为划分风险的界限是 FOB、CFR、CIF 术语和其他贸易术语的主要区别之一，《2010 年通则》规定，卖方应在规定时间内在装运港将货物交至买方指定的船上，货物在装运港越过船舷后损坏或者灭失的风险转移至买方。在实务中，买卖双方可根据实际需要对该风险划分规定加以改变和变通。比如，国际贸易中买方往往会要求卖方提供"清洁已装船提单"作为付款的必要单证之一，即卖方负责在装运港将货物安全地、完好无损地装入船舱，并承担货物装入船舱为止的一切损坏或者灭失风险，这样风险的划分点已经从"装运港船舷"延伸至"装运港船舱"。

2. 关于船货的衔接

在 FOB 术语下，买方负责租船订舱，并将船名和装船时间通知卖方，而卖方必须在合同规定的装船时间和装船港将货物装上买方指定的船只，这就涉及船货衔接问题。如果买方在合同规定期限内安排船只到达合同规定的装运港接受装船，但是卖方因货物尚未备妥或其他各种原因而没能按照合同规定时间装运，则卖方应承担由于延迟装运而产生的空仓费(dead freight)或者滞港费(demurrage)。如果买方未能在合同规定期限内安排船只到达合同规定的装船港，从而导致卖方无法按照合同规定时间按时装船，则买方应对此延迟装运负责并承担延迟装运的所有费用，如因延迟装运而使卖方增加的仓储费、保险费等。因此，在 FOB 术语下，买卖双方应在订立买卖合同后密切联系，避免船货不衔接事件的发生。

3. 关于代办租船、订舱

在FOB术语下，卖方一般不负责租船、订舱，但是若买方委托卖方办理租船、订舱事宜，卖方可以依据实际情况接受。在这种情况下，卖方只是承担代办租船、订舱事宜，相关费用和风险并不产生转移，仍由买方承担，同时卖方代办租船、订舱而订不到仓位的风险也应由买方承担。

（三）FOB术语的变形

在装运港的装运费用中，除了装卸费用外，还包括平仓费和理舱费。在采用班轮运输时，上述费用都计入班轮运输费中，所以买方也就承担了所有装运费用；但是在采用程租船运输时，船方一般不负责货物装卸费用，这时就有必要考虑相关费用的负担问题，由此FOB术语也产生了以下四种变形：

(1) FOB liner terms(FOB班轮条件)，装船费用计入总运费由买方承担，卖方不负担装船费用。

(2) FOB under tackle(FOB吊钩下交货)，卖方负责货物运至轮船吊钩所及之处的费用，自货物起吊后的装船费由买方负责。

(3) FOB stowed(FOB理舱费在内)，卖方负责将货物装入船舱并承担包括理舱费在内的装船费用。理舱费是指货物入仓后进行安置和整理的费用。

(4) FOB trimmed(FOB平仓费在内)，卖方负责将货物装入船舱并承担包括平仓费在内的装船费用。平仓费是指对装入船舱的散装货物进行平整所需要的费用。

FOB术语的上述变形只是为了表明装船费用是由哪一方承担而产生的，并不改变FOB交货地点以及风险划分的界限。

（四）《1941年美国对外贸易定义修正本》对FOB的解释

《1941年美国对外贸易定义修正本》将FOB解释为“在运输工具上交货”并区分为六种，其中只有FOB vessel(named port of shipment，指定装运港船上交货)与《2010年通则》中对FOB术语的解释相近，但两者在买卖双方风险划分的界限与货物出口手续及费用承担上仍然存在着差别：在FOB vessel条件下，货物风险转移点在船舱而不是船舷；在FOB vessel条件下，卖方只有在买方提出请求并在买方承担风险的情况下，才有义务协助买方取得出口许可证，且出口税及其他税捐和费用也由买方承担，而《2010年通则》中在FOB术语下卖方负责取得出口许可证并承担相关出口税等诸多出口费用。

二、CFR

CFR术语规定，卖方应在约定期限在指定装运港将货物装船，并承担货物运至目的港所需的成本和运费，同时承担货物在装运港越过船舷为止的一切风险。《2010年通则》规定，此术语只适用于海运和内河航运。

（一）CFR术语下买卖双方的主要义务

1. 卖方义务

(1) 自负风险和费用、取得出口许可证或其他官方批准证件，办理货物出口所需的海关手续。

(2) 租船订舱并支付到达指定目的港的运费，承担货物在装运港越过船舷为止的一切风险。

(3) 在合同规定期限内，在装运港将货物及时装船并给予买方及时、准确、充分的通知。

(4) 向买方提供商业发票和通常的运输单据，或提供具有同等效力的电子信息。

2. 买方义务

(1) 自负风险和费用取得进口许可证或其他官方批准证件，办理货物进口所需的海关手续。

(2) 承担货物在装运港越过船舷后的一切风险。

(3) 接受卖方按照合同规定交付的货物和相关单证，并按照合同规定付款。

(二) 采用 CFR 术语时的注意事项

采用 CFR 术语订立合同，应特别注意装船通知问题。CFR 术语下买方负责办理货物运输保险，卖方负责租船订舱并将货物装上船，卖方承担的风险以货物越过船舷为止，货物越过船舷后可能遭受损坏或者灭失的风险将由买方承担，因此，为使买方及时投保，卖方在货物装船后及时给予买方装船通知尤为重要。《2010 年通则》中也规定：卖方必须给予买方关于货物已按照规定交至船上的充分通知。这里“充分通知”是指卖方给予买方的装船通知在时间上应该是“毫无延迟的”，在内容上应该是“详尽充分的”，可以满足买方据此装船通知办理保险和在目的港接受货物的需要。《2010 年通则》中未就卖方没能及时向买方发出装船通知而应承担的责任加以规定，但是依据英国《1893 年货物买卖法》(1979 年修订)中规定：“如果卖方未向买方发出装船通知，致使买方未能办理货物保险，那么货物在运输途中的风险将被视为由卖方承担。”因此，在实际业务中，出口企业应事先和买方商定好发送装船通知的具体细节，或将此项内容直接在货物买卖合同中加以规定。

(三) CFR 术语的变形

按照 CFR 术语成交时，如货物使用班轮运输，那么货物在目的港的卸货费将由支付运费的一方即卖方承担。大宗商品通常采用程租船运输，这时船方一般不负责卸货，因此就应该在合同中就卸货费用有哪一方承担作出规定，CFR 术语也据此有了以下四种变形：

(1) CFR 班轮条件(CFR liner terms)，卸货费按照班轮运输惯例计入运费由支付运费的一方即卖方承担。

(2) CFR 卸至岸上(CFR landed)，卖方承担货物卸至岸上的费用，包括驳船费和码头费。驳船就是大船在锚地抛锚，各项手续齐备后，将大船货物卸到小船以便运往各客户的过程中，承载、分流大船货物的船只。驳船费指驳船从海港到海港内支线或者小港口的运输费用。

(3) CFR 吊钩交货(CFR ex tackle)，卖方负责将货物从船舱卸至轮船吊钩所及之处的费用。在轮船不靠岸的情况下，买方应负责驳船费及货物从驳船卸到岸上的费用。

(4) CFR 舱底交货(CFR ex ship's hold)，买方负责将货物从舱底起吊直至货物卸至码头的费用。

上述 CFR 术语的四种变形，只是为了进一步明确目的港卸货费用而产生，交货地点和风险划分的界限并没有任何改变。

三、CIF

CIF术语规定，卖方应在约定期限在指定装运港将货物装船，并负责租船订舱和办理保险，承担货物运至目的港所需的运费和保险费，同时承担货物在装运港越过船舷为止的一切风险。《2010年通则》规定，此术语只适用于海运和内河航运。

（一）CIF术语下买卖双方的主要义务

1. 卖方义务

（1）自负风险和费用、取得出口许可证或其他官方批准证件，办理货物出口所需的海关手续。

（2）租船订舱，并支付到达指定目的港的运费，承担货物在装运港越过船舷为止的一切风险。

（3）在合同规定期限内，在装运港将货物及时装船并给予买方及时、准确、充分的通知。

（4）办理货物运至目的港的水上运输保险，并支付保险费。

（5）向买方提供商业发票和通常的运输单据，或提供具有同等效力的电子信息。

2. 买方义务

（1）自负风险和费用、取得进口许可证或其他官方批准证件，办理货物进口所需的海关手续。

（2）承担货物在装运港越过船舷后的一切风险。

（3）接受卖方按照合同规定交付的货物和相关单证，并按照合同规定付款。

（二）采用CIF术语时的注意事项

1. 关于租船订舱

按照CIF术语成交，卖方将负责租船订舱，办理货物从装运港运至目的港的运输事宜。对于运输的要求，《2010年通则》规定，卖方“按照通常条件自行负担费用订立运输合同，将货物按惯常路线用通常类型可供装载该合同货物的海上航行船只（或适当的内河航运船只）装运至指定目的港”。因此，如果合同中没有特殊规定，卖方只负责按通常条件和惯常航线，租用适当船舶将货物运至目的港，卖方可以拒绝买方提出的关于限制船舶的国籍、船型、船舱以及指定某班轮公司的船只等要求。在实务中，若买方提出的关于运输货物的船只条件可以办到又不会额外增加费用的情况下，卖方也可以考虑酌情接受，若合同中对运输货物的船只条件做了规定的话，卖方就必须要严格执行相关责任。

2. 关于“装运合同”性质

在CIF术语下，卖方在装运港将货物装船即完成交货义务，风险划分界限仍然是装运港船舷，装运港货物越过船舷后至目的港之间的运输途中，货物损坏或灭失的风险将由买方承担，因此，采用CIF术语订立的合同属于“装运合同”性质。

3. 关于卖方办理保险的责任

在CIF术语下，卖方负责办理货物运至目的港的水上运输保险，由于不同的险别承保责任范围和支付的保险费用不同，因此买卖双方应在合同中对险别问题作出明确规定。若合同中没有对卖方应办理的险别问题作出规定，则应援引相关的国际惯例。《2010年通则》规定，若无相反的明示协议，卖方只需按《协会货物保险条款》或其他类似的保险条款中最低责任的保险险别投保；若买方有要求，并由买方承担费用的情况下，卖方应在可能的情况下投保战争险、罢工险、暴动险和民变险。最低投保金额应为合同金额的110%，并以合同货币投保。实际外贸业务中，为了明确责任，避免纠纷，增进合作，外贸企业应和国外客户按照CIF术语成交时，应在合同中就货物保险金额、保险险别和适用的保险条款作出明确规定。

4. 关于"象征性交货方式"

从交货方式看，CIF是一种典型的象征性交货(symbolic delivery)，即卖方只要按期在约定地点完成装运，并向买方提交合同规定的相关单证，就算完成了装运任务，而无需保证到货。它是针对实际交货(physical delivery)而言的，即卖方在规定的时间和地点，将符合合同规定的货物交给买方或其指定人，而不能以交单代替交货。在象征性交货方式下，卖方凭单交货，买方凭单付款，因此，以CIF术语达成的交易被认为是单据的买卖。只要卖方按期向买方提供了符合合同规定的全套单据，即使货物在运输途中损坏或灭失，买方也必须履行付款义务；反之，如果卖方提交的单据不符合要求，即使货物完好无损地到达目的港，买方仍有权拒绝付款。应当指出的是，按照CIF术语成交，卖方履行交单义务只是得到买方付款的前提条件，卖方还应当履行交货义务，若卖方提交的货物不符合合同要求，买方即使已经付款，也仍可根据合同规定向卖方提出索赔。

（三）CIF术语的变形

和CFR术语一样，按照CIF术语成交时，如货物使用班轮运输，那么货物在目的港卸货费将由支付运费的一方即卖方承担。大宗商品通常采用程租船运输，这时船方一般不负责卸货，因此就应该在合同中就卸货费用由哪一方承担作出规定，CFR术语据此有了以下四种变形：

(1) CIF班轮条件(CIF liner terms)，卸货费按照班轮运输惯例计入运费，由支付运费的一方即卖方承担。

(2) CIF卸至岸上(CIF landed)，卖方承担货物卸至岸上的费用，包括驳船费和码头费。

(3) CIF吊钩交货(CIF ex tackle)，卖方负责将货物从船舱卸至轮船吊钩所及之处的费用。在轮船不靠岸的情况下，买方应负责驳船费及货物从驳船卸到岸上的费用。

(4) CIF舱底交货(CIF ex ship's hold)，买方负责将货物从舱底起吊直至货物卸至码头的费用。

上述CIF术语的四种变形，只是为了进一步明确目的港卸货费用而产生，交货地点和风险划分的界限并没有任何改变。

四、FCA

FCA术语规定，卖方在指定地点将已办理出口清关手续的货物交给买方指定的承运人托管即完成交货任务。FCA术语适用于各种运输方式，包括公路、铁路、江河、海洋、航空运输以及多式联运。

（一）FCA 术语下买卖双方的主要义务

1. 卖方义务

(1) 自负风险和费用、取得出口许可证或其他官方批准证件，办理货物出口所需的海关手续。

(2) 在合同规定的时间和地点，将符合合同规定的货物交给买方指定的承运人，并给予买方及时充分的通知。

(3) 承担货物交给承运人控制之前的一切费用和风险。

(4) 自付费用向买方提供交货所需的通常单据，如买卖双方约定采用电子通讯，则所有单据均可被具有同等效力的电子数据交换(EDI)信息所代替。

2. 买方义务

(1) 自负风险和费用、取得进口许可证或其他官方批准证件，办理货物进口所需的海关手续。

(2) 订立从指定地点运输货物的合同，支付运费，并将承运人名称及有关情况及时通知卖方。

(3) 承担货物交给承运人控制之后发生的一切费用和风险。

(4) 接受卖方按照合同规定交付的货物和相关单证，并按照合同规定付款。

（二）采用 FCA 术语时的注意事项

1. 关于承运人和交货地点

在 FCA 术语下，买方指定承运人，与承运人订立运输合同，并将承运人情况及时通知卖方。该承运人可以是拥有运输工具的实际承运人，也可以是运输代理人或者其他人。在多式联运情况下，会涉及多个承运人，此时卖方向其交货并以此作为风险划分界限的承运人是指第一承运人。

关于交货地点，《2010 年通则》规定，FCA 合同中“卖方的交货义务在下列情况下完成：如果指定地点是在卖方所在地，则当货物已装上买方指定的承运人或为其利益而行事的人所提供的运输工具时；如果指定地点是卖方所在地之外的其他地方，则当货物装载于卖方的运输工具上但尚未卸载且置于买方指定的承运人或其他人的支配之下时”。如果指定地点没有约定具体交货地点，或者有几个交货地点可供选择，则卖方可以选择最适合完成交货任务的交货地点。

2. 关于运输合同

在 FCA 术语下，买方自负运费订立从交货地点的货物运输合同，卖方没有责任和义务订立运输合同，但是如果买方请求或按商业惯例(铁路或者航空运输的情况下)卖方需要为订立运输合同提供协助的情况下，则卖方可在买方承担费用和风险的情况下代理买方订立运输合同。

3. 关于风险转移

在正常情况下，FCA 术语中买卖双方风险划分点为“货交承运人控制”。但是在买方未能及时将其所指派的承运人情况通知卖方，或其指定的承运人未能在约定时间受领货物的情况下，货物的风险并不因为没有“货交承运人控制”而一直由卖方承担。按照《2010 年通则》，在上述情况下，自规定的交付货物的约定日期或期限届满之日起，货物损坏或灭失的一切风险将由买方承担，但以货物被划归本合同项下为前提条件。所以，当由于买方原因致使卖方无法完成交货义务时，只要货物已经被特定化，货物风险转移的时间可按照约定期限而相对于“货交承运人控制”提前。

五、CPT

CPT 术语规定，卖方在指定地点将已办理出口清关手续的货物交给承运人，并支付货物运至目的地的运费，即完成交货义务。CPT 术语适用于各种运输方式。

(一) CPT 术语下买卖双方的主要义务

1. 卖方义务

(1) 自负风险和费用、取得出口许可证或其他官方批准证件，办理货物出口所需的海关手续。

(2) 订立货物运至指定目的地的运输合同，并支付有关运费。

(3) 在合同规定的时间和地点，将符合合同规定的货物交给承运人并给予买方及时充分的通知。

(4) 承担货物交给承运人之前的所有风险。

(5) 自付费用向买方提供交货所需的通常单据，如买卖双方约定采用电子通讯，则所有单据均可被具有同等效力的电子数据交换(EDI)信息所代替。

2. 买方义务

(1) 自负风险和费用、取得进口许可证或其他官方批准证件，办理货物进口所需的海关手续。

(2) 承担货物交给承运人控制之后发生的一切费用和风险。

(3) 接受卖方按照合同规定交付的货物和相关单证，并按照合同规定付款。

(二) 采用 CPT 术语时的注意事项

1. 关于风险划分界限

采用 CPT 术语时，虽然卖方负责订立从指定地点至目的地的货物运输合同，并支付运费，但是卖方承担的风险并未延伸至目的地。按照《2010 年通则》的解释，货物自在交货地点交给承运人之后至目的地运输途中的风险将由买方承担，卖方只承担货物交给承运人之前的风险；在多式联运情况下，卖方承担的风险至货物交给第一承运人时结束。

2. 责任和费用划分问题

采用 CPT 术语时，卖方将货物交给承运人之后，应给予买方及时充分的“货物已交付”通知，以方便买方办理货物运输保险和在目的地受领货物。如果买卖双方未在合同中就在目的地受领货物的地点作出明确规定，则卖方可以在目的地选择最适合完成交货任务的交货地点。

按照CPT术语成交，卖方只是承担货物从指定地点运至目的地的正常运费，正常运费之外的其他费用将由买方承担。

六、CIP

CIP术语规定，卖方在指定地点将已办理出口清关手续及运输和保险事宜的货物交给承运人，并支付货物运至目的地的运费和保险费，即完成交货义务。CIP术语适用于各种运输方式。

（一）CIP术语下买卖双方的主要义务

1. 卖方义务

(1) 自负风险和费用、取得出口许可证或其他官方批准证件，办理货物出口所需的海关手续。

(2) 订立货物运至指定目的地的运输合同，并支付有关运费，办理货物运输保险，支付保险费。

(3) 在合同规定的时间和地点，将符合合同规定的货物交给承运人并给予买方及时充分的通知。

(4) 承担货物交给承运人之前的所有风险。

(5) 自付费用向买方提供交货所需的通常单据，如买卖双方约定采用电子通讯，则所有单据均可被具有同等效力的电子数据交换(EDI)信息所代替。

2. 买方义务

(1) 自负风险和费用、取得进口许可证或其他官方批准证件，办理货物进口所需的海关手续。

(2) 承担货物交给承运人控制之后发生的一切费用和风险。

(3) 接受卖方按照合同规定交付的货物和相关单证，并按照合同规定付款。

（二）采用CIP术语时的注意事项

1. CIP术语下关于订立运输合同的解释

在CIP术语下，由卖方订立运输合同，但是卖方订立运输合同是有条件的，卖方只限于按照惯常路线和按照通常条件订立运输合同。这里所指惯常路线应该是以行业内两地之间货物运输经常性的或一般做法必经的路线，如果卖方在订立运输合同时，惯常路线发生不可抗力致使运输受阻，卖方对因此而造成晚交货或不交货不承担责任。

2. 办理保险

在CIP术语下，由卖方负责办理货物保险，与保险人签订保险合同，支付保险费。和CIF术语一样，卖方投保的性质是为买方利益保险，是卖方代替买方投保的性质，买卖双方应根据运输方式的选择在合同中明确规定投保险别、保险金额、保险期限和保险权利转让等保险条款。卖方投保后，应在保险单上背书，实现保险权利的转让，使买方或其他对货物有保险利益的人有权直接向保险人索赔。

3. 装卸费用和过境海关费用

在 CIP 条件下，卖方应该在合同规定日期内将货物交给承运人或其他第一承运人接管。若交货地点在卖方所在地，卖方应负担装货费；若在其他地点交货，卖方则不负担装货费；在目的地(港)的卸货费由买方负担。另外，在 CIP 条件下，如果货物需经过第三国转运，买卖双方应在销售合同中对过境海关费用加以明确，以免产生纠纷。

七、FCA、CPT、CIP 和 FOB、CFR、CIF 的比较

FCA、CPT、CIP 三种向承运人交货的贸易术语，是相应地在 FOB、CFR、CIF 三种在装运港交货的传统术语的基础上，为适应运输技术的发展和运输方式的变革而发展起来的。因此，两类术语在买卖双方责任和费用划分的基本原则上是相同的，但它们之间又有区别。

(一) 适用的运输方式不同

FOB、CFR、CIF 三种贸易术语适用于海运和内河航运，其承运人一般只限于船公司；FCA、CPT、CIP 三种贸易术语不仅适用于海运和内河航运，而且适用于陆运、空运及多式联运等运输方式，其承运人可以是船公司、铁路局、航空公司，也可以是多式联运经营人。

(二) 交货和风险转移的地点不同

FOB、CFR、CIF 三种贸易术语下的交货点都是装运港船舷，风险都在装运港货物越过船舷时转移至买方；而 FCA、CPT、CIP 三种贸易术语下的交货地点需要视不同的运输方式和不同的约定而定，交货地点可以是在卖方处所由承运人提供的运输工具上，也可以是在铁路、公路、内河、海洋、航空运输承运人或多式联运承运人的运输站或者其他收货点，货物损坏或灭失的风险在卖方将货物交由承运人保管时转移至买方。

(三) 装卸费用负担不同

在 FOB、CFR、CIF 术语下，卖方承担货物在装运港越过船舷为止的一切费用，但由于货物装船是一个连续作业过程，各港口的习惯做法又不尽一致，所以在使用程租船运输的 FOB 合同中，应明确装船费用由谁负担；在 CFR 和 CIF 合同中，则应明确卸货费用由谁负担。而在 FCA、CPT 和 CIP 术语下，如涉及海洋运输，并使用程租船装运，卖方将货物交给承运人时所支付的运费(在 CPT 和 CIP 术语下)或买方支付的运费(在 FCA 术语下)已包含了承运人接管货物后在装运港的装船费用和在目的港的卸货费用。这样，FCA 合同中的装船费用负担和在 CPT、CIP 合同中的卸货费用负担都已经十分明确，无须另行规定。

(四) 运输单据不同

在 FOB、CFR 和 CIF 术语下，卖方一般向买方交付已装船清洁提单；而在 FCA、CPT 和 CIP 术语下，卖方提交的运输单据应视不同的运输方式而定。例如，在海运和内河运输方式下，卖方应提供可转让提单，有时也可提供不可转让的海运提单和内河运单；在铁路、公路、航空运输方式下，则应分别提供铁路运单、公路运单和航空运单；而在多式联运方式下，卖方应提供多式联运单据。

八、其他贸易术语

除了以上六种主要贸易术语外,《2010年通则》还包括EXW、FAS、DAT、DAP、DDP五种贸易术语,下面对这五种贸易术语作简单解释。

(一) EXW

EXW[ex works (... named place),工厂交货(……指定地点)]是指卖方在其所在处所(如工厂、仓库等)将备妥的货物交给买方,即履行了交货义务。除非另有约定,卖方不负责将货物装上买方备妥的运输工具,也不负责货物出口清关手续,买方承担自卖方所在处所提取货物至最终目的地的全部费用和风险。

EXW是11种贸易术语中卖方承担责任最少的一种,除非合同中另有规定,卖方不提供货物出境所需的各种官方证件,在买方要求并承担费用和风险的情况下,卖方可以协助办理相关证件。如果买方不能直接或间接地办理货物出口手续,则不应使用该术语。

EXW术语适用于各种运输方式,在陆地接壤的国家之间应用得比较广泛。

(二) FAS

FAS[free alongside ship(... named port of shipment),装运港船边交货(……指定装运港)]是指卖方将货物放置于指定装运港由买方指定的船舶边(如在码头或驳船上)时,即为卖方交货,当货物放置于该船边时,货物灭失或损毁的风险即转移,而买方自该点起负担一切费用。双方当事人最好能够明确装运港的装载地点,因为至该地点的费用及风险均由卖方承担,且这些费用及相关的处理费用,可能因为港口作业习惯而不同。该术语适用于海运和内河航运。

《2010年通则》规定,在FAS术语下,应由卖方自负风险和费用、取得出口许可证或其他官方批准证件,在需要办理海关手续时,办理货物出口的一切海关手续,并缴纳出口关税及其他费用。

(三) DAT

DAT[delivered at terminal(... named place of destination),运输终端交货(……指定目的地)]适用于任何运输方式中的一种或一种以上,是指卖方于指定目的港或目的地指定运输终端,从到达运输工具上一旦卸下交由买方处置时,卖方交货完成。运输终端包括任何地方,无论是否有遮蔽(即露天与否),如码头、仓库、集装箱堆场或公路、铁路或航空运输站等。卖方负担将货物运至位于指定目的港或目的地的运输终端并在该处将货物卸载的一切风险。

具体来说,卖方须负责如下几个方面:

(1) 风险转移:卖方承担将货物交至指定目的地或目的港的集散站之前的一切风险。

(2) 费用负担:货物运抵目的地或目的港的集散站交买方处置前一切成本及费用。

(3) 单据提供:① 商业发票。② 官方及其他正式出口文件。③ 小提单及/或一般运送单据。④ 协助买方取得输入货物而须由发货国签发的文件。

(4) 货物交付:卖方应于规定的期限内负担所有风险及费用直到货物运抵(指定目的地或目的港的集散站)交买方处置为止。

待货物交买方处置后，其一切风险及费用全归买方自行负责。

（四）DAP

DAP[delivered at place (... named place of destination)，目的地交货（……指定目的地）]适用于任何运输方式中的一种或多种，是指在指定目的地，将到达的运送工具上准备卸载的货物交由买方处置时，即属于卖方交货，卖方负担货物运至指定地的一切风险。当事人最好能清楚地列明约定目的地内的地点，因为至该地点的风险均由卖方承担。

具体来说，卖方须负责如下几个方面：

(1) 风险转移：卖方承担将货物交至指定目的地之前的一切风险。

(2) 费用负担：货物运抵指定目的地交买方处置前一切成本及费用。

(3) 单据提供：① 商业发票。② 官方及其他正式出口文件。③ 小提单及/或一般运送单据。④ 协助买方取得输入货物而须由发货国签发的文件。

(4) 货物交付：卖方应于规定的期限内负担所有风险及费用直到货物运抵（指定目的地）交买方处置为止。

待货物交买方处置后，其一切风险及费用全归买方自行负责。

DAT 与 DAP 的区别在于：在 DAT 术语下，卖方需卸货；在 DAP 术语下，卖方不卸货。

（五）DDP

DDP[delivered duty paid (... named place of destination)，完税后交货（……指定目的地）]是指卖方在合同规定时间内将货物运至进口国指定目的地约定地点，将已办理进口清关手续但在运输工具上尚未卸载的货物交付买方处置，即完成交货义务。卖方承担货物运至指定目的地的一切费用和风险，办理货物进口清关手续，支付货物进口关税等费用。DDP 术语适用于各种运输方式，是 11 种贸易术语中卖方承担责任、费用和风险最大的一种术语。

具体来说，卖方须负责如下几个方面：

(1) 风险转移：货物在目的地于送达之运输工具上交买方处置为止。

(2) 费用负担：货物运抵指定目的地于送达之运输工具上，税讫交买方处置前一切成本及费用。

(3) 单据提供：① 商业发票。② 官方及其他正式出口、进口过境他国文件。③ 小提单及/或一般运送单据。

(4) 货物交付：卖方应于规定的期限内负担所有风险及费用直到货物运抵指定目的地于送达之运输工具上，并办妥货物进口通关手续及缴清各种进口税费后，交买方或其指定人处置。

买方仅须负责将货物自送达之运输工具上卸下。

第四节　国际贸易术语的实际运用

在国际贸易中，贸易术语的选用影响货物的价格和买卖双方的责任、费用和风险的划分以及贸易纠纷的处理和解决，是关系买卖双方经济利益的重要问题。

一、贸易术语与合同的性质

在国际贸易中，一旦确定了要采用的贸易术语，即明确了买卖双方在履行合同的过程中应该承担的责任、费用和风险，从而确定了双方的权利和义务，也说明了合同的基本特征，所以贸易术语是确定买卖合同性质的重要因素。

在实际业务中，通常以贸易术语的名称给合同命名，例如，按照 FOB 术语成交的合同称为 FOB 合同，按照 CIF 术语成交的合同称为 CIF 合同。

二、选择贸易术语应考虑的因素

在国际贸易中，各国使用频率较高的贸易术语主要有 FOB、CIF 和 CFR 等术语。近年来，随着国际贸易的发展和运输方式的变化，FCA、CPT 和 CIP 术语的使用也日益增多。在选择贸易术语时，应考虑以下因素。

(一) 所使用的运输方式

《2010 年通则》对每种贸易术语所适用的运输方式都作出了规定，例如，FOB、CFR 和 CIF 术语只适用海洋运输和内河运输，而不适用于空运、铁路和公路运输。如买卖双方拟使用空运、铁路和公路运输，则应选用 FCA、CPT 和 CIP 术语。在我国，为适应使用集装箱运输和多式联运方式不断扩大和发展的发展趋势，可以适当扩大使用 FCA、CPT 和 CIP 术语。

(二) 运费保险费的因素

各种贸易术语的价格构成各不相同，运费、保险费是构成价格的一部分，因此，在选用贸易术语时，应考虑运费、保险费的因素。一般来说，在出口贸易中，我方应争取选用 CIF 和 CFR 术语；在进口贸易中，应争取选用 FOB 术语，对 FCA、CPT 和 CIP 术语的选用也应按上述原则掌握，这样有利于促进我国对外运输事业和保险事业的发展。另外，在选用贸易术语时，还应注意运费变动的趋势。当运费看涨时，为了避免承担运费上涨的风险，出口时应选用 FOB 术语，进口时应选用 CIF 或 CFR 术语。如因某种原因，采用由我方安排运输的贸易术语时，则应对货价进行调整，将运费上涨的风险考虑到货价中去。

(三) 货物的特点

在国际贸易中，进出口货物的品种繁多，不同类别的货物具有不同的特点，对运输方面的要求各不相同，运费开支的大小也存在差异。有些货物价值较低，但运费占货价的比重较大，对这类货物，出口应选用 FOB 术语，进口选用 CIF 或 CFR 术语。此外，成交量的大小也涉及运输安排的难易和经济核算的问题，因此，也要考虑贸易术语的选用。

(四) 国外港口装卸条件和港口习惯

各国港口的装卸条件不同，收费标准各异，港口的装卸作业习惯也有差别。对于装卸条件较差、装卸费用较高和习惯上须由买方承担装船费、卖方承担卸货费的港口，我方进口时应采用 FOB stowed 或 FOB trimmed 或 FOBST 贸易术语，出口时采用 CIF ex ship's hold 或 CFR ex ship's hold 贸易术语。

（五）按实际需要灵活掌握

选用贸易术语时，也要根据实际需要，做到灵活掌握。例如，有些国家为了支持本国保险事业的发展，规定在进口时，须由本国办理保险，我方为表示与其合作的意向，出口也可采用 FOB 或 CFR 术语。又如，我国在出口大宗商品时，国外买方为了争取到运费和保险费的优惠，要求自行办理租船订舱和保险，为了发展双方贸易，也可采用 FOB 术语。在进口贸易中，如进口货物的数量不大，也可采用 CIF 贸易术语。总之，随着我国对外开放的扩大和对外贸易的发展，可视不同交易情况采用更加灵活的贸易做法。除上述所提到的经常使用的贸易术语外，也可视不同的交易情况，适当选择其他贸易术语。

三、常用贸易术语的选择与出口收汇安全

本部分内容涉及提单、保险、收汇方式等后续章节内容，但考虑到仍然是以贸易术语为讨论核心，故将这些内容安排在此章节中。

在出口业务中，顺利安全收汇是卖方最为关心的环节之一，而保证安全收汇或避免钱货两空风险的最有效手段就是牢牢掌握对提单的控制，因为提单是货物的所有权凭证，掌握了提单即掌握了货物所有权的归属。因此，在国际贸易中，不管采用何种贸易术语成交，卖方都应该将对提单的控制作为保证安全收汇的保障之一。下面简要介绍为防范收汇风险，保证收汇安全，提高经济效益，卖方在选择常用贸易术语时应注意的几个问题。

第一，总体来讲，在出口业务中采用 CIF 或 CFR 术语成交要比采用 FOB 术语有利。在 CIF 条件下，国际货物买卖中涉及的三个合同（买卖合同、运输合同和保险合同）都由卖方作为其当事人，卖方可根据对自己有利的情况统筹安排备货、装运、投保等事项，保证作业流程上的相互衔接。另外，CIF 术语有利于发展本国的航运业和保险业，增加服务贸易收入。当然，采用 CIF 术语也不是绝对对卖方有利，卖方应根据交易商品的具体情况，考虑自身安排运输有无困难，并且在经济上是否合算等因素，比如在国际海运费看涨的行情下就应避免选用 CIF 或 CFR 术语。

第二，对于 FOB 及其他买方负责安排运输的术语，要慎重考虑是否接受买方指定境外货代。买方指定的境外货代是受买方委托，是买方的代理，对买方唯命是从，而对卖方的正当要求和利益可以毫不顾及，买方与货代勾结，要求船方无单放货，造成卖方钱货两空的事情屡屡发生。因此，在一般情况下，应极力争取指定船公司，而不接受买方指定境外货代，如果不得已接受买方指定货代要求，则一定要求其提供船公司提单而非货代提单，目前大部分船公司不接受货代提单提货。同时，要对买方指定的货代的资质情况有一定的了解，只接受知名国际货代，如认为买方指定货代不能接受，应及时予以拒绝。

第三，依据不同的收汇方式选用恰当贸易术语。如采用货到付款或托收等商业信用的收款方式时，尽量避免采用 FOB 或 CFR 术语。在这两种术语下，按照合同的规定，卖方没有办理货运保险的义务，而由买方根据情况自行办理。如果履约时行情对买方不利，买方就有可能不办理货物运输保险，同时有意拒绝接收货物，这样一旦货物在途中遭遇损失就可能导致卖方钱货两空。即使采用信用证支付时，也应注意对托运人的规定，特别是在 FOB 条件下，有些国外买方常在信用证中要求卖方提交的提单要以买方作为托运人，这种做法也同

样会给卖方带来收汇的风险。

案例

买卖双方按FOB条件成交,合同规定以信用证支付,买方开来的信用证中规定卖方提交的提单要注明托运人为买方。卖方审证时发现这一问题,但认为与承运人订立运输合同的是买方,买方作为托运人也顺理成章。另外,为此再修改信用证又要增加费用开支和延误装运期,所以,卖方就照办了。交货后提交的提单注明买方为托运人,但结汇时因单证有不符点,被银行拒付并退单。而货物在运输途中,买方以提单托运人的名义指示承运人将货物交给其指定的收货人。这样一来,卖方虽控制着作为物权凭证的提单,然而货物却已被买方指定的收货人提走。卖方向法院起诉承运人无单放货,被法院以无权起诉为由予以驳回。

由此可见,在FOB合同下,以卖方还是买方作为托运人并非无足轻重的事情。按照《汉堡规则》的解释,托运人有两种:一种是与承运人签订海上运输合同的人;另一种是将货物交给与海上货物运输有关的承运人的人。根据上述解释,在FOB合同下,买方或卖方均符合作为托运人的条件。因此,对卖方而言,如果买方资信好,又有转售在途货物的要求,以买方作为托运人未尝不可;但如果不是这样,还是以卖方作为托运人更为安全些。

第五节　进出口商品价格的掌握

价格条款是国际货物买卖合同中买卖双方最关心的核心条款,也与合同中的其他条款密切相关。在国际贸易业务中,外贸业务人员熟练掌握进出口商品价格,合理采用各种作价方法,合理制定合同中的价格条款,对提高企业经济效益具有十分重要的意义。

一、影响价格的各种因素

(一) 国际市场价格水平

国际市场价格是在商品供求状况和竞争状况的基础上形成的,一般是容易被买卖双方接受的价格。在市场稳定的情况下,高于市场价格卖出或者低于市场价格买进都会很困难,因此,在制定价格时应该以国际市场价格作为客观依据和参考标准。

(二) 商品的质量和档次

在国际市场上,一般贯彻按质论价原则,质优则价高,质次则价低。商品质量的优劣、档次的高低、包装装潢的好坏、样式的新旧和商标、品牌的知名度等,都会影响到商品的价格。

(三) 交易数量

按照国际贸易的习惯做法,交易数量的大小影响成交价格。交易数量大时,应在价格上给予优惠或采用数量折扣;交易数量小时,尤其是低于起订量的交易数量(如样品单),则应提高价格。

(四) 交货地点、交货条件和运输距离

在国际贸易中，交货地点、交货条件的不同会直接影响到买卖双方承担的责任、费用和风险，从而影响到商品的价格。交货地点相同，交货条件不同，则成交价格不同，比如 FOB 术语和 CIF 术语同在装运港交货，买卖双方承担的风险相同，但对于责任和费用，在 CIF 术语下，卖方多承担了运输费和保险费，所以 CIF 价高于 FOB 价。在交货地点和交货条件都相同的条件下，运输距离的远近会影响到运费和保险费开支，也会对商品价格产生影响，从而体现出商品的地区差价。

(五) 佣金和折扣

在国际贸易中，商品价格可能会含有佣金或折扣，如果价格中含有支付给中间商的佣金，则应把佣金按照销售成本计入价格中；如果卖方在价格上给予买方一定的折扣，则应把折扣部分从价格中扣除。

(六) 支付条件和汇率变动

支付条件决定了买卖双方面临的信用风险和资金负担，进而影响商品价格。如和货到付款相比，在预付货款情况下，卖方无需承担出货后收不到货款的风险，也可以快速弥补商品采购或生产成本，所以价格上就会优惠些。同时，在商品价格确定后，应考虑到汇率波动因素来决定计价货币和支付货币，一般应采用汇率相对稳定的货币作为计价货币和支付货币，如果采用了汇率波动比较大的货币作为计价货币和支付货币，则应提高成交价格来回避汇率波动因素造成的收汇损失。

(七) 季节性需求变化

在国际市场上，对于季节性商品，为赶在节令前到货，抢行应市，则可以提高成交价格；而一旦过了时令，售价往往直线下降，甚而可能为了使损失降低到最小而低于成本价销售。因此，在作价时应充分考虑季节性需求的变化，掌握好季节性差价。

二、商品成本核算

商品成本核算关系出口对外报价和进口磋商时的谈判价格，精确全面的成本核算可以保证企业的经济效益。

(一) 出口商品成本核算

1. 出口商品总成本

出口商品总成本是指出口商品的进货成本加上出口前的一切费用和税金，即企业为商品出口支付的国内总费用。在经营需要缴纳出口税的商品时，出口总成本中还要包括出口税。我国目前实行出口退税制度，计算商品出口总成本时，应当扣除出口退税收入。具体计算公式如下：

$$\text{出口商品总成本(退税后)} = \text{出口商品购进价格(含增值税)} + \text{国内定额费用} - \text{出口退税额}$$

$$\text{出口退税额} = \frac{\text{出口商品采购价(含增值税)}}{1 + \text{增值税税率}} \times \text{退税率}$$

国内定额费用 = 出口商品采购价格 × 费用定额率

式中，费用定额率由各企业按不同的出口商品实际经验情况自行核定。定额费用一般包括银行利息、工资支出、邮电通讯费用、交通费用、仓储费用、码头费用以及其他的管理费用等。

以上计算出口退税的公式仅适用于外贸公司，对生产性企业不适用，生产性企业的出口退税计算将在第五章第七节中作详细介绍。

2. 出口商品外汇净收入与出口换汇成本

出口商品外汇净收入是指出口商品外汇总收入扣除劳务费用等非贸易外汇支出后的外汇收入。在FOB术语下，FOB价格即等于出口外汇净收入；在CIF术语下，CIF价格扣除运输费和保险费后即为出口外汇净收入；如果按照含佣价成交，则计算出口外汇净收入还应扣除佣金。

出口换汇成本是指某种商品的出口总成本与出口可得的外汇净收入之比。其计算公式如下：

$$出口换汇成本 = \frac{出口商品总成本(人民币元)}{出口外汇净收入(美元)}$$

出口换汇成本是用来反映出口商品盈亏的一项主要指标，它表示在国际市场上用多少人民币可以换回一美元，将该指标与银行当时的外汇牌价进行比较，高于银行外汇牌价说明出口为亏损，低于银行外汇牌价说明出口为盈利。

3. 出口盈亏额与出口盈亏率

出口盈亏额是指出口商品销售的人民币净收入与出口商品总成本的差额。出口盈亏率是出口盈亏额与出口商品总成本的比率。其计算公式如下：

$$出口盈亏率 = \frac{出口销售人民币净收入 - 出口总成本}{出口总成本}$$

计算结果为正值时，表示盈利，比率越大，盈利越多；计算结果为负值时，表示亏损。

【例1-1】 2011年4月，某公司出口1 000箱陶瓷制品，该货物收购价为每箱100元人民币，国内费用为收购价的15%，增值税税率为17%，出口退税率为9%，外销价为CFR Singapore USD21 per case，海运费1.2 $per case。当日汇率为1美元=6.499 8人民币。请参考当日汇率，核算出口退税额、出口总成本、出口外汇净收入、出口换汇成本和出口盈亏率。

解：出口退税额 = 1 000 × 100 × 9% = 9 000(元)

出口总成本 = 1 000 × 100 + 1 000 × 100 × 17% + 1 000 × 100 × 15% − 9 000 = 123 000(元)

出口外汇净收入 = 1 000 × 21 − 1 000 × 1.2 = 19 800(美元)

出口换汇成本 = 123 000 ÷ 19 800 = 6.212 1(人民币/美元)

出口盈亏率 = (19 800 × 6.499 8 − 123 000) ÷ 123 000 × 100% = 4.63%

(二) 进口商品成本核算

1. 进口商品总成本

进口商品总成本即进口商品目标价格加上各项进口环节费用，用公式表示如下：

进口商品总成本 = 进口目标价格 + 进口环节费用

进口商品目标价格是基于当前国际市场价格趋势对商品成交价格的预测，计划以 FOB 术语成交时，进口商品目标价格即为以人民币估算的 FOB 价格；计划以 CIF 术语成交时，进口商品目标价格应在 FOB 价格基础上加上海运费和保险费。

各项进口环节费用包括以下内容：驳船费、码头费、卸货费、码头仓储费等；进口关税、增值税及其他各种税费；报关提货费、进口商品查验费用和其他公证费用；银行结算手续费、利息支出；国内运费、保险费、仓储费用及其他杂费。

2. 进口商品盈亏额和进口盈亏率

进口商品盈亏额是指进口商品的国内销售价格与进口商品总成本的差额。进口盈亏率是进口盈亏额与进口商品总成本的比率。其计算公式如下：

$$进口盈亏率 = \frac{商品国内销售价格 - 进口商品总成本}{进口商品总成本}$$

计算结果为正值时，表示盈利，比率越大，盈利越多；计算结果为负值时，表示亏损。

三、主要贸易术语的价格构成

(一) FOB、CFR、CIF 三种贸易术语的价格构成

这三种贸易术语在价格构成中，通常包括三方面内容：进货成本、费用和净利润。其中，名目繁多的费用核算最为复杂，它通常包括国内费用和国外费用两部分。

国内费用主要有：

(1) 加工整理费用。

(2) 包装费用。

(3) 保管费用(包括仓租、火险等)。

(4) 国内运输费用(仓至码头)。

(5) 证件费用(包括商检费、公证费、领事签证费、产地证费、许可证费、报关单费等)。

(6) 装船费(装船、起吊费和驳船费等)。

(7) 银行费用(贴现利息、手续费等)。

(8) 预计损耗(耗损、短损、漏损、破损、变质等)。

(9) 邮电费(国际快递、通信、邮件等费用)。

国外费用主要有：

(1) 国外运费(自装运港至目的港的海上运输费用)。

(2) 国外保险费(海上货物运输保险)。

(3) 如果有中间商，还包括支付给中间商的佣金。

FOB、CFR、CIF 三种贸易术语的价格构成计算公式如下：

FOB 价 = 进货成本价 + 国内费用 + 净利润

CFR 价 = 进货成本价 + 国内费用 + 国外运费 + 净利润

CIF 价 = 进货成本价 + 国内费用 + 国外运费 + 国外保险费 + 净利润

（二）FCA、CPT和CIP三种贸易术语的价格构成

FCA、CPT、CIP三种贸易术语的价格构成也有三部分：进货成本、费用和净利润。

国内费用有：

(1) 加工整理费用。

(2) 包装费用。

(3) 保管费用(包括仓租、火险等)。

(4) 国内运输费用(仓至码头、车站、空港、集装箱运输站、集装箱堆场)。

(5) 拼箱费(如果货物不足一整集装箱)。

(6) 证件费用(包括商检费、公证费、领事签证费、产地证费、许可证费、报关单费等)。

(7) 银行费用(贴现利息、手续费等)。

(8) 预计损耗(耗损、短损、漏损、破损、变质等)。

(9) 邮电费(国际快递、通信、邮件等费用)。

国外费用主要有：

(1) 外运费(自出口国内陆启运地至国外目的地的运输费用)。

(2) 国外保险费。

(3) 如果有中间商,还包括支付给中间商的佣金。

FCA、CPT、CIP三种贸易术语价格构成的计算公式如下：

FCA价＝进货成本价＋国内费用＋净利润

CPT价＝进货成本价＋国内费用＋国外运费＋净利润

CIP价＝进货成本价＋国内费用＋国外运费＋国外保险费＋净利润

四、主要贸易术语的价格换算

（一）FOB、CFR和CIF三种术语的换算

1. FOB价换算为其他价

CFR价＝FOB价＋国外运费

CIF价＝(FOB价＋国外运费)÷(1－投保加成×保险费率)

2. CFR价换算为其他价

FOB价＝CFR价－国外运费

CIF价＝CFR价÷(1－投保加成×保险费率)

3. CIF价换算为其他价

FOB价＝CIF价×(1－投保加成×保险费率)－国外运费

CFR价＝CIF价×(1－投保加成×保险费率)

(二) FCA、CPT和CIP三种术语的换算

1. FCA价换算为其他价

$$\text{CPT价} = \text{FCA价} + \text{国外运费}$$

$$\text{CIP价} = \frac{\text{FCA价} + \text{国外运费}}{1 - \text{保险加成} \times \text{保险费率}}$$

2. CPT价换算为其他价

$$\text{FCA价} = \text{CPT价} - \text{国外运费}$$

$$\text{CIP价} = \frac{\text{CPT价}}{1 - \text{保险加成} \times \text{保险费率}}$$

3. CIP价换算为其他价

$$\text{FCA价} = \text{CIP价} \times (1 - \text{保险加成} \times \text{保险费率}) - \text{国外运费}$$

$$\text{CPT价} = \text{CIP价} \times (1 - \text{保险加成} \times \text{保险费率})$$

第六节 佣金和折扣

在国际贸易中，商品的价格可分为包含佣金、折扣的价格(即含佣价，price including commission)和不含佣金、折扣的价格(即净价，net price)。在磋商和商谈价格的时候，适当运用佣金和折扣条款，可以调动中间商或进口商的积极性，从而对扩大交易有重要作用。

一、佣金

(一) 佣金的含义

佣金(commission)是指卖方或买方因中间商、代理人或经纪人介绍交易而向其支付的报酬，包含佣金的价格称为含佣价，佣金在含佣价中所占的百分比称为佣金率，佣金率的高低不仅影响着中间商的积极性，而且还直接影响着商品成交价格的高低。在净价一定的情况下，佣金率越高，含佣价越高。

(二) 佣金的表示方法

佣金可以用文字表示，例如，"€100 per kg CIF Marseilles including 2% commission(每千克100欧元CIF马赛包含2%佣金)"。

在贸易术语后加注佣金的英语缩写字母"C"和佣金率来说明，例如，"€100 per kg CIF C 2% Marseilles"(每千克100欧元CIF马赛包含2%佣金)。

用绝对数来表示，例如，"pay commission €2 per kg"(每千克支付佣金2欧元)。

交易双方在洽谈时，如果将佣金明确写入价格条款中，则成为"明佣"。如果交易双方对佣金虽然已经达成协议，但是合同中却不显示任何关于佣金的内容，约定的佣金由一方当事

人另行支付，则成为“暗佣”。国外中间商为了赚取“双头佣”（中间商从卖方和买方都获得佣金），或为了达到逃汇、逃税的目的等，往往使用暗佣。

（三）佣金的计算方法

在国际贸易中，计算佣金有不同的方法，有按照成交金额约定的百分比计算，有按照成交商品的数量计算等，最常见的是按照买卖双方的成交金额或者发票金额计算佣金。按照成交金额计算佣金时，又存在着计算基数的不同，有的是以发票总金额作为计算佣金的基数，即不管以何种术语成交，都以发票总金额作为计算佣金的基数；有的是以 FOB 总值来作为计算佣金的基数，即不管以何种术语成交，都要先计算出 FOB 总值，然后按照换算出的 FOB 总值为基数计算佣金。从理论上讲，以 FOB 总值作为计算佣金的基数比较合理，因为如果以发票金额作为计算佣金的基数，则意味着还要从运输费和保险费中支付给中间商佣金，这显然是不合理的。但由于在实务中没有统一的规定，因此，为了避免争议，应在合同中将佣金的计算方法加以明确。

佣金的计算公式如下：

$$\text{单位货物佣金额} = \text{含佣价} \times \text{佣金率}$$

净价的计算公式如下：

$$\text{净价} = \text{含佣价} - \text{佣金额} = \text{含佣价} \times (1 - \text{佣金率})$$

假如已知净价，则含佣价的计算公式如下：

$$\text{含佣价} = \frac{\text{净价}}{1 - \text{佣金率}}$$

（四）佣金的支付方法

佣金的支付一般有两种做法：一种是由中间代理商直接从货价中扣除佣金；另一种是在卖方收清货款之后，再按事先约定的期限和佣金比率，另行付给中间代理商。在前一种情况下，万一合同无法履行，委托人仍要向中间商支付佣金；在后一种情况下，佣金的支付以合同顺利履行为前提，对委托人比较有利。通常，佣金可以在合同履行后逐笔支付，也可按月、按季度或按年度支付。在支付佣金时，应防止错付、漏付和重付等事故发生。

二、折扣

（一）折扣的含义

折扣(discount)是指卖方在原价基础上给予买方的价格减让，即适当的价格优惠。国际贸易中使用折扣的名目繁多，比如为了鼓励迅速付款使用的现金折扣、为了扩大销量给予的数量折扣、为了促进淡季购买而给予的季节折扣、为了维持和稳定与采购商的长期合作关系而给予的长期购买折扣，以及为了实现某种特殊目的的特别折扣（如“暗扣”）等。折扣和商品价格密切相关，并影响着采购商的购买积极性，因此，适当运用折扣策略可以扩大产品销路，维持和采购商的积极合作关系。

（二）折扣的表示方法

(1) 用文字作具体表示，如“USD150 per metric ton FOB Shanghai including 3% discount”（每公吨 $150 FOB 上海，折扣 3%）。

(2) 用具体金额表示，如“USD150 per metric ton for discount”（每公吨折扣 $150）。

(3) 在价格术语后加注折扣的英语缩写“R”（rebate）或“D”（discount）或“A”（allowance）来表示，如“CIFR 2% London”或“CIFD 2% London”。在实践中，鉴于这种表示方法的含义不清，易出现误解，应减少使用或最好不要使用。

上述这种在价格条款中明确规定折扣的做法，在习惯上称为“明扣”。如果买卖双方就折扣问题已经达成协议，但是在合同的价格条款中却不显示相关的折扣信息，则这种折扣方法称为“暗扣”。“暗扣”的做法属于不公平竞争，公职人员或者企业雇佣人员拿“暗扣”属于贪污受贿行为。

（三）折扣的计算方法

折扣通常是以成交金额或发票金额为基础计算出来的。计算公式如下：

单位货物折扣额 = 原价（或含折扣价）× 折扣率

卖方实际净收入 = 原价 − 单位货物折扣额 = 原价 ×（1 − 折扣率）

（四）折扣的支付方法

对于折扣的支付依据，明扣和暗扣的情况有所差别。在明扣的情况下，一般买方在支付货款时预先扣除折扣部分；在暗扣情况下，则折扣金额不直接从货款中扣除，而由卖方按双方事先商定的协议另行支付。

第七节　国际货物买卖合同中的价格条款

一、价格条款的基本内容

国际货物买卖合同的价格条款一般包括商品的单价和总值两项基本内容。单价通常由四个部分组成，即计量单位、单位价格金额、计价货币和贸易术语，如“每公吨 CIF 洛杉矶 2 000美元”（USD 2 000 per metric ton CIF Los Angeles）。总值（或称总价）是单价同数量的乘积，也就是一笔交易的贷款总金额。

下面重点介绍一下国际贸易合同中对计价货币的选择问题。

计价货币（money of account）是指合同中规定用来计算价格的货币。如合同中的价格是用一种双方当事人约定的货币（如美元）来表示的，没有规定用其他货币支付，则合同中规定的货币既是计价货币又是支付货币（money of payment）。如在计价货币之外，还规定了其他货币（如英镑）支付，则英镑就是支付货币。

在一般的国际货物买卖合同中，价格都表现为一定量的特定货币（如每公吨为 300 美元），通常不再规定支付货币。根据国际贸易的特点，用来计价的货币可以是出口国家货币，也可以是进口国家货币或双方同意的第三国货币，由买卖双方协商确定。由于世界各国的货币价值并不是一成不变的，特别是在目前世界许多国家普遍实行浮动汇率的条件下，通常被用来计价的各种主要货币的汇率都一直在变动。国际货物买卖通常的交货期都比较长，从订约到履行合同，往往需要一个过程。在此期间，计价货币的汇率如果发生变化或出现大幅度的起伏，必然直接影响进出口双方的经济利益。因此，如何选择合同的计价货币就具有重大的经济意义，是买卖双方在确定价格时必须注意的问题。

除双方国家订有贸易协定和支付协定，而交易本身又属于上述协定的交易，必须按规定的货币进行清算外，一般进出口合同都是采用可兑换的、国际上通用的或双方同意的支付手段进行计价和支付。但是，目前这些货币的软硬程度并不相同，发展趋势也不一致。因此，具体到某一笔交易，都必须在深入调查研究的基础上，尽可能争取把发展趋势对我方有利的货币作为计价货币。从理论上说，对于出口交易，采用硬货币计价比较有利；而进口合同却用软货币计价比较合算。但在实际业务中，以什么货币作为计价货币，还应视双方的交易习惯、经营意图和价格而定。如果为达成交易而不得不采用对我方不利的货币，则可设法用下述两种办法补救：一是根据该种货币今后可能的变动幅度，相应调整对外报价；二是在可能条件下，争取订立保值条款，以避免计价货币汇率变动的风险。

知识拓展

硬货币，是指在国际金融市场上汇价坚挺并能自由兑换、币值稳定、可以作为国际支付手段或流通手段的货币，主要有美元、英镑、日元、欧元等。

软货币，是指在国际金融市场上汇价疲软，不能自由兑换他国货币，信用程度低的国家货币，主要是发展中国家货币。

按国际上的一般习惯做法，如两种货币的汇率是按付款时的汇率计算，则不论计价和支付用的是什么货币，都可以按计价货币的量收回货款。对卖方来说，如果计价货币是硬货币，支付货币是软货币，基本上不会受损失，可起到保值的作用；如果计价货币是软货币，支付货币是硬货币，卖方结汇所收到的硬货币就会减少，这对卖方不利，而对买方有利。此外，也有在订立合同时，即明确规定计价货币与另一种货币的汇率，到付款时，该汇率如果有变动，则按比例调整合同价格。

案例

某外贸公司与澳大利亚一家工厂洽谈成功一笔混凝土搅拌车配件业务，作为试单，澳大利亚工厂订购了一个混凝土搅拌车搅拌罐。2010 年 3 月 15 日，双方商议签订合同，澳大利亚客户提议使用澳大利亚元为计价货币和结算货币，该外贸公司无异议，当日遂签订买卖合同，并规定计价货币和结算货币为澳大利亚元，以实际付款日的汇率结算，总货值 AUD 24 500，当日澳大利亚元兑人民币汇率为 1AUD=6.2452CHY。

2010 年 3 月 28 日，该外贸公司收到澳大利亚客户开来即期议付信用证，信用证金额 AUD 24 500，当日澳大利亚元兑人民币汇率为 1AUD＝6.197 3 CHY。2010 年 6 月 8 日，该外贸公司收到银行结汇水单，当日澳大利亚元兑人民币汇率为 1AUD＝5.5442CHY，参考签订合同日汇率，由于作为计价货币和结算货币的澳大利亚元的大幅贬值，该外贸公司收汇亏损额为 17 174.5 元人民币，大幅降低了该笔业务的盈利。

2010 年 8 月 26 日，澳大利亚客户再次订购 9 个混凝土搅拌车搅拌罐，当日澳大利亚元兑人民币汇率为 1AUD＝6.0220CHY，该外贸公司提议换用美元作为计价货币和结算货币，或者继续采用澳大利亚元作为计价货币和结算货币，但每个混凝土搅拌罐将加价 25%。最终，澳大利亚客户同意换用美元作为计价货币和结算货币。

二、作价方法

在国际货物买卖合同中，价格的作价方法主要有固定价格，非固定价格和部分固定、部分不固定价格等。

（一）固定价格

这种做法在国际货物买卖中采用普遍，我国的进出口合同也大多采用这种作价方法。其具体做法是：交易双方通过协商就计量单位、计价货币、单位价格金额和使用的贸易术语达成一致，在合同中以单价条款的形式规定下来，例如，“USD150 per metric ton FOB Shanghai”（每公吨 $150 FOB 上海），其中，“per metric ton”为计量单位，“USD”为计价货币，“150”为单位价格金额，“FOB Shanghai”为贸易术语。固定价格的做法具有明确具体、便于核算的优点。但是，在这种方式下，当事人要承担从签约到交货付款乃至转卖时价格波动的风险。为了减小价格风险，必要时可以以固定价格为基础，结合其他作价方法。采用这种方法时，合同价格一经确定，就要严格执行，除非合同中另有约定，或经双方当事人一致同意，任何一方不得擅自更改。

（二）非固定价格

非固定价格在习惯上又称活价。具体做法上又分为以下三种：

第一，合同中只规定作价方式，具体作价留待以后确定。如规定“在装船月份前 20 天，参照当地及国际市场价格水平，协商议定正式价格”或“按照提单日期的国际市场价格计算”。

第二，在合同中暂定一个初步价格，作为买方开立信用证和初步付款的依据，待以后双方确定最终价格后再进行清算，多退少补。

第三，规定滑动价格的做法。这主要是在一些机械设备的交易中采用，由于加工周期较长，为了避免原材料价格、工资等变动带来的风险，可由交易双方在合同中规定基础价格的同时，规定如交货时原材料、工资发生变化，并超过一定比例，卖方可对价格进行调整。

（三）部分固定、部分不固定价格

在一些长期分批交货的交易中，双方可以协商规定，对于近期内交货的部分采用固定价格，其余采用不固定作价办法。

三、规定价格条款应注意的事项

第一，依据国际市场价格，合理确定商品的价格水平，防止偏高或偏低。

第二，根据经营意图和船源、货源等实际情况，选用适当的贸易术语。

第三，贸易谈判中争取选择对己方有利的计价货币，避免汇率波动带来的风险，采用汇率波动较大的计价货币时可以订立保值条款。

第四，根据实际情况灵活采用固定价格、非固定价格等不同作价方法，避免价格变动带来的风险。

第五，参照国际惯例和习惯做法，适当运用佣金和折扣，以调动中间商和买方的积极性，扩大产品销路。

第六，在交货品质与数量约定在一定机动幅度时，则对机动幅度部分商品的作价也作出明确规定。

第七，若包装材料和包装费需另行计价时，应在合同中对其计价方法作出明确规定。

第八，单价中涉及计量单位、计价货币、计价金额、贸易术语、装卸地名称的，必须书写正确、清晰、无歧义，以利于合同的顺利履行。

本章小结

本章主要介绍了贸易术语、与贸易术语相关的国际惯例及进出口贸易中商品价格的构成和成本核算。

在长期国际贸易实践中形成并被国际组织规范和标准化的贸易术语不仅规定了贸易条件和贸易双方的权利、责任和义务，而且确定了商品价格的构成要素，成为买卖双方确定商品价格构成的依据。因此，掌握国际贸易中常用的贸易术语，有利于买卖双方明确各自的责任，同时也有利于买卖双方明确价格和进行进出口成本核算。在国际贸易中，也要加强进出口成本核算，以方便制定恰当的价格策略来保证利润率。同时，在国际贸易中要适当运用佣金和折扣策略，以促进销售和稳定与贸易伙伴的关系。

思考与练习

一、选择题

1. 按 CIF 条件达成交易，如果卖方愿意承担卸货费用，可以选用（　　）。

A. CIF liner terms　　B. CIF ex tackle
C. CIF landed　　D. CIF ex ship's hold
E. CIF gross terms

2. 下列各项中，适用于海洋运输和内河运输的贸易术语有（　　）。

A. FOB　　B. CIP　　C. DES　　D. DDP
E. DDQ

3. 在 FCA、CPT、CIP 和 FOB、CFR、CIF 贸易术语中，买卖双方责任划分的基本原则是相同的，但又有不同，主要表现在（ ）。

A. 适用的运输方式不同　　B. 交货和风险转移的地点不同

C. 装卸费用负担不同　　D. 运输单据不同

E. 运输时间不同

4. 采用非固定价格签约时，通常都是先订约、后作价，而作价标准很多，其中给履约带来不稳定因素的是（ ）。

A. 以某交易所公布的具体价格为准　　B. 以国际市场价格为准

C. 以国际市场结合销售市场价格为准　　D. 以交易双方协商确定的价格为准

5. 计算出口创汇率（亦为外汇增值率）时，如为进口原料，其原料外汇成本应按（ ）价计算。

A. FOB 进口价　　B. FOB 出口价　　C. CIF 进口价　　D. CIF 出口价

二、思考题

1. 某进口公司从美国进口特种异型钢材 200 公吨，每公吨按 900 美元 FOB Vessel New York 成交。按合同约定的支付方式和付款时间，我方通过中国银行向对方开出了一张金额为 18 万美元的信用证。对方接到信用证后称："信用证已收到，但金额不足，应增加 1 万美元备用。否则，有关出口税捐及各种签证费，由你方另行电汇。"我方接电后认为这是美方无理要求，回电指出："按 FOB vessel 条件成交，卖方应负责有关的出口税捐和签证费用，这在《2010 年通则》中已有规定"。美方又回电称："成交时并未明确规定按《2010 年通则》办理，根据我们的商业习惯及《1941 年美国对外贸易定义修正本》，出口税费应由买方承担，我方难以按《2010 年通则》办理。"这时恰巧国际市场钢材价格上涨，我方又急需这批钢材投产，只好通过银行将信用证金额增至 19 万美元。

要求：请问美方的要求合理吗？我方的操作有没有失误？如果我方不想负担上述出口税费，应在合同中作出怎样的规定？

2. 出口某商品 10 公吨，400 箱装，每箱毛重 25 千克，体积 20 cm×30 cm×40 cm，单价 CFR 马赛每箱 55 美元，查表知该货为 8 级，计费标准为 W/M，每公吨运费 80 美元，另征收车船附加费 20%，燃油附加费 10%。该商品的出口总成本为 10 万元人民币。

要求：计算此项出口的盈亏率是多少（外汇牌价：1 美元＝6.5564 元人民币）。

第二章　商品的品名、品质、数量与包装

学习目标

1. 了解商品品名的表示方法、规定和订立品名条款时的注意事项。

2. 掌握商品品质的表示方法及订立品质条款的意义。

3. 了解国际贸易常用的计量单位和计量方法，并掌握国际货物买卖合同中的数量条款。

4. 掌握运输包装、运输标志和销售包装的作用和类别。

5. 掌握国际货物买卖合同中的包装条款及注意事项。

第一节　商品的品名与品质

一、商品的品名

（一）商品品名的含义

商品的名称简称品名(name of product)，是指能使某种商品区别于其他商品的一种称呼。商品的名称在一定程度上体现了商品的自然属性、用途和主要的性能特征。

（二）商品品名的表示方法

(1) 以其主要用途命名，突出商品的主要用途，方便消费者按照自己需求购买，如空气加湿器、割草机、跑步机等。

(2) 以其所使用的主要原材料命名，通过所使用的材料反映出商品的质量，如羽绒服、不锈钢杯子、葡萄酒等。

(3) 以其主要成分命名，一般以比较名贵的原材料成分来突出商品的有效内涵，如西洋参、蜂王浆、翡翠手镯、白金钻戒等。

(4) 以其外观造型命名，便于消费者从字面意思上了解商品特征，如工字钢、人字梯、鸡血石等。

(5) 以其褒义词命名，以积极向上的词语来使消费者产生美好的联想，如雪碧、娃哈哈、可口可乐等。

(6) 以人名、地名命名，以知名人物或商品产地来提升商品价值，如李宁运动服、贵州茅台、神户牛肉等。

(7) 以制作工艺命名，如无纺布、等离子电视、手工地毯等。

(8) 以企业名称命名，以企业的信誉提升消费者对产品质量的信心，同时也可以提升企业品牌形象，如海尔冰箱、长虹电视、惠普电脑等。

(三) 品名条款的内容

在国际货物买卖合同中，品名条款一般较简单，通常是在“商品名称”或“品名”的标题下，列明交易双方成交商品的名称，也可不加标题，只在合同的开头部分列明交易双方同意买卖某种商品的文句。

(四) 品名条款的意义

合同中的品名条款明确规定了买卖标的物的名称，是买卖双方交接货物的一项基本依据，也关系到买卖双方在买卖货物方面的权利和义务。依据《联合国国际货物销售合同公约》和其他相关法律、国际惯例，若卖方交付的货物不符合约定的品名或说明，买方有权利提出损害赔偿要求，直至拒收货物或撤销合同。

(五) 订立品名条款时应注意的事项

第一，对品名的描述应该明确、具体，与卖方实际供货产品及买方实际需求产品相符合，应避免空泛、笼统和含糊，以免在以后合同履行中产生纠纷。

第二，商品名称应尽量使用国际上通用的名称，以避免因各国品名叫法不一而造成的误解。若合同的品名条款必须使用地方性名称，则买卖双方应就品名所指的商品内涵达成一致。对于新产品的名称应尽量采用国际上的习惯叫法，并要注意品名的外文含义，还应注意所采用的品名应与 H. S. 编码制度所规定的品名相一致。H. S. 编码制度是《商品名称及编码协调制度》(The Harmonized Commodity Description and Coding System)的简称，该编码制度对商品的分类及编码广泛应用于各国海关及对进出口商品的管理、关税的征收、税率的确定和进出口数据的统计。

第三，合同的品名一定要与将来所交付货物的实际名称相一致，在使用信用证结算时，尤其要注意各单证上的品名都应该保持完全一致。

第四，品名选用要考虑进出口关税税率和出口退税率。在国际贸易中，进口关税是按照商品名称规定收取的，有时存在同一商品因采用不同名称而支付的费用和关税不同甚至进口限制不同的现象。因此，为了减少关税支出和方便进出口，在签订合同时应选择对我方有利的产品名称。另外，出口退税率也和商品名称有关，同一个商品采用不同类别的商品名称，适用的出口退税率也不同，选择适用较高退税率的商品名称是增加出口退税额的一种合法途径。

第五，品名的选用要考虑方便进出口通关和降低通关费用需要。同一商品，如果向海关申报的 H. S. 编码(即商品名称)选用得当，除了可以降低进口关税或增加出口退税外，还可以减少通关流程(如减少商检环节、动植物检验检疫等)和降低通关费用。但是，要注意在填写 H. S. 编码时，一定要准确使用，不能为达到逃避商检、动植物检验检疫或为了增加出口退税等目的而随意填写；否则，将受到相关部门的处罚。

案例

2011年2月，某公司向马来西亚客户订购了2个20英尺集装箱豆奶粉，在填写海关H.S.编码时，填为12081000(大豆粉，该编码须办理商检和动植物检验检疫，增值税税率为13%，出口退税率为0)，而没有填为21061000(浓缩蛋白质及人造蛋白物质，该编码只需办理商检，增值税税率为17%，出口退税率为13%)。这样，因为填写了不恰当的H.S.编码，在客户未要求办理动植物检验检疫的情况下，该公司这批货物的出口不得不办理动植物检验检疫，既增加了自己负担的费用，延长了交货时间，也无法享受国家出口退税，在出口退税的环节上造成了很大损失。

二、商品的品质

(一) 商品品质的含义

商品的品质(quality of product)是商品外观形态和内在质量的综合。商品的外观形态是指人们的感官可以直接感觉到的商品的外形特征，如商品的大小、长短、高低、款式、色泽、软硬以及味觉、嗅觉等。商品的内在质量是指商品的化学成分、生物特征、物理性能、技术指标等自然属性，一般需要借助各种仪器、设备分析测试后才可获得。

(二) 品质的重要性和订立品质条款的意义

1. 品质的重要性

商品的品质直接关系到商品的使用价值并影响商品的价格，也是关系商品市场占有率和厂商声誉的重要因素之一。在国际市场竞争日益激烈的今天，提高产品的质量，实行以质取胜的策略已经成为国家或地区提高竞争力的重要手段。对发达国家而言，高水平的商品品质是其先进的科学技术和较高的经济发展水平的反映；对于发展中国家而言，提高商品品质是其积极参与国际竞争，提升在国际分工中地位的重要保障。就进口贸易而言，严格把好商品质量关，使进口商品适应国内生产建设，科学研究和消费者需要，是维护国家和人民利益，提高企业经济效益的重要保障。

2. 订立品质条款的意义

合同中的品质条款是构成商品说明的重要组成部分，是合同的主要交易条件之一，也是交易双方交接货物的主要依据。《联合国国际货物销售合同公约》规定，卖方交货必须符合约定的质量，否则买方有权要求损害赔偿，也可要求修理或交付替代货物，甚至拒收货物和撤销合同。

(三) 对进出口商品品质的要求

1. 对进口商品品质的要求

进口商品的品质应符合国家经济发展和人民生活需要，进口时要严把质量关，保证进口商品的品质满足国内需要，以免影响国家经济建设和人民消费需求。同时也要从国内实际需要出发，不能盲目提高进口商品的品质和档次要求，以免造成不必要的浪费。

2. 对出口商品品质的要求

(1) 根据不同国外市场和不同消费者需求来确定商品质量。

(2) 保证商品质量，提高商品信誉。

(3) 适应进口国政府的法律、法令的要求。

(4) 适应国外自然条件、季节变化和销售方式。

(5) 建立企业质量、环境管理体系。如 ISO9000 质量管理和质量保证系列标准和 ISO14000 环境管理系列标准等。

ISO9000 系列标准是国际标准化组织针对制造业、服务业所制定的品质管理及品质保证标准，是对企业的质量管理所作出的最低要求，它强调以预防为主，使影响商品质量的技术、管理和人的因素处于受控状态，达到消除特别是预防质量缺陷的目的。

ISO9000 系列包括 ISO9000、ISO9001、ISO9002、ISO9003、ISO9004 等标准，通常所说的 ISO9000 认证即是根据 ISO9001、ISO9002、ISO9003 三个外部质量保证标准进行的，ISO9001 是开发设计、生产、安装、服务的质量保证体系；ISO9002 是生产和安装的质量保证体系；ISO9003 是最终产品检验和试验的质量保证体系。我国是国际标准化组织理事国，1992 年 10 月，我国技术监督局将 ISO 系列标准等效转化为 GB/T19000 系列国家标准，以双编号形式出现，于 1993 年 1 月 1 日起实施。

ISOl4000 环境管理系列标准是 ISO 第 207 技术委员会于 1996 年制定的，其目的是为了通过在组织内部建立和实施一个有效的环境管理体系，控制和减少企业的生产经营活动对环境造成的破坏，鼓励和推动企业生产环保绿色产品，以满足社会对环境保护以及其他相关利益的需求。

实施 ISO 的这两个一体化管理体系，有助于我国产品适应国际市场对于产品质量的需求，提高我国产品的国际竞争能力。

(四) 商品品质的表示方法

国际贸易中表示商品品质主要有两种方法，即以实物表示和以文字说明表示。

1. 以实物表示商品品质

以实物表示商品品质，即以作为交易对象的商品的实际品质或能代表商品品质的样品来表示商品的品质，主要有以下两种方法。

(1) 看货买卖。看货买卖是根据现有商品的实际品质确定交易商品的品质。采用这种方法，一般是在卖方所在地进行，由买方或卖方的代理人验看货物合格后，就可以凭看货样品品质成交。在国际贸易中，由于买卖双方往往地理距离比较远，买方到卖方所在地验看货物有诸多不便，即使卖方有现货在手，买方也往往委托代理人代为验看货物，一般无法逐件查验，所以采用看货成交的方式有一定的局限性。看货买卖多用于寄售、拍卖和展卖业务中。

(2) 凭样品买卖。样品通常是指从一批商品中抽取出来的或由生产、使用部门加工、设计出来的，足以反映和代表整批商品品质的少量货物。凡是以样品表示商品品质并以此作为交货根据的称为凭样品买卖(sale by sample)。

在国际贸易中,按照样品提供者不同,凭样品买卖可以分为以下三种:

其一,卖方样品,即由卖方提供样品。凡凭卖方提供样品作为品质依据进行买卖的,称为凭卖方样品买卖。卖方选择的样品品质应具有充分的代表性,在将原样送至买方时,应保留与送交样品品质完全一致的另一样品,即留样,以备将来组织生产、交货或处理品质纠纷时进行核对。卖方应在原样和留存样上编制相同的号码,注明样品提交买方的具体日期,以便日后联系、洽谈交易时参考。留样的复样应妥善保管,对于某些易受环境影响而改变品质的商品,还应采取适当措施,如密封、防潮、放虫、防污染等,以保证样品品质稳定。

其二,买方样品,即由买方提供样品。买方为了使其订购的商品符合自身需求,有时提供样品交给卖方依样复制,如卖方同意按照买方提供的样品成交,则称为凭买方样品买卖。由于买方对目标市场的需求状况更加熟悉,买方样品更能反映出当地消费者的需求。但是在确认按照买方样品成交前,卖方应该充分考虑样品所代表的商品在原材料、加工生产技术、设备和生产时间安排等方面的可行性,以防日后交货困难。此外,凡是以买方样品成交,应在合同中列明,如果发生由于买方样品引起的工业产权等第三者权利纠纷,则与卖方无关,概由买方负责。

其三,对等样品。在国际贸易中,谨慎的卖方往往不愿意承接凭买方样品交货的交易,以免因交货品质与买方样品品质不符而招致买方索赔甚至退货的风险。在此种情况下,卖方可根据买方提供样品,加工复制出一个类似的样品交给买方确认,经买方确认后的样品称为对等样、回样或确认样(confirming sample)。当对等样被买方确认后,日后卖方所交付货物的品质必须以对等样品为准。

2. 以文字说明表示商品品质

以文字说明表示商品品质,即以文字、图表、照片等方式来说明商品的品质,主要有以下六种方式。

(1) 凭规格买卖。商品规格是指一些足以反映商品品质的主要物理或化学指标,如化学成分、含量、性能、外形尺寸等。买卖双方在洽谈交易时,对适合凭规格买卖(sale by specification)的商品,应提供具体规格来说明商品的基本品质状况,例如,大豆的规格为:水分(最高)14%,杂质(最高)1%,不完善粒(最高)7%,含油量(最低)18%。同时将商品详细规格在合同中订明。由于这种表示品质的方法明确具体、简单易行,并且可以根据每批货物的具体情况灵活调整,所以在国际贸易中被广泛地运用。

(2) 凭等级买卖。商品的等级是指同一类商品按规格上的差异,分为品质优劣不同的若干等级。在凭等级买卖(sale by grade)时,由于不同等级的商品有不同的规格,为了便于履行合同和避免争议,在列明等级的同时,最好一并规定每一等级的具体规格。

(3) 凭标准买卖。买卖商品的标准是指将商品的规格和等级予以标准化。商品的标准,有的由政府主管部门规定,有的由同业公会、贸易协会、科学技术协会或国际性的工商组织规定。由于商品品质标准的版本是随生产和技术的变化而不断修改和变动的,因此在援引标准时必须列明所援引的标准的具体年份,以免因援引的商品品质标准的版本不同而产生纠纷。

在国际贸易中，对于某些品质变化较大而难以规定统一标准的农副产品，往往采用良好平均品质(fair average quality, F. A. Q.)这一术语来表示其品质。良好平均品质是指一定时期内某地出口货物的平均品质水平，一般是指中等货而言。在标明 F. A. Q. 的同时，通常还约定具体规格作为品质依据。

(4) 凭说明书和图样买卖。在国际贸易中，有些机器、电器和仪表等产品，很难用几个简单的指标来表明品质的全貌，对这类商品的品质，通常以说明书并附以图样、照片、设计图纸、分析表及各种数据来说明具体性能和结构特点。按此方式进行交易，称为凭说明书和图样买卖(sale by description and illustration)。

(5) 凭商标或品牌买卖。国际市场上的许多商品，尤其是日用消费品、加工食品、耐用消费品等都会带有商标。商标是指生产者或商号用来识别所生产或出售的商品的标志，它可由一个或几个具有特色的单词、字母、数字、图形或图片等组成。品牌是指工商企业给制造或销售的商品所冠的名称，以便与其他企业的同类产品区别开来，一个品牌可用于一种产品，也可用于一个企业的所有产品。商标或品牌是一种品质象征，人们在交易中可以只凭商标或品牌进行买卖，无需对品质提出详细要求。但是，如果一种品牌的商品同时有许多种不同型号或规格，为了明确起见，就必须在规定品牌的同时，明确规定型号或规格。

(6) 凭产地名称买卖。在国际货物买卖中，有些产品，因受产区的自然条件、传统加工工艺等因素的影响，在品质方面独具特色，对于这类产品，可用产地名称来表示品质，如依云矿泉水、西湖龙井、神户牛肉等。

(五) 国际货物买卖合同中的品质条款

1. 合同中品质条款的基本内容

合同中的品质条款包括品名和品质两部分。在凭样品买卖时，除了要列明商品的名称外，还应订明确认样品的编号和确认日期。在凭文字说明买卖时，合同中应明确规定商品的名称、规格、等级、标准、品牌、商标或产地名称等内容。在以图样和说明书表示商品质量时，还应在合同中列明图样、说明书的名称、份数等内容。为了防止品质纠纷，合同中的品质条款应尽量明确具体，避免笼统含糊。在规定质量指标时不宜采用诸如大约、左右、合理误差等用语，所涉及的数据应力求明确，而且要切合实际，避免将指标订得过高、过低、过繁、过细。

2. 品质机动幅度条款与品质公差

在国际贸易中，卖方交货品质必须严格与买卖合同规定的品质条款相符。但是，某些商品由于生产过程中存在自然损耗，以及受生产能力、商品本身特点等方面原因的影响，难以保证交货质量与合同规定的内容完全一致，对于这些商品，如果条款规定过死或把质量指标订得绝对化，必然会给卖方的顺利交货带来困难。为此，在订立合同时，可在品名品质条款中规定一些灵活条款，卖方所交商品质量只要在这规定的灵活范围内，即可以认为交货质量与合同相符，买方无权拒收。常见的规定办法有以下三种：

(1) 品质机动幅度条款。品质机动幅度是指对特定质量指标规定在一定范围内的机动幅度。具体方法包括规定范围、规定极限和规定上下差异三种。品质机动幅度主要适用于初级产品，以及某些工业制成品的质量指标。

其一，规定范围。规定范围是指对某项商品的主要质量指标，规定允许有一定机动的范围。

其二，规定极限。规定极限是指对某些商品的品质规格，规定上下极限。如最大、最高、最多(maximum)，最小、最低、最少(minimum)。

其三，规定上下差异。规定上下差异即指在规定某一具体质量指标的同时，规定必要的上下变化幅度。

(2) 品质公差。品质公差(quality tolerance)是指国际上公认的或买卖双方认可的一定范围内的产品品质差异。在工业品生产过程中，产品的质量指标产生一定的误差有时是难以避免的，如手表走时每天误差若干秒，这种误差若为某一国际同行业所公认，即成为品质公差，交货质量在此范围内即可认为与合同相符。如果国际同行业对特定指标并无公认的"品质公差"，或者买卖双方对质量公差理解不一致时，应在合同中就这一问题作出明确规定。

(3) 品质增减价条款。在国际贸易中，为了体现按质论价原则，在订立品质机动幅度条款时，对约定机动幅度内的品质差异，可按照实际交货品质规定予以加价或减价的规定，称为品质增减价条款。其订立方法有以下两种：

其一，在品质机动幅度范围内的品质差异，只对品质低于合同规定的扣价，而对品质高于合同规定的不予加价。在采用此法时，为了促使卖方按照合同规定的品质交货，可运用不同的折扣方法。例如，在合同品质条款中可规定：在机动幅度范围内，交货品质低于合同规定的1%，扣价1%；低于合同规定的1%～2%，扣价3%；低于合同规定的2%～3%，扣价5%。

其二，在品质机动幅度范围外的品质差异，可按违约处理，也可经买卖双方磋商订立品质增减价条款。

(六) 订立货物品质条款应注意的问题

第一，明确商品品名，列明品质条款的基本内容。

第二，文字表达应清晰明确，避免使用"大约"、"差不多"、"左右"等笼统模糊的词语，另外也要避免使用"无"、"彻底"等绝对化词语。

第三，选用适当的品质表示方法。在实践中，一般只采用样品或者文字说明中的一种方法来表示商品品质。

第二节 商品的数量

商品的数量是以一定的度量衡单位表示的商品的重量、个数、长度、面积、体积、容积等，数量条款是国际货物买卖合同中的重要条款之一。

一、订立数量条款的意义

作为合同中的重要条款之一，商品数量的多少不仅关系到买卖双方交易规模的大小，而且也关系到买卖双方预期收益的多少，因此买卖双方必须以约定的货物数量作为履行合同的依据。《联合国国际货物销售合同公约》规定，按约定的数量交付货物是卖方的一项基本义务。由于买卖双方约定的数量是交接货物的依据，因此，正确掌握成交数量和订好合同中的数量条款具有十分重要的意义。

二、计量单位和计量方法

(一) 计量单位

在国际贸易中，经常使用以下六种方法来计算商品数量。

1. 按重量计算

许多农副产品、矿产品和工业制成品，都按照重量(weight)计算。常见的重量计算单位有：克、千克、吨(公吨、长吨、短吨)、磅、盎司等。

2. 按个数计算

大多数工业制成品，尤其是日用消费品、轻工业品、机械产品及一部分土特产品，均习惯按个数(number)进行买卖。常见的个数计量单位有：只、件、双、套、打、辆、头、箱、桶、袋等。

3. 按长度计算

在金属绳索、丝绸、布匹等类商品的交易中，通常按照长度(length)进行计算。常见的长度计量单位有：米、码、英尺、厘米等。

4. 按面积计算

在玻璃板、地毯等商品的交易中，习惯采用面积(area)作为计量单位。常用的面积计量单位有：平方米、平方英尺、平方码等。

5. 按体积计算

木材、天然气和化学气体等的交易中采用体积(volume)作为计量单位，常见的体积计量单位有：立方米、立方码、立方英尺等。

6. 按容积计算

各类谷物和液体货物往往采用容积(capacity)作为计量单位，常见的容积计量单位有：公升、加仑、蒲式耳等。

(二) 度量衡制度

在国际贸易中，使用比较广泛的度量衡制度有：国际标准计量组织在公制基础上颁布的国际单位制(international system of units)；公制(metric system)；英制(British system)和美制(U. S. system)。其中，公制为欧洲大陆和世界大多数国家所采用；英制多在英联邦国家使用(英国因加入欧盟，在一体化进程中已宣布放弃英制，改为公制)；美制多在北美洲使用。

根据《中华人民共和国计量法》规定："国家采用国际单位制。国际单位制计量单位和国家选定的其他计量单位，为国家法定计量单位。"目前，除个别特殊领域外，一般不再使用非法定计量单位。我国出口商品，除照顾对方国家贸易习惯约定采用公制、英制或美制计量单位外，应使用我国法定计量单位。我国进口的机器设备和仪器等应要求使用法定计量单位；

否则,一般不许进口。如确有特殊需要,也必须经有关标准计量管理部门批准。

上述不同的度量衡制度导致同一计量单位所表示的数量有差异。例如,就表示重量的吨而言,实行公制的国家一般采用公吨,每公吨为 1 000 千克;实行英制的国家一般采用长吨,每长吨为 1 016 千克;实行美制的国家一般采用短吨,每短吨为 907 千克。此外,有些国家对某些商品还规定有自己习惯使用的或法定的计量单位。在制定合同的数量条款时一定要注意这点。

(三) 计算重量的方法

在国际贸易中,按重量计量的商品很多。根据一般商业习惯,通常计算重量的方法有下列几种。

1. 按毛重计算

毛重(gross weight)是指商品本身的重量加包装物的重量,这种计重办法一般适用于低值商品且包装很轻的情形。以毛重为准也叫以毛作净(gross for net)(以商品的毛重作为净重)。

2. 按净重计算

净重(net weight)是指商品本身的重量,即除去包装物后的商品实际重量,净重是国际贸易中最常见的计重办法。不过,有些价值较低的农产品或其他商品,有时也采用以毛作净的办法计重。

在采用净重计重时,对于如何计算包装重量,国际上有下列几种做法:

(1) 按实际皮重(actual tare, or real rare)计算,实际皮重即包装的实际重量,只适于到岸测重且包装物可分离情形。

(2) 按平均皮重(average tare)计算,适用于包装重量接近,随机抽取几件测重算平均皮重。

(3) 按习惯皮重(customary tare)计算,适用于多次贸易的标准化包装,按以往习惯皮重。

(4) 按约定皮重(computed weight)计算,事先约定皮重,交货时不能随意包装。

3. 按公量计重

按公量计重(conditioned weight)适用于经济价值较高而又易于吸水返潮的商品,如羊毛、生丝、棉花等。这些商品具有较强的吸湿性,其所含水分受客观环境的影响较大,其重量也就很不稳定,因而国际上有一种专门计算此类商品重量的方法,即用科学的方法除去其所含的实际水分,然后再加上国际公认的标准含水量。按此法求出的重量,称为公量。其计算方法是以商品的干净重(即烘去商品水分后的重量)加上国际公定回潮率与商品干净重的乘积所得出的重量,即为公量。计算公式如下:

$$\text{公量} = \text{商品实际重量} \times \frac{1 + \text{公定回潮率}}{1 + \text{实际回潮率}} = \text{商品干净重} \times (1 + \text{公定回潮率})$$

其中,实际回潮率可通过取样实验测量得到。

4. 按理论重量计重

理论重量(theoretical weight)是指如果货物的规格一致,每件货物的重量基本相同,则可以从成交的件数来推算出总的成交量。对于一些按固定规格生产和买卖的商品,如马口铁、钢板等,只要其规格一致,或每件重量大体是相同的,一般即可从其件数推算出总量。

5. 法定重量

法定重量(legal weight)即商品重量加上直接接触商品的包装材料的重量,即净重。按照一些国家海关法的规定,在征收从量税时,商品的重量是以法定重量计算的。

在国际贸易实务中,如果买卖双方没有明确采用何种方法计算重量时,应按净重计量和计价。

三、国际货物买卖合同中的数量条款

(一) 数量条款的内容

数量条款的基本内容主要有交货数量和计量单位,按重量计算的商品,还须明确计算重量的方法。

(二) 数量条款中的数量机动幅度条款和约量条款

1. 数量机动幅度条款

数量机动幅度也称溢短装条款(more or less clause),是指在规定标准装货数量的同时,还要在合同中规定允许多交或少交货物的数量或百分比的条款。《跟单信用证统一惯例600》规定:如果是散装货物,在信用证支付方式下,卖方交货的数量可以有5%的增减幅度,只要总支取金额不超过信用证金额。

溢短装条款一般用在国际大宗商品的交易中,如粮食、矿砂、化肥、食糖等,由于这些商品的自身特性、货源变化、船舱容量、装载技术和包装等因素影响,要求精确地按照约定数量交货存在一定的困难,为了便于合同履行和避免争议发生,买卖双方便在合同中规定合理的数量机动幅度,允许卖家的实际交货数量在合理范围内多于或少于约定数量。

使用数量机动幅度条款时应注意以下三点:

(1) 数量机动幅度的大小要适当,应考虑商品特性、行业或贸易习惯和运输方式等因素来决定数量机动幅度的大小。

(2) 机动幅度选择权要合理,一般卖方拥有该选择权,但也有可能由买方或船方来决定机动幅度,如在租船运输条件下,交货机动幅度多由船方决定。对于机动幅度的选择权,应在合同中加以明确。

(3) 溢短装数量的计价方法要合理公平,以合同价计算,或以装运时的市价计算,或以卸货时的市价计算。

2. 约量条款

在国际贸易中,有时也会使用"约"、"大约"来表示交货数量,交货数量可以有一定幅度的弹性。根据《跟单信用证统一惯例600》的解释,凡"约"、"大概"、"近似"等类似的词语用于信用证金额、数量和单价时,应解释为有关金额、数量和单价可有不超过10%的增减幅度。约量条款(about clause)既适用于散装货物也适用于包装货物。由于"约量"一词含糊,国际上对其有不同的解释,有的国家解释为2%,有的为5%,也有的为10%。为了避免履行合同时引起不必要的纠纷，除双方对“约”数已有协议或默认，否则最好不要使用“约量”。如果一定要使用约量，双方应于事先明确允许的百分比。

（三）订立数量条款应注意的问题

第一，正确掌握成交数量。出口时，应考虑国内外市场供求情况、国际市场价格趋势、国外客户资信状况等因素来决定出口数量；进口时，应依据国内需求量、企业实力、市场行情变化等因素来决定进口数量。

第二，数量条款的各项内容应明确具体，避免使用笼统模糊词语。

第三，合理规定数量溢短装条款，明确溢短装数量的计价方法。

第三节 商品的包装

商品的包装是为了保护商品在流通过程中品质完好和数量完整所使用的包装材料或包装容器；同时，商品的包装也是保护商品品质完好、数量完整和实现商品价格及使用价值的重要手段之一。因此，商品包装在国际货物买卖中起着十分重要的作用，商品的包装条款也是国际货物买卖合同的重要条款之一。

一、包装的重要性和订立包装条款的意义

（一）包装的重要性

(1) 商品的包装是生产过程的延续。大多数商品都需要在包装后才能实现商品的使用价值，整个生产过程才算完成。

(2) 在商品流通过程中，商品的包装起到保护商品，便于储存保管、运输、装卸、陈列、清点等作用。在国际贸易中，由于流通环节较多，合理的商品包装能保护商品的品质并减少商品在运输途中的数量损耗，能提高商品的流通效率并降低成本。

(3) 优良的包装也是企业加强对外销售的手段之一。因为良好的包装不仅可以保护商品，而且能美化和宣传商品，提高商品的知名度和在消费者心目中的价格，从而能提高商品的市场竞争力。

(4) 包装在一定程度上反映了一个国家或地区的经济、科技、文化艺术水平，关系到一个国家在国际市场上的声誉和形象。

（二）订立包装条款的意义

按照国际贸易惯例，包装条款是国际货物买卖合同的重要条款之一，是货物说明的重要组成部分。按照某些国家的法律规定，如果卖方交付的货物未按约定的条件包装或者货物的包装与行业的习惯不符，买方有权拒收货物。我国《合同法》第 156 条规定：“出卖人应当按照约定的包装方式交付标的物。”如果货物虽然按照约定包装，但却与其他货物混杂在一起，买方可拒收违反规定包装的那部分货物，甚至可以拒收整批货物。

二、包装的分类

国际贸易的货物按照是否需要包装可以划分为三类，即散装货物、裸装货物和包装货

物。散装货物是指未加任何包装，直接付运以致销售的货物，适用于不需要包装即可直接进入流通领域或不容易包装或不值得包装的货物，如煤炭、矿砂、粮食等。裸装货物是指略加捆扎或以其自身进行捆扎的货物，适用于品质稳定且形态上自然形成，难以包装或不需要包装的货物，如钢材、木材、橡胶、车辆、矿山机械等。包装货物是指按一定的技术方法，采用一定的包装容器、材料及辅助物加以包裹的货物。在国际贸易中，大部分商品都需要有适当的包装。

商品的包装按其在流通中所起的作用不同，可以分为运输包装和销售包装两种类型。

（一）运输包装

运输包装（shipping package）又称外包装或大包装，其主要作用在于保护商品，防止在储运过程中发生货损货差。

1. 对运输包装的要求

（1）适应商品的特性。

（2）适应各种运输方式。

（3）能有效保护商品，最大限度地避免运输中各种外界条件（如气候、装卸作业）对商品可能产生的影响。

（4）方便各环节有关人员进行操作，如装卸、搬运、储存、保管、检验、计数和分拨等。

（5）符合经济原则，在保证包装牢固的前提下节省舱容、运费和包装费用。

（6）适合有关国家法律规定和客户要求。

2. 运输包装的种类

运输包装分为单件运输包装和集合运输包装两大类。

（1）单件运输包装是指运输过程中作为一个计价单位的包装，按照包装造型的不同，主要有箱、包、桶、袋等。

（2）集合运输包装是指将若干单件运输包装组成一件大的包装或装入一个大的包装容器内，以更有效地保护商品，提高装卸效率和节省运输费用，主要有集装箱、集装袋、托盘等。

3. 运输包装的标志

运输包装的标志是指为了在装卸、运输、商检等流通过程中便于识别货物和防止发生货物损坏与人身伤害等事故，而在商品的外包装上刷制的标志。运输包装的标志按其用途可以分为运输标志、指示性标志和警告性标志三类。

（1）运输标志。运输标志（shipping mark）又称为唛头，一般由几何图形、文字、数字组成，并刷制在运输包装的显著部位。

联合国欧洲委员会简化国际贸易程序工作组在国际标准化组织国际货物装卸协会的支持下，制定了标准运输标志，并向多国推荐使用。该标准运输标志包括四个部分：① 收货人（或买方）的名字字头或缩写。② 参考号，如运单号、订单号、发票号、合同号等。③ 目的地，即货物的最终目的港或目的地的名称。④ 件数号码，即标明每件货物的顺序号和总件数。

刷制运输标志时，应按照上述顺序排列，并且不能使用图形。下面为一个标准运输标志的示例：

EURP(收货人代号)
CN2011—01(合同编号)
Bordeaux(目的港名称)
No.1—300(箱号和总件数)

(2) 指示性标志。指示性标志(indicating mark)是指为了提醒人们在货物装卸、运输、储存过程中需要注意的事项,而在商品外包装上刷制的图形和文字,主要用在易碎、易变质商品的运输包装上。

(3) 警告性标志。警告性标志(warning mark)又称危险品标志(dangerous cargo),是指在装有易燃品、腐蚀品、有毒品、氧化剂以及放射性物品等危险货物的运输包装上印刷的各种危险品标志,一般以醒目的图案和文字组成,其作用是警告有关装卸、运输、保管的人员根据货物的特性采取相应的防护措施,以保证人员和货物的安全。

我国政府颁布了《危险货物包装标志》,规定在运输包装上必须刷制我国所规定的危险品标志。国际上,联合国海事协商组织颁布了《国际海运危险品标志》。因此,我国在出口危险货物时,应刷制我国政府规定的标志,也应刷制国际海运危险品标志。

(二) 销售包装

销售包装(selling package)又称直接包装(immediate package),是指进入零售市场消费者直接看到的与商品直接接触的包装,其既有保护商品的作用,又具有美化商品、宣传商品、吸引消费者和提升商品价值的作用。

1. 对销售包装的要求

(1) 起到保护商品的作用,同时也要便于陈列展示和携带使用。

(2) 包装上的文字应简明扼要易懂,必要时中外文同时使用。

(3) 包装上使用的文字说明和图案等应符合有关国家的标签管理规定。

(4) 整体设计应美观大方,有艺术吸引力,突出商品特点。

2. 销售包装的分类

由于包装材料、造型结构、样式和使用用途的不同,销售包装种类繁多,常见的销售包装有堆叠式样包装、挂式包装、易开包装、携带式包装、喷雾包装、配套包装、礼品包装等。

3. 销售包装上的文字说明和条形码

(1) 销售包装上的文字说明。销售包装上的文字说明通常包括商标、品牌、品名、产地、数量、规格、成分、用途和使用方法等,其目的是美化、宣传商品,吸引消费者,提高品牌形象和市场知名度。文字说明一般直接印刷在商品包装上,有时也印制在商品的吊牌上,使用文字说明时应注意符合有关国家的法律规定。

(2) 条形码。条形码是一种产品代码,是指印制在商品销售包装上的由一组粗细间隔不等、黑白相间的竖条和相应的数字组成的标记,是通过光电扫描器设备为计算机输入数据的特殊代码语言。通过这些产品代码,可以知道商品的生产国别、生产厂家、品种规格、商品价格等一系列信息,销售商可以据此信息进行库存、销售和进货管理,从而提高交易的效率和准确性。

目前,国际上广泛使用的条形码有两种:一种是美国、加拿大统一编码委员会编制的UPC码(universal product code);另一种是国际物品编码协会编制的EAN条码(europe article number)。我国于1988年12月建立中国物品编码中心,负责推广条形码技术,并对其进行统一管理。1994年4月,我国正式加入国际物品编码协会,该协会分配给我国的国别号为“690”、“691”、“692”,凡标有上述国别号条形码的即表示是中国生产的商品。

三、中性包装和定牌生产

(一) 中性包装

中性包装(neutral package)是指商品和其内外包装上不注明生产国别的包装,中型包装分为定牌中性和无牌中性两类。定牌中性是指在商品和其包装上只使用买方指定的商标和品牌,但不注明生产国别和生产厂家的名称。无牌中性是指商品和其包装上既不使用任何商标和品牌,也不注明生产国别和生产厂家的名称。在国际贸易中,采用中性包装的目的是为了避开某些进口国家或地区的关税和非关税壁垒,或者适应转口销售等特殊交易的需要。

(二) 定牌生产

定牌生产是指买方要求卖方在出口商品和其包装上使用买方指定的商标和品牌。世界上许多大型连锁超市、百货商店通过定牌生产建立了自己的销售商标和品牌,以降低生产成本和提升知名度,同时也可以加强对制造商的控制。许多出口商为了扩大出口和利用买方的销售力量、商业信誉和品牌声誉,也愿意接受定牌生产。采用定牌生产时,应注意避免违反有关国家的法律、法规。

四、国际货物买卖合同中的包装条款

(一) 国际货物买卖合同中包装条款的主要内容

在国际货物买卖合同中,包装条款一般包括包装材料、包装方式、包装规格、包装费用的负担及运输标志等内容。

(二) 订立包装条款时应注意的问题

第一,要考虑商品特点和不同运输方式的要求。

第二,对包装的规定要明确具体,一般不宜采用“海运包装”、“习惯包装”之类的术语,因为这些术语缺乏统一的定义和解释,容易引起纠纷。

第三,注意有关国家对包装的特殊法律要求和风俗习惯,包装要适应进口国或销售地区的民族习惯和爱好,不能伤害对方的民族感情、宗教感情和国家形象。

第四,明确包装由谁供应和包装费由谁负担。包装由谁供应,通常有下列三种做法:

(1) 由卖方供应包装,包装连同商品一块交付买方。

(2) 由卖方供应包装,但交货后,卖方将原包装收回。关于原包装返回给卖方的运费由何方负担,应作具体规定。

(3) 由买方供应包装或包装物料。采用此种做法时,应明确规定买方提供包装或包装物料的时间,以及由于包装或包装物料未能及时提供而影响发运时买卖双方所负的责任。

关于包装费用，一般包括在货价之中，不另计收。但也有不计在货价之内，而规定由买方另行支付的。

本章小结

本章主要介绍商品品名、品质、数量、包装的含义及表示方法，以及国际贸易合同中规定品名、品质、数量、包装条款时的注意事项。其中，商品的品质直接关系到商品的使用价值和由此决定的商品的价格，因此品质条款尤为重要，在国际贸易合同中，应详细规定商品品质的确定方法及相应的品质条款。同时，要注意商品数量条款中的溢短装条款和商品包装条款中关于运输包装、运输标志和销售包装的规定。

思考与练习

一、选择题

1. 出口羊毛时，重量的计算通常是按(　　)。

A. 毛重　　B. 净重　　C. 公量　　D. 以毛作净

2. 品质公差主要用于(　　)。

A. 农副产品　　B. 初级产品　　C. 土特产品　　D. 工业产品

3. 在国际货物贸易中，对买卖双方无约束力的样品是(　　)。

A. 卖方样品　　B. 买方样品　　C. 参考样品　　D. 对等样品

4. 运输标志是指(　　)。

A. 商品内包装上的标志　　B. 运输包装上的标志

C. 运输工具上的标志　　D. 待运货物的标志

5. 定牌中性包装是指(　　)。

A. 有商标、牌名无产地、厂名　　B. 无商标、牌名无产地、厂名

C. 有商标、牌名有产地、厂名　　D. 无商标、牌名有产地、厂名

二、思考题

我国A公司同新加坡B公司签订合同出口一批童装。在双方洽谈中，B公司看过A公司提供的样品，同意以此作为交货的品质标准。而出口合同的品质说明中只简单写明了规格、质料和颜色，商检条款为“货到目的港30天后买方有复验权”，货到新加坡后买方提出“颜色不正，缝制工艺粗糙”，并且提供了新加坡一家检验机构的检验证书作为依据，要求退货和赔偿。

A公司认为，货物是凭样品成交，样品经新加坡B公司确认过，B公司指出合同中没有写明“凭样品成交”字样，也没有写明样品编号，况且A公司没有封存样品作为证物。A公司解释纺织品按常识会存在一定的色差问题，B公司则认为合同品质说明中没有注明所交货物会有色差。A公司又不接受B公司提供的检验证书，认为B公司所找的检验机构不具有权威性，且没有征得A公司的同意。B公司辩称，合同上只承诺B公司有复验权，并没有指明检验机构的名称或必须经过A公司同意，A公司意识到即使提交仲裁机构，自

己也无法提交有力证据，所以只好在价格上接受新加坡公司提出的降价要求，才使争议得以解决。

要求：

(1) A公司在签订合同时有什么不当之处？

(2) 你认为在凭样品成交时，应注意哪些事项才能避免A公司这样的损失？

第三章 国际货物运输

学习目标

1. 了解国际贸易中的运输方式及各种运输方式的特点。
2. 掌握提单的定义、性质和分类，并了解其他运输单据。
3. 掌握海运提单和其他运输单据的区别。
4. 掌握国际货物买卖合同中对运输条款的规定。

第一节 运 输 方 式

在国际贸易中，常用的运输方式包括：海洋运输、铁路运输、航空运输、邮政运输、集装箱运输、国际多式联运、陆桥运输和 O. C. P. 运输等。

一、海洋运输

海洋运输（ocean transport）是指使用船舶，通过海上航道，在不同国家和地区的港口之间运送货物的一种方式。海洋运输通航能力大、运输量大、运费低廉，因此称为国际贸易的主要运输方式，我国进出口货物绝大部分也使用海洋运输。海洋运输按照经营方式不同，分为班轮运输和租船运输。

（一）班轮运输

班轮运输（liner transport）又称定期船运输，是指船舶在固定航线上和固定港口之间按事先公布的船期表和运费率往返航行从事客货运输业务的一种方式。班轮运输比较适合于运输小批量货物。

1. 班轮运输的特点

（1）“四定一负责”。“四定”是指船舶行驶的航线是固定的；停靠的港口是固定的；船舶按船期表航行，船舶开航和到港时间较为固定；船公司按预先公布的班轮运价表收取运费，运费率相对固定。“一负责”指货物装卸由承运人负责，运费内已包括装卸费用，承托双方不计滞期费和速遣费。

（2）承运货物比较灵活，不论数量、品种，只要有舱位就可以接受。尤其对国际贸易中的杂货、零星货的运输更为适宜。

(3) 船方或其代理人签发的提单是承运人与托运人之间的运输契约，船主与货主双方的权利、义务及责任均以班轮提单条款为依据。

2. 班轮运输费用

班轮运输费用是指班轮公司为货主运输货物而收取的费用，它主要包括货物从起运港运达目的港的海上运费、装卸费用和附加费用。在实际业务中，班轮公司通常是按照班轮运价表的规定计算运费的，班轮运价表一般包括说明及有关规定、货物分级表、航线费率表、附加费表、冷藏货及活牲畜费率表等。目前，我国海洋班轮运输公司使用的是等级运价表，该表将承运的货物分成若干等级，每个等级的货物有一个基本费率，它由基本运费和附加费两部分组成。

班轮运费也和港口情况有关，港口一般包括基本港和非基本港。基本港是指港口设备条件较好，货运量大，班轮公司定期挂靠的港口。运往基本港的货物，均按基本费率收取运费。基本港口之外的港口都成为非基本港，非基本港班轮公司不常挂靠的港口，去该港货物要在基本运费之外加收附加费。

(1) 基本运费。基本运费是指货物从装运港运到卸货港所应收取的运费，它是构成全程运费的主要部分。基本运费按班轮运价表规定的计收标准计收，其计算标准有如下八种：

其一，按货物毛重计收，又称重量吨(weight ton)计收运费，运价表用“W”表示，即每吨收取运费若干。

其二，按货物的体积/容积计收，又称尺码吨(measurement ton)计收运费，运价表中用“M”表示，即每立方米收取运费若干。

其三，按毛重或体积计收，由船公司选择其中收费较高的一种作为计费吨，运价表中用“W/M”表示。

其四，按商品价格计收，又称为从价运费，在运价表中用“AV”或“ad. val.”表示，从价运费一般按货物的FOB价格的百分之几计收。

其五，在货物重量、尺码或价值三者中选择最高的一种计收，在运价表中用“W/M or ad, val.”表示。

其六，先按货物重量或尺码选择其高者，再加上从价运费计算，在运价表中以“W/M plus ad val.”表示。

其七，按每件货物作为一个计价单位收费，如活牲畜按“每头”、车辆按“每辆”计价，在运价表中用“per head/unit”表示。

其八，临时议定价格，即由货主和船公司临时协商议定，适用于承运粮食、豆类、矿石、煤炭等运量比较大、货值较低、装卸容易、装卸速度比较快的农产品和矿产品，临时议价货物的运费率一般比较低。

(2) 附加费。附加费是指对一些需要特殊处理的货物，或者由于突发事件或客观情况变化等原因，在基本运费外另外加收的费用。计收方式一般以基本运费的一定百分率计收，也有以运费吨计收。附加费名目繁多，并且随着航运情况变化会有所变动，班轮运输中常见的附加费有以下几种。

其一，超重附加费(extra charges on heavy lifts)是指由于货物单件重量超过一定限量时而加收的一种附加费。

其二,超长附加费(extra charges on over lengths)是指由于单件货物的长度超过一定限度时而加收的一种附加费。

其三,选卸附加费(additional on optional discharging port)是指某些货物在积载(根据货物特点和船舶承受能力,将已装上船的货物谨慎而适当地堆放的作业行为)方面需要给予特殊安排所增加的一定的手续和费用。

其四,直航附加费(additional on direct)是指一批货物达到规定的数量,托运人要求将该批货物直接运达非基本港口卸货,船公司因而加收的费用。

其五,转船附加费(transhipment additional)是指货物需要转船运输,船公司必须在转船港口办理换装和转船手续,由此作业所增加的费用。

其六,港口附加费(port additional)是指由于某些港口的情况比较复杂,装卸效率低、港口收费高等原因,船公司特此加收一定的费用。

其七,港口拥挤附加费(port congestion surcharge)是指由于港口拥挤,船舶抵港后要长期等泊,造成船期延长、成本增加而收取的费用。

其八,燃油附加费(bunker surcharge or bunker adjustment factor,BAF)是指因燃油价格上涨而加收一定绝对数或按基本运价的一定百分数加收的附加费。

其九,选港附加费(optional additional)是指货物托运时不能确定具体卸货港,要求在预先提出的两个或两个以上卸货港中进行选择而向船方支付的费用。

此外,还有货币附加费、绕航附加费等。

根据一般费率表规定:不同的商品如混装在一个包装内(集装箱除外),则全部货物按其中收费高的商品计收运费;同一种货物因包装不同而计费标准不同,但托运时如未申明具体包装形式时,全部货物均要按运价高的包装计收运费;同一提单内有两种以上不同计价标准的货物,托运时如未分列货名和数量时,计价标准和运价全部要按高者计算。这是在包装和托运时应该注意的。

(3) 班轮运费的计算。班轮运费的具体计算方法:先根据货物的英文名称,从货物分级表中,查出有关货物的计算等级及其计算标准;然后再从航线费率表中查出有关货物的基本费率;最后加上各项需支付的附加费率,所得的总和就是有关货物的单位运费(每重量吨或每尺码吨的运费),再乘以计费重量吨或尺码吨,即得该批货物的运费总额。如果是从价运费,则按规定的百分率乘以 FOB 货值即可。

班轮运费是基本运费和附加费用之和,其计算公式如下:

$$运费总额 = 基本费率 \times 货运量 \times (1 + 附加费率)$$

【例 3-1】 上海运往肯尼亚蒙巴萨港口"门锁"(小五金)一批计 100 箱,每箱体积为 20 cm×30 cm×40 cm,每箱重量为 25 千克,当时燃油附加费为 40%,蒙巴萨港口拥挤附加费为 10%。试计算其运费。

解:

① 查阅货物分级表。门锁属于小五金类,其计收标准为 W/M,等级为 10 级。

② 计算货物的体积和重量。

100 箱门锁的体积 ＝ (20 cm × 30 cm × 40 cm) × 100 箱 ＝ 2.4(立方米)

100 箱门锁的重量 ＝ 25 千克 × 100 箱 ＝ 2.5(公吨)

由于 2.4 立方米的计费吨小于 2.5 公吨，因此计收标准为重量。

表 3-1　　**中国—东非航线等级费率表**　　单位：港元

货　名	计算标准	等级(class)	费率(rate)
农业机械	W/M	9	404.00
棉布及棉织品	M	10	443.00
小五金及工具	W/M	10	443.00
玩具	M	20	1 120.00
基本港口：路易港(毛里求斯)、达累斯萨拉姆(坦桑尼亚)、蒙巴萨(肯尼亚)			

③ 计算基本运费。查阅“中国—东非航线等级费率表”(见表 3-1)，10 级费率为 443 港元，则：

基本运费 ＝ 443 × 2.5 ＝ 1 107.5(港元)

④ 计算附加运费。

附加运费 ＝ 1 107.5 × (40% ＋ 10%) ＝ 553.75(港元)

⑤ 计算应付运费。

上海运往肯尼亚蒙巴萨港 100 箱门锁，其应付运费计算如下：

应付运费 ＝ 1 107.50 ＋ 553.75 ＝ 1 661.25(港元)

(4) 海运托运的程序。具体分为以下步骤：

第一，编制船期表。外运公司按月编印出口船期表，分发给各外贸公司及工贸企业，内列航线、船名及其国籍、抵港日期、截止收单期、预计装船日期和挂港港口名称(即船舶停靠的港口)。各外贸公司及工贸企业据此进行催证、备货。

第二，办理托运。外贸公司在收到国外开来的信用证经审核(或经修改)无误后即可办理托运。按信用证或合同内有关装运条款填写《托运单》并提供全套单证，在截止收单期前送交外运公司，作为订舱的依据。

第三，领取装运凭证。外运公司收到有关单证后，即缮制海运出口托运单，并会同有关船公司安排船只和舱位，然后由船公司据以签发装货单，作为通知船方收货装运的凭证。

第四，装货、装船。外运公司根据船期，代各外贸公司从发货仓库提取货物运进码头，由码头理货公司理货，凭外轮公司签发的装货单装船。

第五，换取提单。货物装船完毕，由船长或大副签发大副收据(mate's receipt)或场站收据，载明收到货物的详细情况。托运人凭上述收据向有关船公司换取提单。

第六，发出《装船通知》。货物装船后，托运人即可向国外买方发出《装船通知》，以便对方准备付款、赎单、办理收货。在 C&F(如 INCOTERMS 2000 中的 CIF 和 CFR 术语)或 FOB 合同中，由于保险由买方自行办理，及时发出《装船通知》尤为重要。

就我国的情况而言，报关多和托运一起交由一家公司来完成，一般由船公司持有运输单据和报关等单据报关。这也是所谓的船公司代理报关。除此之外，还有专门的报关行。而进出口货物的通关，一般来说可分为五个基本环节，即：货物的申报，单证的审核，货物的查验，征税放行，结关。

(二) 租船运输

租船运输(charter transport)又称不定期租船，是指租船人向船东租赁船舶用于货物运输的一种方式。租船运输与班轮运输不同，它没有预定的船期表和航线，停靠港口也不固定，船舶的航线和停靠的港口、运输货物的种类及航行时间等都按承租人的要求由船舶所有人确认而定，运费或租金也由双方根据租船市场行情在租船合同中约定。租船运输适用于运输货值较低的大宗货物，如粮食、谷类、矿砂、煤炭、化肥、水泥等，租船运输的运费一般比班轮运输的要低些，大宗货物使用租船运输有利于减少运费支出，降低经营成本。租船运输可以分为定期租船和定程租船两种方式。

1. 定期租船

定期租船(time charter)又称期租船，是指按一定期限租赁船舶的方式，即由船东(船舶出租人)将船舶出租给租船人在规定期限内使用，在此期限内由租船人自行调度和经营管理。租期根据租船人的需求可长可短，短则数月，长则数年。这种租船方式不以完成航次数为依据，而以约定使用的一段时间为限。

定期租船的特点如下：

(1) 在租赁期间，船舶交由租船人管理、调动和使用，货物的装卸、配载、理货等一系列工作都由租船人负责，由此而产生的燃料费、港口费、装卸费、垫舱物料费等都由租船人负担。

(2) 一般只规定船舶航行区域而不规定航线和装卸港，除特殊规定外，船舶可以装载运输各种货物。

(3) 租金是按月(天或日历月)以每载重吨为计算单位计收，租金一经约定在租赁期限内即固定不变。

(4) 船方负担船员薪金、伙食等费用，并负责保持船舶在租赁期间的适航状态(seaworthy)，以及因此而产生的费用和船舶保险费用。所谓适航状态，一般是指使船舶能够正常运转，具有航海安全能力，能够适用接受和保管货物。

(5) 船东和租船人双方的权利和义务以租船合同为依据。

2. 定程租船

定程租船(voyage charter)又称程租船或航次租船，是指有船舶所有人负责提供船舶，在指定港口之间进行一个航次或几个航次承运指定货物的租船方式。程租船是租船市场上最活跃，且对运费的波动最为敏感的一种租船方式。程租船一般可分为：按单航次、来回航次、连续单航次和连续来回航次等方式租赁船舶。

(1) 定程租船的特点如下：① 以运输货值较低的粮食、煤炭、木材、矿石等大宗货物为主。② 航线、装卸港和船期都不固定，而是依据租船人的需要和船东协商后在租船合同中规定。③ 程租船合同需要规定装卸率、滞期费和速遣费条款。④ 程租船运费受租船市场供求状况影响较大。⑤ 船东负责为船舶配备船员并负责船员的薪金、伙食等费用，负责保持船舶在租赁期间的适航状态以及因此而产生的费用和船舶保险费用。⑥ 船东和租船人的其他权利和义务都一并在合同中规定。

(2) 定程租船合同的主要内容如下：

其一，运费。程租船合同的运费计算方式主要有两种：一种是按照运费率计算，即按货物单位重量或体积若干金额计费，同时规定按装船时的货物重量或按卸船时的货物重量来计算总运费；另一种是规定整艘船的运费，船东保证船舶能提供的载货重量和容积，不管租船人实际装多少，都按整艘船的运费计算。

其二，装卸费用。程租船对装卸费用有四种规定方法：① 船方负担装卸费（gross terms，berth terms），按此条件时，费用的划分一般以船边为界，多用于包装货物和木材的运输。② 船方管装不管卸（free out，FO），即船方负担装货费但不负担卸货费。③ 船方管卸不管装（free in，FI），即船方负担卸货费但不负担装货费。④ 船方装卸均不管（free in and out，FIO），即船方不负担装卸费用，这种条件一般适用于散装货，采用这一规定方法时，在租船合同中还应列明理舱费和平仓费由谁负担。在实践中，一般都规定由货方（租方）负担理舱费和平仓费，即船方不负担装卸费、理舱费和平仓费（free in and out，stowed，trimmed）。

其三，装卸时间。在使用程租船运输货物的业务中，货物在港口的装卸时间长短直接关系到船舶的使用周期和船方的利益，因此，租船时船东就要求在租船合同中规定租方必须在若干时间内完成装卸作业，该限定时间，即许可的装卸时间就成为租船合同的重要条款。许可的装卸时间一般用若干日（或时）表示，也可以用装卸率来表示。对装卸时间的计算主要有以下几种方法：① 按日或连续日或时计算，是指时间连续满 24 小时就算一日或连续日。② 按工作日计算，是指按港口习惯属于正常工作的日子，周末和节假日除外。③ 按晴天工作日计算，是指既是工作日又是适宜装卸的天气才计算装卸时间，是否适合装卸应视货物的性质以及在不良天气下装卸是否对货物质量有影响而定。④ 按连续 24 小时晴天工作日计算，其条款规定和晴天工作日相同，但明确了在天气适宜装卸工作日内连续作业 24 小时算一个工作日，期间因不可抗力影响而无法装运的时间应予以扣除。

其四，滞期费和速遣费。在程租船合同规定的时间内，如果租船人未能完成装卸作业，致使船舶在港内停泊时间延长，就会给船方造成损失，则租船人应按约定向船东支付罚金或补偿金，称为滞期费（demurrage）。计算滞期时间，除租船合同另有约定外，一般按照“一旦滞期，则始终滞期”的原则处理，即在船舶滞期这段时间内的周末、节假日等也不再扣除，均作滞期时间处理。与此相反，如果租船人在合同规定的时间内提前完成了装卸，给船方节约了船期，从而降低了船方的费用成本或增加了船方收益，则船方将给租船人一定金额作为奖励，称为速遣费（dispatch）。按照惯例，速遣费是滞期费的一半。

二、铁路运输

铁路运输（rail transport）是利用铁路进行国际贸易货物运输的一种方式。铁路运输是仅次于海洋运输的一种主要运输方式，具有运量大、速度快、风险小和运营准点的优点。我国国际铁路运输包括国际铁路联运和至港、澳地区的铁路运输两部分。

(一) 国际铁路联运

国际铁路联运是指经由两个或两个以上国家铁路,使用一份铁路运单,承运人根据运单将货物运往终点站交给收货人,并以连带责任办理全程运输的一种国际货物运输方式。

我国国际铁路联运主要是通过铁路合作组织所缔结的《国际铁路货物联运协定》(简称《国际货协》)来进行的。凡参加《国际货协》国家的进出口货物,从发货国家的始发站到收货国家的终点站,只要在始发站办妥托运手续,使用一份运送单据,即可由铁路以连带责任办理货物的全程运送。根据《国际货协》规定,不仅缔约国之间可以办理货物运送,而且也可以向非缔约国运送货物;反之,非缔约国也可以向缔约国运送货物。此外,1980 年欧洲各国制定了《国际货协》,为国际间的铁路联运提供了更便利的条件,使参加《国际货协》国家的进出口货物,也可以通过铁路转运至参加《国际货协》的国家。

(二) 至港、澳地区的铁路运输

至港、澳地区的铁路运输属于国内运输,但又与一般的国内运输有所不同。它包括两段运输,即内地铁路运输和港段铁路运输。内地铁路运输从始发站到深圳北站,由中外运深圳分公司接货,并办理出口手续。货物过轨到中国香港各站属于港段铁路运输,由深圳外运在香港的代理——香港中旅货运有限公司在香港接货后交给收货人。至澳门的铁路运输为先将货物运至广州南站,再转船至澳门。发货人凭外贸运输机构以承运人身份签发的货物承运收据作为向银行办理结算货款的凭证。

三、航空运输

航空运输(air transport)是利用飞机运送进出口货物的运输方式,它与海洋运输和铁路运输相比,具有运输速度快、安全准时、节省包装和保险费用且不受河海和道路等地面条件限制等优点,但是运量小、运价高也是其显著缺点。在国际贸易中,航空运输适用于运送急需物资、鲜活易变质商品、精密仪器和贵重物品。

航空运输主要有班机运输(airliner transport)、包机运输(chartered carrier transport)、集中托运(consolidation transport)和航空快递(air express service)四种方式。

(一) 班机运输

班机是指在固定时间、固定航线、固定始发站和目的站往返运输的飞机,一般航空公司都是用客货混合型飞机,一些大的航空公司也在某些航线上开辟定期全货机航班。班机适用于运输精密贵重物品、鲜活易腐货物以及季节性商品。

(二) 包机运输

包机是指包租整架飞机或由几个发货人(或航空货运代理公司)联合包租一架飞机来运送货物。因此,包机又分为整架包机和部分包机两种形式,前者适用于运送大宗货物,后者适用于运送一吨以上但有不足整机的货物,其运费率比班机低,但运送时间比班机长。

(三) 集中托运

集中托运是指航空货运公司把若干单独发运的货物(每一个货主的货物都要出具一份航空运单)组成一整批货物,用一份总运单(附分运单)整批发运到预定目的地,由航空货运公司在目的地的代理人收货、报关、分拨后交给实际收货人。这种托运方式运费较低，是航空运输的主要运输方式，也是航空货运代理的主要业务之一。

(四) 航空快递

航空快递是一种最快捷的运输方式，又称为桌到桌快递服务(desk to desk express service)，它是由专门经营此项业务的快递公司与航空公司密切合作，用最快的速度向货主提供快递服务，这种快递方式尤其适合于急需的药品、医疗器械、贵重物品和文件资料等。

航空运输的运费是指从启运机场到目的地机场的运输费用，不包括其他额外运输费用。空运货物一般按照一般货物、特种货物和货物的等级规定运价标准。运费一般是按照重量和体积计算，并以两者中计价高者收取。

四、邮政运输

邮政运输又称邮包运输(parcel post transport)，是一种最简便的运输方式。国际上，邮政部门之间签订有协定和《万国邮政公约》，通过这些协定和公约，邮件的递送可互相以最快的方式传递，从而形成一个全球性的邮政运输网络。

国际邮政运输具有国际多式联运和"门到门"运输的性质，托运人只需按邮局章程办理一次托运、一次付清足额邮资，取得邮政包裹收据，交货手续即完成。邮件在国际间的传递由各国的邮政部门负责办理，邮件到达目的地后，收件人可凭邮局到件通知向邮局提取邮件。邮政运输手续简便，费用不高，适用于重量轻、体积小的货物传递，如药品、机械零件、小量金银首饰、工程图纸等。

五、集装箱运输

集装箱运输(container transport)是以集装箱为载体，采用一种或多种运输工具运输货物的一种新型高效的现代化运输方式。和传统其他运输方式相比，集装箱运输具有多种优点：简化货运手续，便利货物运输；节省包装材料等各项费用，降低运输成本；加速货物装卸，加快船舶周转；提高运输质量，减少货损、货差；把传统单一的运输串成连贯的成组运输，促进了国际多式联运的发展。基于以上诸多优点，集装箱运输已成为目前国际上普遍采用的一种重要运输方式。

为了适应不同货物的需要，集装箱可以设计成各种不同的类型，如干货集装箱、冷藏集装箱、挂式集装箱、开盖集装箱、框架集装箱、牲畜集装箱、灌装集装箱和平台集装箱等。目前，各国采用的集装箱规格，大多以国际标准化组织所制定的规格为依据，该组织制定的通用标准规格共有13种，其中应用最广泛的有四种，即8×8.8×40(英尺)、8×8×40(英尺)、8×8.6×20(英尺)、8×8×20(英尺)。

(一) 集装箱的装箱方式

集装箱的装箱方式有整箱货和拼箱货两种。

1. 整箱货

凡货主的一批货物数量达到集装箱内容积的75%以上，即可将集装箱调回工厂或仓库自行装箱，或将货物送到集装箱货运站装箱，即为整箱货(full container load，FCL)。货到目的地港口后，收货人可以直接从目的地港口集装箱堆场提货。集装箱堆场(container yard, CY)也称场站，是指办理集装箱重箱或空箱装卸、转运、保管、交接的场所。

2. 拼箱货(less than container load, LCL)

拼箱货是指货物不是一整箱，需由承运人在集装箱货运站负责将不同发货人的少量货物拼在一个集装箱内，货到目的地(港)后，由承运人拆箱发给收货人。集装箱货运站(container freight station, CFS)是主要处理各类拼箱货，进行出口货物拼箱和进口货物拆箱的场所。出口货物在集装箱货运站集货、拼箱后送往集装箱堆场准备装船；进口货物卸货后从集装箱堆场运至集装箱货运站拆箱、理货、保管并分拨给各收货人。

(二) 集装箱运输的交接方式

集装箱货运分为整箱和拼箱两种，因此在交接方式上也有所不同，大致有以下四类。

(1) 整箱交整箱接(FCL/FCL)，货主在工厂或仓库把装满货后的整箱交给承运人，收货人在目的地以同样整箱接货，换言之，承运人以整箱为单位负责交接。货物的装箱和拆箱均由货方负责。

(2) 拼箱交拆箱接(LCL/LCL)，货主将不足整箱的托运货物在集装箱货运站或内陆转运站交给承运人，由承运人负责拼箱和装箱(stuffing, vanning)运到目的地货站或内陆转运站，由承运人负责拆箱(unstuffing, devantting)，拆箱后，收货人凭单接货。货物的装箱和拆箱均由承运人负责。

(3) 整箱交拆箱接(FCL/LCL)，货主在工厂或仓库把装满货后的整箱交给承运人，在目的地的集装箱货运站或内陆转运站由承运人负责拆箱后，各收货人凭单接货。

(4) 拼箱交整箱接(LCL/FCL)，货主将不足整箱的托运货物在集装箱货运站或内陆转运站交给承运人。由承运人分类调整，把同一收货人的货集中拼装成整箱，运到目的地后，承运人以整箱交，收货人以整箱接。

上述各种交接方式中，以整箱交、整箱接效果最好，也最能发挥集装箱的优越性。

(三) 集装箱货物交接地点

根据贸易条件所规定的交接地点不同，集装箱货物的交接一般分为以下几种：

(1) 门到门(door to door)：从发货人工厂或仓库至收货人工厂或仓库。

(2) 门到场(door to CY)：从发货人工厂或仓库至目的地或卸箱港的集装箱堆场。

(3) 门到站(door to CFS)：从发货人工厂或仓库至目的地或卸箱港的集装箱货运站。

(4) 场到门(CY to door)：从起运地或装箱港的集装箱堆场至收货人工厂或仓库。

(5) 场到场(CY to CY)：从起运地或装箱港的堆场至目的地或卸箱港的集装箱堆场。

(6) 场到站(CY to CFS)：从起运地或装箱港的集装箱堆场至目的地或卸箱港的集装箱货运站。

(7) 站到门(CFS to door)：从起运地或装箱港的集装箱货运站至收货人工厂或仓库。

(8) 站到场(CFS to CY)：从起运地或装箱港的集装箱货运站至目的地或卸箱港的集装箱堆场。

(9) 站到站(CFS to CFS)：从起运地或装箱港的集装箱货运站至目的地或卸箱港的集装箱货运站。

（四）集装箱运输的运费

集装箱运输的费用构成和计算方法与传统运输的计算方法不同，它包括内陆或装运港市内运输费、拼箱服务费、堆场服务费、海运运费、集装箱及其设备使用费。目前，集装箱海运运费基本上可以分为以下两大类：

（1）按件杂货基本费率加附加费计算。这是按照传统的按件杂货计算方法，以运费吨作为计费单位，在航线等级费率运价的基础上加收集装箱附加费。

（2）按包箱费率计算。即以每个集装箱作为计费单位，即包箱费率，又包括 FAK (freight for all kinds)包箱费率和 FCS(freight for class)包箱费率。前者是不分货物种类，也不计货量，只规定统一的每个集装箱收取的费率；后者是指按不同货物等级制定的包箱费率。

六、国际多式联运

国际多式联运(international multimodel transport，international combined transport)是指按照多式联运合同，以至少两种不同的运输方式，由多式联运经营人将货物从一国境内接收货物的地点运到另一国境内指定的交货地点的一种现代综合运输方式，如陆空联运、陆海联运、海空联运等。国际多式联运是在集装箱运输的基础上产生并发展起来的一种新型运输方式，也是近年来在国际货物运输中发展较快的一种综合性运输方式。

构成国际多式联运的条件如下：

（1）必须是至少采用两种不同运输方式的连贯运输。

（2）必须是国际间的货物运输。

（3）必须由一个多式联运经营人对全程运输负总的责任。多式联运经营人是与托运人签订多式联运合同的当事人，也是签发货物联运单据的人。

（4）必须有一个多式联运合同，明确规定多式联运经营人（承运人）和托运人之间的权利、义务、责任、豁免。

（5）必须使用一份全程多式联运单据。全程多式联运单据是指证明多式联运合同及证明多式联运经营人已接受货物并负责按照合同条款交付货物所签发的单据。

（6）必须是全程单一的运费率。

国际多式联运具有手续简单、责任统一、安全准确、快速高效、节省费用等一系列优点，是实现“门到门”运输的有效途径。目前，我国已开办的多式联运路线有 10 余条，可以在我国内地或港口与日本、中东、西北欧、中东欧、新西兰、美国、加拿大和东非等地港口和内陆之间采用多式联运方式进行货物运输。

七、陆桥运输

陆桥运输(land bridge transport)有大陆桥运输、小路桥运输和微型陆桥运输之分。

（一）大陆桥运输

大陆桥运输是指利用横贯大陆的铁路或公路运输系统作为中间桥梁，把大陆两端的海洋运输连接起来的连贯运输方式，即在海洋运输的全过程中，插入一段横贯大陆的运输，从形式上看是海—陆—海的连贯运输。大陆桥运输大都以集装箱为媒介，因此它具有集装箱运输的优点。同时，它不论经过几个国家，也不论中间转化了几种运输工具，都由总承运人负责安排和承担运输责任，因此，它也具有国际多式联运的所有优点。

目前，世界上有三条大陆桥运输线：一是西伯利亚大陆桥，它是利用俄罗斯西伯利亚铁路作为桥梁，把太平洋远东地区与波罗的海和黑海沿岸及西欧大西洋口岸连接起来，是世界上最长的运输陆桥；二是欧亚大陆桥，它于1992年投入运营，东起我国连云港，经陇海线、兰新线，接北疆铁路，出阿拉山口，最终抵达荷兰鹿特丹、阿姆斯特丹等西欧主要港口；三是北美大陆桥，它包括两条路线：一条是从西部太平洋口岸至东部大西洋口岸的铁路（公路）运输系统；另一条是西部太平洋口岸至南部墨西哥湾口岸的铁路（公路）运输系统。

（二）小路桥运输

小陆桥运输是由远东把货物运至美国西海岸港口，再以铁路或公路运至美国东海岸港口或墨西哥湾靠近最后目的地的港口，卸车后再转运至目的地。小路桥运输全程使用一张海运提单，由海运承运人支付陆上运费，由美国东海岸或墨西哥港口转运至目的地的费用由收货人负担。小陆桥运输能避免绕道运输（不必通过巴拿马运河）、节省运输费用，缩短运输时间，还可享受铁路集装箱直达列车的优惠运价。

（三）微型陆桥运输

微型陆桥运输是在小陆桥运输形成和发展的基础上产生的。它只利用了大陆桥的一部分，不通过整个陆桥，比小陆桥还短一段，因此也称半陆桥，是海运加一段从海港到内陆城乡的陆上运输或相反方向的运输形式。其具体路线是把从远东各地到美国中部内陆城市的货物，先装船运至美国西海岸港口，卸船后以陆运方式直接运至美国内陆城市。微型陆桥运输全程也使用一张海运提单，铁路运费也由海运承运人支付。微型陆桥运输与小路桥运输的区别在于铁路运费，包括由东岸港口或墨西哥湾至最终目的地的运费由承运人负责，而后者对由港口或墨西哥湾至最终目的地的运费由收货人承担。

八、OCP运输

OCP(overland common points)运输，意为内陆公共点，它是以美国洛杉矶山脉为界，界东的广大地区划为内陆地区（不包括界西的9个州），凡海运到美国西海岸港口再以陆路运往内陆地区的货物，如果提单上标明按OCP条款运输，可享受比直达西海岸港口费率较低的优惠，陆运的运费率也可降低5%左右。这种优惠只适用于货物的最终目的地在OCP界限内的地区，而且货物必须经由美国西海岸港口中转。

OCP运输是一种特殊的国际运输方式，它虽然由海运、陆运两种运输形式来完成，但它不属于国际多式联运。国际多式联运是由一个承运人负责的自始至终的全程运输；而对于OCP运输，其海运、陆运段分别由两个承运人签发单据，运输风险与责任风险也是分段负责。

第二节 运输单据

运输单据是承运人在办理运输业务时，签发给托运人的证明货物已经发运或已经装上运输工具或已由承运人接收监管的单据，是交接货物的重要依据。根据运输方式的不同，运输单据有海运提单、铁路运单、航空运单、邮包收据和多式联运单据等。

一、海运提单

（一）海运提单的性质和作用

海运提单(bill of lading，B/L)简称提单，是一种用于证明海上运输合同和货物已由承运人接管或装船，以及承运人保证在目的港凭以交付货物的单据。

海运提单的作用主要有以下三方面：

(1) 提单是承运人或其代理人签发的货物收据，证明已收到或接管提单上列明的货物。

(2) 提单是货物所有权的凭证，提单的合法持有人可以在货物抵港后凭提单向承运人提取货物。

(3) 提单在承运人和托运人之间是运输合同的证明，是处理承运人和托运人在运输中的权利和义务的证据。在采取程租船运输货物的情况下，有关当事人还需受程租船合同条款的约束。

（二）海运提单的基本内容

提单的内容一般包括提单正面的记载事项和提单背面的有关双方当事人权利和义务的条款。

1. 提单正面记载事项

(1) 货物描述(description of goods)，唛头(shipping)，件数(number of package and price)，毛重(gross weight)，尺寸(measurement)等，以及运输危险物时对危险物性质的说明。

(2) 承运人(carrier)名称和主要营业地址。

(3) 托运人(shipper)名称，收货人(consignee)名称，以及被通知人(notify party)名称。

(4) 船舶名称(name of vessel)和航次(voyage no.)。

(5) 装货港(port of loading)和卸货港(port of discharge)。

(6) 运费的支付(payment of freight)。

(7) 签发提单的地点、日期(place and date the bill of lading issued)和提单的份数(number of original bill of lading)。

(8) 船公司及其代理人签章(signature of carrier, or of a person acting on his behalf)。

2. 提单背面条款

提单背面条款是确定承运人与托运人之间、承运人与收货人及提单持有人之间权利和义务的主要依据。这些条款多是根据1924年《海牙规则》、1968年《维斯比规则》和1978年《汉堡规则》等国际公约制定的。

（三）海运提单的种类

1. 根据货物是否已装船，分为已装船提单和备运提单

(1) 已装船提单(on board B/L)是指承运人已将货物装上指定轮船后签发的提单。

(2) 备运提单(received for shipment B/L)是指承运人已收到托运货物等待装运期间签

发的提单。

2. 根据提单上是否有批注条款，可分为清洁提单和不清洁提单

(1) 清洁提单(clean B/L)是指货物在装船时表面状况良好，承运人在提单上未加注任何有关货物受损或包装不良等批注内容的提单。《跟单信用证统一惯例》规定，银行只接受清洁提单，除非信用证中明确规定可以接受的条款或批注。

(2) 不清洁提单(unclean B/L)是指承运人在提单上对货物表面状况或包装加有不良批注的提单，如批注"包装损坏"(package in damaged condition)的提单。

3. 根据提单收货人抬头的不同，可分为记名提单、不记名提单和指示提单

(1) 记名提单(straight B/L)是指提单上的抬头人(即收货人)栏内填明特定的收货人名称，只能由该特定收货人持正本提单提货，不能用背书的方式转让给第三者的提单。记名提单可以避免提单转让过程中可能带来的风险，一般用于贵重商品、展品及援外物资的运输。记名提单出具后，只有提单载明的收货人有权提货，因此，记名提单不可以流通。另外，记名提单不是物权凭证。

(2) 不记名提单(blank B/L, or open B/L)是指向提单持有人交货的提单，提单持有人可以直接凭提单提货或转让货物而不需要提单做任何背书的提单。

(3) 指示提单(order B/L)是指提单上的抬头人填写"凭指示"(to order)或"凭……指示"(to order of ...)字样的提单，这种提单经指示的收货人背书后可转让给其他人提货。提单背书分为记名背书和空白背书。提单的记名背书又称完全背书，指有权指示的人在提单上记载自己和被背书人双方的名称，将提单的物权转让给被背书人。在实际操作中，提单的记名背书是指在提单背面签字盖章，然后再另外添加"请转给某某公司"之类的话语，如"please deliver to ABB Company"，"please deliver to CITY Bank"。一份提单可以经多次记名背书，但是记名背书要前后连续，即提单第一次记名背书时的被背书人应为第二次记名背书时的背书人，第二次记名背书时的被背书人应为第三次记名背书时的背书人，以此类推，最后一次背书时的被背书人为提单合法提货人，可以向承运人提货并拥有货权。

空白背书是指指示人只在提单上记载自己的名字并盖章而不记载被背书人的名称，又称为不完全背书，经空白背书后提单可以转让给不特定的人，最后提单的持有人可以凭正本提单提货并拥有货权。有权指示的人指提单正面"收货人"一栏记载的人，例如提单正面收货人(consignee)分别为"to order of shipper"、"to order of CITY Bank"、"to order of ABB Company"时，则提单背面分别由"shipper"、"CITY Bank"、"ABB Company"背书，背书时可以空白背书，也可以记名背书。有的提单收货人一栏只记载"凭指示"(to order)而没有记载指示人的名字，这种提单是空白指示提单，有权指示的人为托运人(shipper)，只能由托运人做空白背书，正本提单的持有人即可向承运人提货并拥有货权。在实务中，使用最多的是"凭指示"(to order)并经空白背书的提单，习惯上称为"空白抬头、空白背书"提单。

4. 根据提单签发人不同，分为船公司提单和无船承运人提单

(1) 船公司提单(master bill of lading)也称为船东提单，是指由船东签发的提单。

(2) 无船承运人提单在实践中习惯被叫做货代提单(house bill of lading, HBL)，是指货代公司或者物流公司以自己作为承运人，和发货人签订货物运输合同而签发的提单。

(3) 船公司提单和货代提单的区别主要有以下几个方面：

其一，签发主体不同。船公司提单是船公司签发的提单，在提单右上方提单号码下显示的是实际承运人的名称，即船公司名称，最后提单的签章一般为船公司本身；而货代提单是货代签发给货物托运人的提单，在提单右上方提单号码下往往显示的是货运代理公司的名称。货代提单不能单独使用，它是货代在海运提单(船东提单)的基础上签发的提单，所以签章一般为货代公司。

其二，提单的发货人、收货人不同。如果一票出口货物只签发船公司提单的，提单的发货人就是实际的货物托运人，收货人就是目的港实际的收货人或者其代理人，而不是货代公司。如果货运代理人签发了自己的提单，即货代提单，在法律上就具有了双重身份。对真正的货物托运人来说，由于其签发自己的提单而成为契约承运人，即提单签发人，但又由于自己没有运输工具，将货物交给拥有运输工具的承运人运输，从而又成为货物托运人。

其三，在目的港的提货方式不同。收货人持船公司提单可以在目的港直接向船公司提货，货代提单提货时必须先向货代在目的港的代理换取船公司提单，然后再凭船公司提单去提货，这一流程俗称换单，会增加一个换单费用。货代提单提货也可以由货代在目的港的代理持船公司提单先将货物提出，然后目的港客户凭货代提单直接找货代在目的港的代理提货。

其四，作用不同。船公司提单用于在目的港提货，而货代提单主要供托运人去银行结汇使用。

其五，收取的运费不同。货代可以提供从托运人仓库至收货人仓库的门到门全程服务，因此货代收取的运费可能为全程运费，而船公司只收取装运港至目的港的海运费。

其六，承担责任的主体不同。货代提单是托运人与货代之间的运输契约，货代对承运人负责；而船公司提单是船公司与货代之间的运输契约，对船公司来说，货代就是运输契约的托运人，船公司只对货代负责，而不对货物实际托运人负责。收货人提货时发现货损货差，只能凭货代提单向提单签发人即货代提出索赔，如货损由承运人造成，货代再凭海运提单向承运人追偿。

其七，签发人的商业信誉不同。船公司提单签发人有自己的货轮和远洋运输船队，经济实力雄厚，一般商业信誉较好，一旦发生理赔也有足够的实力偿付；而货代提单的签发人货代作为无船承运人，自己没有船舶，自身资产有限，发生理赔事件时，可能货主赢了官司，货代却无力偿付，货主的赔偿要求也得不到有效的执行。因此，从安全性上看，船公司提单较货代提单更安全些。

(4) 货代提单的应用。主要表现在以下几个方面：

其一，出口货物需要拼箱时候，使用货代提单。船公司不提供装运港拼箱和目的港分货业务，所以对于非整柜的零散的货物只能出货代提单。货代在装运港将多个客户的零散货物拼成一整柜集装箱货物，船舶抵港后，由货代在目的港的代理将集装箱提出，然后各收货人来提取各自的货物。

其二，为得到运费优惠而使用货代提单。单个托运人由于货物量有限，难以从船公司申请到优惠运价，而货代专门从事运输业务代理，可以代理众多实际托运人以自己名义统一向船公司申请优惠运价。另外,如果货代公司跟船公司签署协议,每个月有固定的货物量出运,则往往可以申请到更加优惠的运价。

其三,为控制物权而使用货代提单。使用船公司提单时,可以在目的港直接凭船公司提单提货,但是使用货代提单时,收货人需要先持货代提单向货代在目的港代理换船公司提单,然后才能提货。由于货代与托运人之间有运输契约,服务于托运人,所以往往会尽力维护托运人利益,如果托运人认为收货人有贸易欺诈的嫌疑,可以通知货代通过其在目的港的代理持船公司提单将货物先行提出然后扣住货物,代替托运人控制住物权。

其四,为倒签提单而使用货代提单。目前,船公司为维护自身商业信誉一般不会倒签提单,货代则会为招揽业务而倒签提单,如在信用证支付方式下,托运人没赶上信用证规定的最迟装运日装船,为避免议付时出现单据不符点,可以凭担保函请货代倒签提单。倒签提单是指承运人应托运人要求在货物装船后签发的早于实际装船日期的提单。

5. 根据运输方式不同,分为直达提单、转船提单和联运提单

(1) 直达提单(direct B/L)是指轮船从装运港装货后,中途不经过换船而直接驶往目的港卸货所签发的提单。

(2) 转船提单(transhipment B/L)是指轮船从装运港装货后不直接驶往目的港,需要在中途港换装另外船舶运往目的港所签发的提单。

(3) 联运提单(through B/L)是指需经过两段以上接力海运的货物,由第一程海运承运人所签发的,包括运输全程并能在目的港凭以提货的提单。

6. 根据提单内容繁简程度不同,分为全式提单和略式提单

(1) 全式提单(long form B/L)又称繁式提单,是指提单背面列有承运人和托运人权利、义务的详细条款的提单。

(2) 略式提单(short form B/L)又称简式提单,是指提单上略去背面条款,而只列出正面条款,这种提单上一般都印有"本提单货物的收受、保管、运输和运费等项,均按照本公司全式提单上的条款办理"的字样。

7. 根据船舶经营性质的不同,分为班轮提单和租船提单

(1) 班轮提单(liner B/L)是指经营班轮运输的公司或其代理人签发的提单。在实际业务中,班轮公司出具的提单,除正面条款外,背面都列有详细的运输条款。

(2) 租船提单(charter party B/L)是指承运人根据租船合同签发的一种提单。提单上注明"根据×××租船合同出立"字样,不另列详细条款。因此,这种提单受租船合同的约束,本身不成为一个独立的法律文件。所以,银行或买方在接受这种提单时,往往会要求卖方提供租船合同副本,以了解提单和租船合同的全部情况。

8. 根据提单使用效力的不同,分为正本提单和副本提单

(1) 正本提单(original B/L)是指提单上由承运人、船长或其代理人签名盖章并注明签发日期的提单。正本提单上必须标明"正本"(original)字样,并且正本提单一般签发一式两份或三份,凭其中任一份提货后,其余的即失效。正本提单在法律上是有效的单据。

(2) 副本提单(copy B/L)是指提单上没有承运人、船长或其代理人签字盖章,而仅供工

作上参考之用的提单。副本提单上一般都标明“copy”或“nonnegotiable”(不可转让)字样，以和正本提单相区别。

9. 其他业务中使用的提单

(1) 集装箱提单(container B/L)，凡用集装箱运输货物而由承运人签发给托运人的提单称为集装箱提单。

(2) 过期提单(stale B/L)是指迟于运输单据出单日期若干天后(一般为 21 天)提交的提单。过期提单影响收货人提货，因此除非信用证另有规定外，银行一般不接受过期提单。此外，在近洋运输中，由于航线较短或银行转递提单较慢，以致船舶到达目的港时，收货人尚未收到提单。因此在近洋国家的贸易合同中，一般都订有可以接受过期提单(stale B/L is acceptable)的条款。

(3) 舱面提单(on deck B/L)是指货物装载船舶舱面上的提单，提单上注明“在舱面”(on deck)的字样。因为一般货物如果装在舱面容易遭受损失，所以除非信用证特殊规定，银行不接受舱面提单。

(4) 倒签提单(ante dated B/L)是指承运人应托运人要求在货物装船后签发的早于实际装船日期的提单，以符合信用证上对装船日期的规定。签发倒签提单是违法行为，承运人需承担由此而产生的风险，尤其是当货价下跌时，收货人可以以伪造提单为由拒绝提货。

(5) 预借提单(advanced B/L)是指货物在装船前或装船完毕前，托运人为了及时结汇而向承运人预先借用的提单。预借提单也属于违法行为，由于货物在装船完毕前可能因多种原因发生损坏、灭失或退关等风险，因此对承运人来说它比倒签提单的风险更大。

(6) 电子提单(electronic B/L)是指利用 EDI 系统对海运途中的货物所有权进行装让的程序。在电子提单转运过程中，买方、卖方、银行、收货人和发货人均以承运人为中心，通过专有计算机密码通告运输途中货物所有权转移的时间和对象，收货人提货时只需要出示有效证件证明身份，由船舶代理验明即可。在货物运输过程中，通常不出现任何书面文件。电子提单可快速、准确地实现货物所有权转移，防止冒领和误交。为解决电子提单使用中的一些实际问题，国际海事委员会在 1990 年制定了《国际海事委员会电子提单规则》，以规范和促进电子提单的使用。

(四) 海运提单无正本提单放货问题

按照正常流程，收货人应该持正本提单提货，但是在实际操作中也会出现承运人无正本提单放货的问题，如果收货人无正本提单提货后不付货款，则往往给卖方造成货款损失。承运人无正本提单放货主要有以下四方面原因。

1. 托运人委托船公司电放

电放(telex release)是由托运人向船公司发出委托申请并提交保函后，由船公司或其代理人通知目的港代理某票货物无须凭正本提单提货，收货人可凭电放提单换取提货单在目的港提货。

电放提单是指船公司或其代理人签发的注有“surrendered”或“telex release”字样的提单副本、提单复印件或提单传真件，其基本作用有三个：一是承运人收到托运人托运货物收据；二是承运人与托运人之间运输合同的证明；三是收货人用来换取提货单的依据。电放提单不是物权凭证，不可流通、转让、议付。

在一般情况下，提单由卖方提交给银行，然后银行在买方付款后将提单交付，或者提单由卖方直接寄给买方。由于提单是货物所有权的凭证，收货人只有拿到正本提单后才可以提货。但在近洋运输中，如从上海到日本或韩国时，由于船期很短，按照正常提单操作流程，可能货物已到达目的港而提单却还在流转中而没有到达收货人手中，为不影响收货，收货人会在货物装运时提前要求卖方电放，以及时提取货物。

目前，我国外贸企业有很多通过货代（即货运代理人）办理海运业务，在托运人、装运港货代、船公司（即承运人）、目的港船公司代理、目的港货代、收货人六方参与下，电放操作流程如下：

(1) 由托运人向装运港货代提交一份电放保函，表明因电放操作产生的一切责任及后果由托运人承担。

(2) 货代向船公司提出电放申请并提交作用相同的电放保函一份。

(3) 船公司接受申请及保函后给目的港船公司代理发一份电放通知，允许该票货物可以用盖章后的电放提单换提货单。

(4) 货物装船后，船公司向货代签发 master 电放提单（master 电放提单是指在 master 单的正本复印件或副本上注有“surrendered”或“telex release”字样的单据。所谓 master 单，是指由船公司签发的提单，也称 master bill of lading）。

(5) 货代向托运人签发 house 电放提单（house 电放提单是指在 house 单的正本复印件或副本上注有“surrendered”或“telex release”字样的单据。所谓 house 单，是指由货代签发的提单，也称 house bill of lading）。

(6) 装运港货代向目的港货代传真或以其他方式发送 master 电放提单。

(7) 托运人向收货人传真或以其他方式发送 house 电放提单。

(8) 目的港货代向目的港船公司代理提交 master 电放提单，目的港船公司代理凭此 master 电放提单签发提货单给目的港货代。

(9) 收货人将盖有其公司印章的 house 电放提单交给目的港货代。

(10) 目的港货代凭此 house 电放提单交与收货人提货单。

(11) 船抵港后，收货人凭此提货单提货。

电放提单的使用完全基于买卖双方之间的相互充分信任，对于任何一方的失信违约也难以有措施加以约束制约，因此电放对双方而言都可能存在着风险。对卖方而言，电放后即失去对货权的掌控，能否收到汇款或全额收到货款完全基于买方的信用，为避免承担电放后买方恶意降价或拒付货款的风险，卖方应保证在电放前已收妥全部货款。对买方而言，电放前付清全部货款后，卖方是否发货、发货数量和质量、发货时间、自己是否是收货人或是否是唯一收货人都将失去控制，为避免此类风险，买方最好在电放收到货物后再付款。

2. 按卸货港当地法律或港口惯例无单放货

(1) 有少数国家法律规定，承运人须将货物交给港口政府部门，如海关当局，然后由该部门交给提货人。如果承运人依据此法律在卸货港无正本提单交付货物，则不承担无单放货法律责任。因为任何其他的做法将意味着运输合同不是合法地履行，这也不是合同方所希望的。

（2）如果卸货港有不凭正本提单交货的习惯，承运人可以在提货人不出示正本提单时交付货物，那么承运人在此种情况下无单放货，不必承担责任。

在以上两种情况下，要在货物装运前调查清楚目的港地区或国家有没有无正本提单放货的法律、法规和港口惯例，若存在类似法规或惯例，则应在货物装运前收妥全部货款，避免仅凭客户已付的定金或部分货款或凭客户开出的信用证发货，否则客户在目的港无正本提单提货后拒付货款，则卖方将承担收不到货款的损失。

3. 记名提单下承运人可以无提单正本放货

按照一些国家的惯例，记名提单的收货人可以不凭正本提单而仅凭"到货通知"（notice of arrival）上的背书和收货人的身份证明即可提货。因为记名提单不是物权凭证，记名提单上载明的收货人为托运人与承运人在法律关系中约定的提单受益人，因此承运人没有必要凭正本提单交付货物，只需正确核实并交付货物给提单上载明的收货人即完成交货义务。由于这样的原因，为避免垫款后却无法掌握货权的风险，银行一般不愿接受以买主为收货人的记名提单。

在国际贸易中，作为出口方，为保证收汇安全，也应该谨慎使用记名提单。在使用信用证结算货款时，如果信用证要求使用记名提单，最好要求买方修改信用证使用指示提单；如果客户坚持使用记名提单，须了解清楚原委，了解运输业务所涉及国家对记名提单物权凭证属性的法律规定，或在记名提单上加注声明"此提单适用于中国海商法"，以约束承运人必须凭正本提单放货，这样才能保证信用证项下贸易的安全。

4. 资信不良的承运人与收货人勾结无单放货

部分资信不良的承运人可能与收货人勾结串通，无正本提单或者无提单放货给收货人，收货人无正本提单提货后即可能杳无音讯，承运人也无法找到。这种贸易欺诈多见于FOB合同下，并且由买方指定货代时发生。因此，在出口贸易中采用FOB合同时，对于买方指定的货代一定要做好资信调查工作，只接受知名国际货代，如认为买方指定货代不能接受，应及时予以拒绝，或者不接受买方指定货代的要求，而应极力争取指定船公司，并一定要求其提供船公司提单。

案例

2010年11月，某外贸公司从阿里巴巴网站（Alibaba）上认识一位意大利客户，该客户索要了一次付费样品，随后即下单，双方约定采用FOB合同以信用证方式付款，客户预付5%定金。2010年12月29日，该客户从意大利当地一家小银行开出6万美金即期信用证，信用证有效期为2011年2月10日。随后，该外贸公司迅速联系工厂安排货物。期间，该客户未来中国工厂验货，最后出货时也未验货，货物装船时，由于赶上2011年春节海运旺季，当期舱位不足，货物最终未能按时装船，信用证过期失效。该外贸公司紧急联系客户修改信用证，该客户提出将信用证的条件修改为"L/C at 60 days",并要求指定货代。该外贸公司考虑到货已备妥待运遂接受了客户要求将信用证修改为"L/C at 60 days",并接受了客户指定货代,客户指定货代向该外贸公司提供了货代提单,提单"CONSIGNEE"栏填写了客户公司名称。

2011 年 4 月 15 日,货物刚到达目的港后 5 天,该客户发来信息以产品质量不佳为由要求降价 50%,否则取消交易。该外贸公司紧急联系客户指定货代,对方不予答复。该外贸公司又紧急联系船公司,得知货物已被客户以正本提单复印件提走,该外贸公司责问船公司无正本提单放货责任,船公司辩称记名提单项下承运人可以不凭正本提单放货,只要收货人提供了证明自己合法身份的有关文件即可,并且正本提单的托运人(SHIPPER)并非该外贸公司,而是客户指定的货代,所以船公司不承担无正本提单放货责任,也不对非托运人的该外贸公司负责。该外贸公司权衡后认为货权已失,进行国际诉讼代价太大又耗时耗力,为避免钱货两空,最终不得已接受客户要求,降价 50%结束交易。

二、不可转让海运单

不可转让海运单(nonnegotiable sea waybill)是一种不可流通转让的海运单据,它也是由船长或船公司或其代理人签发的证明已收到特定货物(已接管或已装船)并保证将货物运至目的地交付给指定收货人的一种凭证。不可转让海运单和海运提单一样也是船方出具的货物收据,也是承运人和托运人之间海上货物运输合同的证明,但是它不是物权凭证,收货人提货时无需出示海运单,承运人凭收货人提交的证明其为海运单上指定收货人的文件交付货物。如果提单不慎遗失,即使第三者得到丢失的提单也不能提货。所以使用不可转让海运单有利于进口商及时提货,简化手续,节省费用,并有利于减少欺诈现象。

三、多式联运单据

多式联运单据(multimodel transport document,MTD)是指证明多式联运合同及证明多式联运经营人接管货物并负责按照合同条款交付货物的单据。它与联运单据有共同之处,但两者在性质上却有较大的差别。

1. 适用的运输方式不同

联运提单限于在海运和其他运输方式所组成的联合运输时使用;多式联运单据使用范围较联运提单广,它既可以用于海运与其他运输方式的联运,也可以用于包括海运的其他运输方式的联运。

2. 提单的签发人不同

联运提单由承运人、船长或承运人的代理人签发;多式联运单据则是由多式联运经营人或其授权代理人签发,多式联运经营人可以是完全不掌握运输工具的无船承运人。

3. 提单的签发人承担的责任不同

联运提单的签发人仅对第一程运输负责,而多式联运单据的签发人(多式联运经营人)

则要对全程运输负责。

根据《联合国单据统一惯例》(国际商会第298号出版物)和1980年5月通过的《联合国国际货物多式联运公约》的规定,国际多式联运所使用的多式联运单据既可以是可转让的(做成"凭指示"或"凭来人"抬头),也可以是不可转让的(表面注明"不可转让"并做成记名抬头)。

四、铁路运单

铁路运单按营运方式的不同,可分为国际铁路联运和国内铁路运输两种方式。前者使用国际货协运单;后者使用承运货物收据。

(一) 国际货协运单

国际货协运单是指参加国际货协各国之间办理铁路联运时所使用的运输单据,它随同货物从始发站至终点站全程附送,最后交给收货人。它既是铁路承运货物的凭证,也是铁路向收货人交付货物和核收运费的依据。国际铁路货物联运运单副本在铁路加盖戳记,证明货物的承运和承运日期后交给发货人,它可作为发货人据以结算货款的凭证。

通常使用的国际货协运单为一式五联:第一联是运单正本给收货人;第二联是运行保单给到达铁路;第三联是运单副本给发货人;第四联是货物交付单给到达路站;第五联是货物到达通知单给收货人。

(二) 承运货物收据

我国铁路运输通过深圳至香港的货物,多委托中国外贸运输公司承办,该公司将各出口公司委托发运的货物装上火车后即签发一份"承运货物收据"给托运人,供托运人办理结算。"承运货物收据"既是承运人的货物收据,也是承运人与托运人的运输合同。

五、航空运单

航空运单(air waybill)是航空公司与托运人之间签订的运输契约和货物收据。它可以作为航空承运人核收运费的依据与海关查验放行的基本单据。航空运单不可转让,持有航空运单也并不能说明可以对货物要求所有权。收货人提货不是凭航空运单,而是凭航空公司的提货通知单。在航空运单的收货人栏内,必须详细填写收货人的全称和地址,而不能做成指示性抬头。

航空运单的正本一式三份,每份都印有背面条款,其中第一份正本注明"original for shipper"字样,交托运人作为承运人或其代理人接收货物的依据;第二份正本注明"original for the issuing carrier"字样,由承运人留存作为记账凭证;第三份正本注明"original for the consignee"字样随货通行,在货物到达目的地时,交给收货人作为核收货物的依据。其余的副本分别注明"for airport of destination"、"delivery receipt"、"for second carrier"、"extra copy"等字样,由航空公司按规定和需要进行分发,作为报关、结算、国外中转分拨等用途分别使用。《跟单信用证统一惯例》规定,空运单的签发日期即为装运日期,如信用证要求实际发运日期(actual date of dispatch),则应对此日期作专项批注,所批注的日期即为装运日期。

六、邮包收据

邮包收据(parcel post receipt)是邮政部门收到委托人要求其负责邮递的信函、包裹或样品等邮件后向寄件人出示的货物收据,当邮包发生损坏或灭失时,它还可以作为索赔和理赔的依据。邮包收据不是物权凭证,不可以转让,也不可以凭收据提货。

第三节 国际货物买卖合同中的装运条款

由于国际货物运输大部分是通过海洋运输进行的,因此,本节主要以海洋运输为例讨论国际货物买卖合同的装运条款。在国际货物买卖合同中,装运方面的条款主要有装运时间、装运港和目的港、分批装运和转运等内容。

一、装运时间

装运时间(time of shipment)又称装运期,是指卖方将合同规定的货物装上运输工具或交给承运人的期限。它是买卖合同的主要条件,如果卖方违反了这一条件,买方有权拒收货物,撤销合同,并要求卖方给予赔偿。

(一) 装运时间的规定方法

买卖合同中的装运时间,有以下几种规定方法。

1. 明确规定具体装运时间

这种规定方法可以分为规定一段时间和规定一个最后期限两种,即限于某年某月或跨月装运,或某年某月某日之前完成装运。例如,"shipment during February/March","shipment before March 6,2011"。

2. 规定在收到信用证后若干天装运

这种方法一般适用于下列情况:

(1) 交易的商品是为买方特制或特别采购的,或一旦买方拒绝履约将难以转售的商品,为了防止买方拒绝履约造成的经济损失,可采用这种方法,如"收到信用证后 45 天装运"(shipment within 45 days since receipt of L/C),或"信用证最迟于 2011 年 4 月 1 日开至卖方"(the L/C must reach the seller not later than April 1,2011)。

(2) 在一些外汇管制较严格的国家和地区,或实行进口许可证或进口配额制的国家,为促成交易,有时也可采用这种方法。

(3) 对某些信用较差的客户,为了敦促其按时开立信用证,也可以酌情采用这一方法。

3. 笼统规定近期装运

这种规定方法不规定具体期限,只是用"立即装运"(immediate shipment)、"即刻装运"(prompt shipment)、"尽快装运"(shipment as soon as possible)等词语表示。由于这些术语时间界限模糊,在各国、各行业中解释不一,应避免使用。《跟单信用证统一惯例》规定:除非要求在单据中使用,否则诸如"迅速地"、"立刻地"或"尽快地"等词语将被不予理会。

(二) 规定装运时间应当注意的问题

(1) 买卖合同中装运时间的规定，要明确具体，装运期限应当适度。海运装运期限的长短，应视不同商品和租船订舱的实际情况而定，装运期限过短，会给船货安排带来困难；装运期过长也不合适，特别是采用在收到信用证后多少天内装运的条件下，装运期过长，会造成买方积压资金，影响资金周转，从而反过来影响卖方的售价。

(2) 应注意货源情况、商品的性质和特点以及交货的季节性等，如雨季一般不宜装运烟叶，夏季一般不宜装运沥青、易腐性肉类及橡胶等。此外，还要考虑商品的加工、包装、检验和国内运输等需要花费的时间。

(3) 应结合考虑交货港、目的港的特殊季节因素。例如，北欧、加拿大东海沿岸港口冬季封冻结冰，故装运时间不宜订在冰冻时期；反之，热带某些地区，则不宜订在雨季装运等。

(4) 应考虑我国与有关国家间的运输能力、航线、港口条件等情况，对有直达船和航次较多的港口，装运期可以规定得短些；对于没有直达船或较偏僻的港口或虽然有直达船但是航次较少的港口，装运期应规定得长些。

(5) 装运期要与国外市场需求的季节性相适应，特别是对于节日供应商品和临时特需商品，装运期的安排要考虑使货物到达目的地市场的时间赶上市场上该商品的热卖时间。

(6) 在规定装运期的同时，应考虑开证日期的规定是否明确合理。装运期与开证日期是互相关联的，为保证按期装运，装运期和开证日期应该互相衔接起来。

二、装运港和目的港

装运港(port of shipment)是指货物起始装运的港口。装运港一般由卖方根据便利货物装运出口的条件提出，经买方同意确定。

目的港(port of destination)是指货物最终卸货的港口。目的港一般由买方提出，经卖方同意后确定。

(一) 装运港和目的港的规定方法

(1) 在一般情况下，装运港和目的港分别规定一个，如“装运港：上海，目的港：伦敦”(port of shipment：Shanghai，port of destination：London)。

(2) 根据实际需要，装运港和目的港也可以分别规定两个或两个以上，如“装运港：青岛/上海，目的港：利物浦/伦敦”(port of shipment：Qingdao/Shanghai，port of destination：Liverpool/London)。

(3) 如果成交时具体装运港和目的港还不能确定，也可以规定某一地区港口，如“装运港：中国港，目的港：澳大利亚港”(port of shipment：China port，port of destination：Australia port)。

(二) 规定国外装运港和目的港应注意的问题

(1) 应根据我国对外政策的规定来选择港口，不应选择我国政策不允许往来的港口为国外的装卸港。

(2) 对国外装卸港的规定应力求具体明确。在一般情况下，出口合同不能将国外装卸港笼统地订立“欧洲主要港口”、“非洲主要港口”等，因为欧洲或非洲港口众多，对哪些港口为主要港口并无统一规定和解释，各港口条件不同，至不同港口的运费和附加费的差别会很大。

(3) 必须注意国外装卸港口的具体运输和装卸条件，如有无直达班轮、港口装卸设备、码头泊位的深度、冰冻期和港口的惯例和制度，以及运费、附加费的标准等。

(4) 不能规定接近内陆的城市为装卸港。对内陆国家的贸易，一般应规定靠近的、我方能安排船舶的港口为装卸港。

(5) 对小批零星杂货的出口，一般不能接受用指定码头或泊位装卸货物的条款。对于大宗出口业务，也应特别慎重考虑，事先向买方了解有关码头的吃水、长度、设备能力、费用水平、装卸速度等情况。

(6) 为防止产生差错，应注意国外港口有无重名，如果有重名港，在买卖合同中应注明装卸港所在国家或地区的名称。

(7) 在我国出口业务中，原则上只应规定一个目的港。但是，为了促进成交和照顾买方的需要，有时也在合同中规定选择目的港的条款，允许买方提出几个目的港口，并最后选择其中任何一个港口卸货。并且，在条款中还应明确规定，所选择的目的港若增加运费、附加费时，应由买方负担；所选港口必须在同一航线上，选择港口数目一般不要超过3个；运费一般按选择港中最高的费率及附加运费计算。

(三) 确定国内装卸港口时应注意的问题

(1) 在我国出口业务中，对装运港的规定，主要应考虑货源比较接近的港口，以方便运输和节省费用，对统一对外成交而分口岸交货的某些货物，由于在成交时还不能最后确定装运港，也可规定为“中国口岸”或两个以上具体港口为装运港。

(2) 在我国进口业务中，对国内卸货港的规定，一般要选择接近用货单位或消费地区的港口为合适。但是，为避免港口到船集中产生堵塞现象，卸货港也可规定为“中国口岸”。

三、分批装运和转运

(一) 分批装运

分批装运(partial shipment)是指一个合同项下的货物分若干批货物或若干次分别装运。凡数量大或者受货源、运输、使用销售、资金条件的限制，有必要分期分批发运、到货的，通常都需要在买卖合同中规定允许分批装运的条款。

国际上对分批装运的解释和运用有所不同，有些国家合同法中规定：如合同对分批装运不作规定，买卖双方当事人事先对此也没有特别约定或习惯做法，则卖方交货不得分批装运。《跟单信用证统一惯例》规定：除非信用证另有规定，允许分批装运。因此，为了出口合同履行顺利，尽早结汇，除非买方明确表示不允许分批装运，则应在出口合同中明确“允许分批装运”(partial shipment to be allowed)。

《跟单信用证统一惯例》第三十一条(b)款规定：表明使用同一运输工具并经由同次航程运输的数套运输单据在同一次提交时，只要显示相同的目的地，将不视为部分装运，即使运输单据上表明的发运日期不同或装运港、接管地或发运地点不同，如果交单由数套运输单据构成，其中最晚的一个发运日将被视为发运日。据此项规定，同一船只、同一航次中多次装运货物，即使提单表示不同的转运日期及不同的装运港口，也不视为是分批装运。

分批装运的表示方法主要有两种：一种是只规定允许分批装运的原则，而对如何分批装运不做具体规定；另一种是具体列明分批装运的期限和数量。前者比较灵活，卖方可以按照经营意图和客观条件机动掌握；后者的约束性较大，卖方机动性比较小。《跟单信用证统一惯例》第三十二条规定：如信用证规定在指定的时间段内分期支款或分期发运，任何一期未按信用证规定期限支取或发运时，信用证对该期及以后各期均告失效。因此，在接受这类条款时，应谨慎对待。

对产品质量要求比较严格的货物使用分批装运时还需要特别注意分批装运的货物质量要在允许的公差范围内保持一致。分批装运的货物如果刚好是分批生产的，则容易导致分批装运的货物存在质量差别。一般认为使用同一批次购进的原材料生产出的同一批次产品质量比较接近，分批生产的货物质量浮动相对较大些。因为分批生产的货物可能使用不同批次购买的原材料，不同批次的原材料之间会存在质量公差，同时在生产过程中，不同批次货物的生产工艺会存在浮动，生产不同批次货物时机器磨损情况也不一样，这些诸多的误差叠加起来就会导致分批生产货物存在一些质量差别。因此，在进口贸易中，如果对产品质量要求较高，则应在每次分批装运时通过装运港商检严格控制产品质量或避免分批装运。

（二）转运

转运(transhipment)是指货物从装运港、发货地到目的港、目的地的运输过程中，从一个运输工具上卸下，再装上同一运输方式的另一运输工具；或在不同运输方式情况下，从一种方式的运输工具上卸下，再装上另一种方式的运输工具的行为。

货物在中途转运容易受损和散失，而且会增加额外费用，延迟到达目的地的时间，但是在没有直达运输工具的情况下，转运就不可避免。由于转运关系到买卖双方的权益，所以有必要在买卖合同中明确规定是否允许转运，有时还要规定在何时何地以何种运输工具转运的条款。根据《跟单信用证统一惯例》的规定，除非信用证有相反的规定，否则均允许转运。为了明确责任和便于安排转运事项，买卖双方应在买卖合同中列明是否允许转运及转运费用的负担问题。

目前，随着国际多式联运运输方式的广泛运用，转运在实际业务中已经成为经常发生，甚至是不可避免的。同时，《跟单信用证统一惯例》中也有规定，即使信用证不准转运，银行可接受表明转运或将予转运的运输单据。真正被禁止的转运仅指海运中港至港非集装箱货物运输的转运。

（三）国际货物买卖合同中的分批、转运条款

国际货物买卖合同中的分批装运、转运条款通常是与装运时间条款结合起来规定的。例如：

(1) 2011 年 5 月/6 月份装运，允许分批装运、转运(shipment during May/June 2011 with partial shipment and transhipment allowed)。

(2) 2011 年 5 月到 8 月分四批平均装运，禁止转运(shipment during May/August 2011 in four equil monthly lots, transhipment is prohibited)。

(3) 2011 年 5 月/6 月份两次平均装运，由新加坡转运(during May/June 2011 in two

equal monthly shipment, to be transhipment at Singapore)。

本章小结

本章主要介绍了国际贸易中的各种运输方式、海运提单及国际货物买卖合同中的装运条款，其中海运提单作为货物所有权凭证、货物收据和运输合同的证明作用重大，要重点掌握海运提单的性质和种类及海运提单与其他运输单据的区别。同时，要注意国际贸易合同中装运时间、装运港或装运地、目的港或目的地以及分批装运和转运等条款的规定，这些条款对买卖双方承担的责任、风险和费用影响重大。

思考与练习

一、选择题

1. 法律赋予提单的作用包括(　　)。

A. 物权凭证　　B. 结汇凭证　　C. 运输合同证明　　D. 货物保险证明

2. 可以经背书加交付而转让的提单，其"consignee"一栏可记载为(　　)。

A. to order　　B. to the bearer

C. to the holder　　D. to the order of ABC Co. Ltd.

3. 出口人完成装运后，凭以向船公司换取已装船提单的单据是(　　)。

A. shipping order　　B. mate's receipt　　C. freight receipt　　D. loading list

4. 信用证规定采用 CIF 术语成交、海洋运输，则提单上对运费的表示应为(　　)。

A. freight prepaid　　B. freight prepayable

C. freight collect　　D. freight to be prepaid

5. 航空货运单是(　　)。

A. 可议付的单据　　B. 物权凭证

C. 货物收据和运输合同　　D. 提货凭证

二、思考题

我国出口公司 A 与外商 B 签约，出口货物 200 吨，装运期为 3～4 月，每月装运货物 100 吨，允许转运。A 公司于 3 月 30 日将第一批货物 100 吨装上货轮甲，又于 4 月 2 日将第二批货物 100 吨装上货舱乙。甲.乙两货轮均在新加坡转船，A 公司发运的两批货物经转船后均装上货轮丙，货轮丙将货物运抵目的港。

要求：请分析本案例是否属于分批装运。

第四章　国际货物运输保险

学习目标

1. 掌握国际货物运输中的风险、损失与费用。
2. 重点掌握我国海运货物保险基本险险别及其承保责任范围。
3. 了解我国陆、空、邮运输货物保险条款。
4. 了解英国伦敦保险协会海运货物保险条款。
5. 掌握国际货物买卖合同中保险条款的内容和保险费的计算。

第一节　国际货物运输中的风险与损失

在国际贸易中，货物从卖方所带地至买方目的地需要经过长途运输、装卸和存储等环节，在这一过程中货物遭受损失的可能性比较大，因此，根据惯例，国际货物买卖都要办理运输保险。国际货物运输的方式很多，其中包含海洋运输、陆上运输、航空运输、邮包运输等，本章重点介绍海上货物运输保险，对其他货运保险仅做简要介绍。

国际货物运输保险是指在国际贸易中，投保人（或被保险人）在装运货物前，按照一定的投保金额，向承保方（保险人）投保的一定险别，在被保险人交付约定的保险费用后，保险人根据保险合同的规定，对货物在运输途中所发生的责任范围内的损失，给予一定经济补偿的经济行为。

在保险业务中，风险、损失和险别三者之间有着紧密的联系：风险是造成损失的起因，险别是保险公司对风险和损失的承包责任范围。

一、风险

风险是指灾害事故发生的可能性和人们对灾害事故的发生在认识上的不确定性。海洋运输货物保险的风险分为海上风险和外来风险两类。

（一）海上风险

海上风险（perils of sea）又称海难，是指船舶或货物在海上航行中发生的或随附海上运输发生的风险，主要包括自然灾害和意外事故两类。

1. 自然灾害

自然灾害（natural calamities）是指不以人们意志为转移的自然力量所引起的灾害。在海上保险业务中,自然灾害并非指一切自然力量所造成的灾害,如运输途中因一般风浪或气候变化造成的货物自然损耗就不包括在“自然灾害”内。根据我国《海洋运输货物保险条款》中的规定,保险公司承保的自然灾害的主要范围包括:恶劣气候、台风、暴雨、雷电、海啸、地震、洪水、火山爆发、浪击落海等,以及其他人力不可抗拒的灾害。

2. 意外事故

意外事故(fortuitous accidents)是指偶然的、非预料的原因所造成的事故。在海上保险业务中,意外事故并不是泛指海上发生的所有意外事故,而有特定的范围。根据我国海运货物保险条款,意外事故仅指运输工具遭受搁浅、触礁、沉没、焚毁、碰撞、爆炸、火灾、失踪等。

在现在保险业务中,保险人承保的海上风险范围并不包括一切在海上发生的风险,但也不局限于航海中发生的风险。在上述自然灾害、意外事故中,有些并不是真正发生在海上,而是发生在内陆或陆海、海河和海轮或驳船相连接之处的风险。但对于海上货物运输保险来说,这些风险又是随附海上运输而产生的,并且危害性极大,因此,为了适应被保险人的实际需要,在海上货物运输保险的长期实践中,这些也逐渐被列入海上货物运输保险承保的风险范围内。

(二) 外来风险

外来风险(extraneous risks)是指由于海上风险以外的其他原因造成的风险和损失,但不包括货物在运输途中产生的自然损耗和货物自身的品质缺陷。外来风险可分为一般外来风险和特殊外来风险。

1. 一般外来风险

一般外来风险(general extraneous risks)是指被保险货物在运输途中由于一般外来原因造成的风险,主要包括偷窃、短量、破碎、雨淋、受潮、受热、发霉、串味、玷污、渗漏、锈损、腐蚀、提货不着等。

2. 特殊外来风险

特殊外来风险(special extraneous risks)是指由于军事、政治、国家政策法令、行政措施等外来原因和其他特殊外来原因,如战争、罢工、交货不到、被拒绝进口或没收等所造成的风险。

二、损失

海上损失(ocean losses)又称海损,是指被保险货物在海上运输过程中,由于海上风险和外来风险所造成的损失或灭失。根据各国保险习惯,海上损失还包括与海运相连的陆上或内河运输中所发生的损失。海上损失按其损失程度的不同,可分为全部损失和部分损失。

(一) 全部损失

全部损失(total loss)简称全损,是指运输途中整批货物或不可分割的一批货物的全部损失。根据情况不同,它可分为实际全损和推定全损。

1. 实际全损

实际全损(actual total loss)是指整批被保险货物在运输途中完全灭失或完全变质已失

去原来的形体和效用或不能再归被保险人所拥有。被保险货物在遭受到实际全损后，被保险人可按其投保金额获得保险公司全部损失赔偿。构成实际全损的情况有以下四种：

(1) 保险标的物全部灭失或损失，如船只遭遇海难沉没，货物随之沉入海底。

(2) 保险标的物遭受严重损害，已丧失商业价值和原有使用价值，如水泥受海水浸泡后结块，完全丧失其用途。

(3) 保险标的物所有权丧失，如船只被海盗劫持或船只被敌国扣留等，在这种情况下，虽然船货本身并未受到损失，但是货物所有人已失去了对货物的实际处置权。

(4) 船舶失踪达到一定的期限，如船舶失踪半年以上，按照有关规定可视为整船及所载货物全部灭失。

2. 推定全损

推定全损(constructive total loss)是指货物虽然未遭受全部灭失或损坏，但进行补救整理和恢复原状所需要的费用再加上运输费用之和将超过货物到达目的地的价值。构成推定全损的情况有以下四种：

(1) 投保标的物受损后，修理费用估计要超过货物修复后的价值。

(2) 保险标的物受损后，整理和运到目的地的费用将超过到达目的地的价值。

(3) 投保标的物的实际全部损失不可避免，或为了避免实际全部损失而施救所产生的费用将超过获救后货物的价值。

(4) 保险标的物所有权丧失，为收回这一所有权所花费的费用将超过收回货物后的价值。

发生推定全损时，投保人可要求保险人按部分损失赔偿，也可要求作为推定全损赔偿全部损失。如果投保人要求按照推定全损赔付，则投保人必须向保险人发出委付通知(notice of abandonment)。所谓委付(abandonment)，是指在保险标的物处于推定全损状态时，投保人表示愿意将保险标的物的一切权益，包括财产权以及一切由此产生的权利和义务转让给保险人，并要求保险人按全部损失赔偿的行为。委付需经保险人同意接受后才能生效。

(二) 部分损失

部分损失(partial loss)是指被保险货物的损失没有达到全部损失的程度的损失。部分损失分为共同海损和单独海损。

1. 共同海损

共同海损(general average)是指载货船舶在海上遇到自然灾害或意外事故，危及到船、货等各方的共同安全，为了解除这种共同危险，维护船货安全，使航程得以继续完成，船方有意识地、合理地采取施救措施，造成的某些特殊损失或者支出的某些特殊费用。构成共同海损必须具备以下条件：

(1) 共同海损的危险必须是共同的，这是共同海损成立的前提条件，如果危险没有危及船货各方的共同安全，即使船长有意作出了合理的牺牲和支付了额外的费用，也不能算是共同海损。

(2) 船方在采取紧急措施时，必须确实有危及船货共同安全的危险存在，而不是臆猜的。例如，因货仓起火而采取灭火措施，致使被直接燃烧以外的货物遭受水湿损失，这种损失是为了船货共同安全而采取的紧急措施造成的，因而属于共同海损。假如船方误把机舱外的烟雾臆测是因火灾引起的而采取喷水灭火措施，导致部分货物受潮或遭受水湿，这时由于客观上并无危及船货共同安全的危险，因此，此项货物受潮损失不能构成共同海损。

(3) 船方所采取的措施必须是有意的、合理的。有意的是指共同海损的发生必须是人为的结果，而不是一种意外的损失。例如，因载货船舶搁浅，在别无他法的情况下，被迫抛弃一部分船上货物使船舶起浮，从而使船货解除危险，这种抛弃是有意的。合理的是指在采取共同海损行为时，须符合当时实际情况的需要。例如，上述抛货，应该选择量重而价低的，如果将量轻价高的货物抛弃就属不合理。

(4) 所作出的牺牲或支出的费用必须是非常性质的。非常性质是指这种牺牲或费用不是通常业务中所必然会遇到或支出的。例如，载货船舶搁浅后，船壳出现裂缝，经过临时补漏后驶往附近港口修理以保证完成航程。为修船，必须将货物卸至岸上，在卸货过程中使一些货物遭到的正常损坏以及有关卸载贮存费用都是为船货共同安全而采取的合理措施所引起的具有特殊性质的后果和额外支出的费用，应属共同海损。

(5) 构成共同海损的牺牲和费用支出，最终必须是有效的，即经过采取共同海损措施后，船舶和货物的全部或一部分最后安全抵达目的港，避免了船货的同归于尽。

共同海损牺牲和费用都是为了使船舶、货物和待收运费免于遭受损失而支出的，因而应该由船舶、货物和运费三方按最后获救的价值按比例分摊，这种分摊叫做共同海损分摊。

2. 单独海损

单独海损(particular average)是指货物受损后，未达到全损程度，并且损失不属于共同海损，而是单独一方的利益受损。单独海损通常是由承保范围内的风险如自然灾害或意外事故所造成的单独损失，这种损失与他人利益无关，由受损方单独承担。

单独海损与共同海损的主要区别在于：

(1) 造成海损的原因不同。单独海损是承保风险所直接导致的船货损失；共同海损是为了解除共同危险而人为地造成的损失。

(2) 承担损失的责任不同。单独海损的损失一般由受损方自行承担；共同海损的损失则应由受益各方按收益大小的比例共同分担。

三、费用

海上费用是指海上货物遇险后，为营救被保险货物所支出的费用。保险货物遭受保险责任范围的事故，除了会使被保险货物本身受到损毁导致经济损失外，还会因营救被保险货物而产生费用方面的损失。保险人对这种由于营救而产生的费用支出也予以赔偿，保险人负责赔偿的海上费用主要有以下四种。

(一) 施救费用

施救费用(sue and labour charges)是指在遭遇保险责任范围内的灾害事故时，被保险人或其代理人、雇佣人员和保险单受让人等为抢救保险标的物所采取的措施而支出的合理费用。

(二) 救助费用

救助费用(salvage charges)是指保险标的物遭遇保险责任范围内的灾害事故时，由保险人和被保险人以外的第三者采取救助措施，被保险人向实施救助的第三方支付的报酬。按照惯例，保险人对这种救助费用一般采取“无效果，无报酬”原则。

（三）特别费用

特别费用（special charges）是指运输工具在海上遭受灾害事故后，在中途港或避难港卸货、存包、重装和续运货物所产生的费用。按照国际惯例，这种费用也都列入海上保险承保责任范围，保险人对特别费用补偿可以单独负责。

（四）额外费用

额外费用（extra charges）是指为了证明损失索赔的成立而支付的费用，如检测费用、拍卖受损货物的销售费用、查勘费用和海损理算师费用等。额外费用一般只有在索赔成立时，保险人才会对这些与索赔有关的费用负赔偿责任。

第二节　我国海运货物保险条款

为了适应我国对外经济贸易发展的需要，中国人民保险公司根据我国保险业务的实际需要并参照国际保险市场的习惯做法，分别制定了各种不同运输方式的货物运输保险条款以及相应的附加险条款，总称“中国保险条款”（China insurance clauses，CIC）。我国的货物运输险别，按照能否单独投保，可以分为基本险和附加险两类。

一、基本险

（一）基本险的险别和投保责任范围

基本险是可以单独投保的险别，根据我国现行《海洋运输货物保险条款》规定，海洋运输保险的基本险别分为平安险、水渍险和一切险三类。

1. 平安险

平安险（free from particular average，FPA），即单独海损不赔，其主要承包责任范围如下：

（1）被保险货物在运输途中，由于恶劣气候、雷电、海啸、地震、洪水等自然灾害，造成整批货物的全部损失或推定全损。被保险货物用驳船运往或运离海轮时，每一驳船所装的货物可视为一个整批。

（2）由于运输工具遭受搁浅、触礁、沉没、互撞，与流冰或其他物体碰撞和失火、爆炸等意外事故所造成的货物的全部或部分损失。

（3）在运输工具已经发生搁浅、触礁、沉没、焚毁等意外事故的情况下，货物在此前后在海上遭遇恶劣气候、雷电、海啸等自然灾害所造成的被保险货物的部分损失。

（4）装卸或转运时，由于一件或数件甚至整批货物落海造成的全部或部分损失。

（5）被保险人对遭受承保责任内危险货物采取抢救、防止或减少货损的措施而支付的合理费用，但以不超过该批被救货物的保险金额为限。

（6）运输工具遭遇海难后，在避难港由于卸货所引起的损失，以及在中途港、避难港由于卸货、存仓以及运送货物所产生的特别费用。

(7) 共同海损的牺牲、分摊和救助费用。

(8) 运输契约如订有“船舶互撞责任”条款，根据该条款规定，应由货方偿还船方的损失。

平安险的承保范围主要应注意以下两点：一是平安险只涉及海上风险造成的损失，不涉及外来风险造成的损失。二是全部损失或意外事故造成的损失都可获赔；但是自然灾害造成的部分损失，不予赔偿。但若属共同海损的分摊可获赔；若是单独海损则不能获赔。

2. 水渍险

水渍险(with particular average，WA or WPA)，即负责单独海损，其承保责任范围除了上述平安险的各项责任外，还对被保险货物由于恶劣气候、雷电、海啸、地震、洪水等自然灾害所造成的部分损失负责赔偿责任。

平安险和水渍险虽然对海水所导致的各种损失负责赔付，但所投保货物由于淡水、雨淋、冰雪融化所造成的损失，不包括在这两种险别的承保范围内。同时，水渍险虽然对单独海损负责，但不负责锈损、碰碎、破损及散装货物的部分损失。

3. 一切险

一切险(all risks)的承保责任范围除了平安险和水渍险的责任范围外，还对被保险货物在运输途中由于一般外来原因造成的全部或部分损失负责。一切险是基本险别中承保责任范围最大的。

(二) 基本险的除外责任

除外责任是指保险公司明确规定不予承保的损失和费用，主要有以下五种：

(1) 被保险人的故意行为或过失所造成的损失。

(2) 属于发货人责任所引起的损失。

(3) 在保险责任开始承担前，被保险货物已存在的品质不良或数量短差所造成的损失。

(4) 被保险货物的自然损耗、本质缺陷、特性以及市价跌落、运输延迟所引起的损失或费用。

(5) 战争险条款和罢工条款所规定的责任及除外责任。

(三) 基本险的责任起讫

中国人民保险公司在《海洋运输货物保险条款》中规定，基本险承保责任起讫期限或称保险期限，按照目前国际惯例惯用的“仓至仓”条款(warehouse to warehouse clause)规定的办法处理，即保险责任自被保险货物运离保险单所载明的起运地仓库或储存处所开始运输时生效，包括正常运输过程中的海上、陆上、内河和驳船运输在内，直至该项货物到达保险单所载明目的地收货人的最后仓库或储存处所或被保险人用作分配、分派或非正常运输的其他储存处所为止。如未抵达上述仓库或储存处所，则以被保险货物在最后卸载港全部卸离海轮后满60天为止。如在上述60天内被保险货物需转运至非保险单所载明的目的地时，则自该项货物开始转运时终止。

在实践中，对“仓至仓”保险条款的操作一般如下：

（1）在CIF术语下，卖方负责办理保险，比较适合的做法是卖方以自己为被保险人投保含“仓至仓”条款的保险，如果风险发生在装运港装上船之前的阶段，由自己向保险公司索赔。如果风险发生在装运港装货物装上船之后的运输阶段，则把保险单背书给买方，则买方可以索赔。

（2）在FOB、CFR术语下，买方负责办理保险，分两种情况：① 买方以自己为被保险人购买保险，如果买方只购买了从装运港至目的地的保险，则货物从卖方仓库运至装运港的阶段，卖方自己承担风险或向保险公司投保来转移风险。② 如果买方委托卖方办理保险，卖方以自己为被保险人投保“仓至仓”条款的保险，若风险发生在装运港货物装上船之前的阶段，则由卖方自己向保险公司索赔；若风险发生在装运港货物装上船之后的阶段，则由卖方把保险单背书给买方，由买方索赔；如果卖方只买了以买方为被保险人从装运港至目的地的保险，则货物从卖方仓库运至装运港的阶段，卖方自己承担风险或向保险公司投保来转移风险。

根据我国1993年7月1日起施行的《中华人民共和国海商法》规定，上述三种基本险别的索赔时效，自被保险货物在最后卸载港全部卸离海轮后起算，最多不超过2年。

（四）海运货物专门保险

在我国海洋运输货物保险中，还有两种专门保险：海洋运输冷藏货物险和海洋运输散装桐油险。这两种保险均属于基本险。

1. 海洋运输冷藏货物险

中国人民保险公司1981年1月1日修订的《海洋运输冷藏货物保险条款》规定：海洋运输冷藏货物保险（ocean marine insurance — frozen products）条款分为冷藏险和冷藏一切险。

冷藏险的责任范围除负责水渍险承保的责任外，还负责赔偿由于冷藏机器停止工作连续达24小时以上造成的被保险货物的腐败或损失。

冷藏一切险除包括冷藏险的各项责任外，还负责赔偿被保险货物在运输途中由于外来原因所致的腐败或损失。

海洋运输冷藏货物保险的责任起讫，也按“仓至仓”条款负责。货物到达目的港如在30天内卸离海轮，存入冷藏库，保险公司将继续负责10天，如果货物卸离海轮后不存入冷藏库，保险责任至卸离海轮时终止。

2. 海洋运输散装桐油险

中国人民保险公司1981年1月1日修订的《海洋运输散装桐油保险条款》规定：海洋运输散装桐油保险（Ocean Marine Insurance — Woodoil Bulk）是保险公司承保不论任何原因所致被保险桐油短少、渗漏、玷污或变质的损失。

海洋运输散装桐油保险的责任起讫也按“仓至仓”条款负责，但是，如果被保险的散装桐油运抵目的港不及时卸载，则自海轮抵达目的港时起算满15天，保险责任即行终止。

二、附加险

附加险是对基本险的扩大和补充，不能单独投保，只能在投保一种基本险后加保或数种附加险，附加险所承保的主要是由于外来原因造成的损失。根据我国《海洋货物运输保险条款》,附加险可以分为一般附加险和特殊附加险两类。

(一) 一般附加险

一般附加险(general additional risk)是指承保由于一般外来风险所造成的损失。一般附加险不能作为一个单独项目单独投保,而只能在投保平安险和水渍险的基础上,根据货物的特性和需要加保一种或若干种一般附加险。如果加保所有一般附加险,即为投保一切险。一般附加险主要有以下 11 种险别。

1. 偷窃、提货不着险(theft, pilferage and non-delivery risk,TPND)

在保险有效期内,投保货物被偷走、失窃,以及货物运达目的地后,货物的全部或整件未交的损失,保险公司负责赔付。

2. 淡水雨淋险(fresh water and rain damage risk,FWRD)

所投货物在运输途中由于雨水、淡水以及冰雪溶水浸淋所致的损失保险公司负责赔偿。淡水是与海水相对而言,包括船上淡水舱、水管漏水、舱汗等。

3. 渗漏险(leakage risk)

因容器损坏而引起的渗漏损失,或用液体储藏的货物因液体渗漏而引起的货物腐蚀等损失保险公司负责赔偿。

4. 短量险(shortage risk)

对因外包装破裂或散装货物发生数量损失和实际重量短缺的损失保险公司负责赔偿,但不包括正常运输途中的自然损耗。

5. 混杂、玷污险(intermixture and contamination risk)

被保险物在运输过程中因混进杂质或被其他物质玷污所致的损失保险公司负责赔偿。

6. 碰损、破碎险(clash and breakage risk)

对金属、木质等货物因震动、颠簸、挤压所造成的碰损和对易碎性货物运输途中由于装卸野蛮、运输工具的颠震所造成的破碎损失保险公司负责赔偿。

7. 串味险(taint of odour risk)

对于被保险的食品、中药材、化妆品等因受其他物品的影响而引起的串味损失保险公司负责赔偿。

8. 受潮、受热险(sweat and heating risk)

对因气温突然变化或由于船上通风设备失灵致使船舱内水汽凝结、受潮或受热所造成的货物损失保险公司负责赔偿。

9. 钩损险(hook damage risk)

对在装卸过程中使用手钩、吊钩所造成的损失保险公司负责赔偿。

10. 包装破裂险(breakage of packing risk)

对因运输或装卸不慎,包装破裂所造成的损失,以及为继续运输安全的需要对包装进行修补或调换所支付的费用,保险公司均负责赔偿。

11. 锈损险(rust risk)

对被保险货物运输过程中发生的锈损保险公司负责赔偿。

(二) 特殊附加险

特殊附加险(special additional risk)是指由于特殊外来风险所造成的全部或部分损失，它所承保的风险和损失，主要是由于政治、军事、国家政策法令、行政措施等特定的外来原因而造成的。特殊附加险也不能单独投保，必须依附于基本险别而加保。中国人民保险公司承保的特殊附加险包括以下 8 种。

1. 战争险(war risk)

战争险承保战争或类似战争行为等引起的投保货物的直接损失。战争险的承保责任范围包括：直接由于战争、类似战争行为、敌对行为、武装冲突或海盗行为以及由于上述原因所引起的捕获、拘留、扣留、禁制、扣押等所造成的货物损失；或由于各种常规武器(包括水雷、鱼雷、炸弹)所造成的运输货物的损失；由本险别承保责任范围所引起的共同海损牺牲、分摊和救助费用。原子弹、氢弹等核武器所造成的损失是战争险的除外责任，保险公司不予赔偿。

战争险的责任起讫与基本险所采用的“仓至仓”条款不同，而是采用“水面”条款，以“水上危险”为限，是指保险人的承保责任自货物装上保险单所载明的起运港的海轮或驳船开始，到卸离保险单所载明的目的港的海轮或驳船为止。如果货物不卸离海轮或驳船，则从海轮到达目的港当日午夜起算满 15 天之后责任自行终止；如果中途转船，不论货物在当地卸货与否，保险责任以海轮到达该港可卸货地点的当日午夜起算满 15 天为止，等再装上续运海轮时，保险责任才继续有效。

2. 罢工险(strikes risk)

凡因罢工、被迫停工工人参加工潮、暴动和民众斗争人员采取行为造成的货物损失都属于承保范围，其除外责任与战争险相同，责任起讫采取“仓至仓”条款。按国际保险业惯例，在投保战争险的前提下，加保罢工险，不另增收保险费。如仅要求加保罢工险，则按战争险费率收费。

3. 进口关税险(import duty risk)

当货物遭受保险责任范围内的损失，而仍须按完好货物价值完税时，保险公司对损失部分货物的进口关税负责赔偿。

4. 舱面险(on deck risk)

当货物置于船舶甲板时，保险公司除按保单所载条款负责外，还赔偿货物被抛弃或浪击落海的损失。抛货(jettison of cargo)是指船舶在海上航行遭遇危难时，为了减轻船舶重量以避免受损，而将货物投入海中所造成的损失。浪击落海(washing over-board)是指舱面货物受海浪冲击落海所造成的损失。

5. 黄曲霉素险(aflatoxin risk)

花生、谷物等易产生黄曲霉素，对货物黄曲霉素含量超过进口国限制标准而被拒绝进口、没收或强制改变用途所遭受的损失保险公司负责赔偿。

6. 拒收险(rejection risk)

不论何种原因对于被保险货物在进口港被进口国政府或有关当局拒绝进口或没收所造成的损失,保险公司负责赔偿。但在投保时,被保险人必须持有进出口所需的一切特许证、许可证或进口配额。在货物起运前,进口国已宣布禁运保险公司不负责赔偿。如果在货物起运后,进口国宣布禁运,保险公司仅负责赔偿回到出口国或转口到其他目的地而增加的运费,且赔付金额最多不超过保险价值。

7. 交货不到险(railure to deliver risk)

不论何种原因,已装船货物不能在预定抵达目的地的日期起 6 个月内交付的,保险公司负责赔偿全部损失。

8. 出口货物到香港(包括九龙在内)或澳门存仓火险责任扩展条款(rire risk extension clause, for storage of cargo at destination HongKong, including Kowloon, or Macao, FREC)

这是一种扩展存仓火险责任的保险,出口货物到达香港(包括九龙在内)或澳门,在卸离运输工具后,如直接存放在保险单所载明的过户银行所指定的仓库,保险责任自运输责任终止时开始,至银行收回押款解除货物的权益为止;或自运输责任终止时起,满 30 天为止。在此期间,对火灾所造成的损失,保险公司负责赔偿。

第三节　我国陆、空、邮运输货物保险条款

一、我国陆上运输货物保险条款与险别

根据中国人民保险公司《陆上运输货物保险条款》规定,陆运货物保险的基本险别有陆运险和陆运一切险两种,此外,还有陆运冷藏货物(属于基本险)和陆运货物战争(火车)险(属于附加险)。

(一) 陆运险和陆运货物一切险

陆运险(overland transportation risk)的承包责任范围与海运水渍险的责任范围相似。保险公司负责赔偿被保险货物在运输途中遭受暴风、雷电、地震、洪水等自然灾害,或陆上运输工具遭受碰撞、倾覆、出轨,或在驳运过程中因驳运工具遭受搁浅、触礁、沉没、碰撞,或由于遭受隧道坍塌、崖崩或火灾、爆炸等意外事故所造成的全部或部分损失。此外,被保险人对遭受承保责任范围内危险的货物采取抢救、防止或减少货损措施而支付的合理费用,保险公司也负责赔偿。

陆运一切险(overland transportation all risks)的承保责任范围与海运一切险的责任范围相似,除包括上述陆运险的赔偿责任外,还负责被保险货物在运输途中由于一般外来原因造成的短少、短量、偷窃、渗透、碰损、钩损、雨淋、锈损、受潮受热、发霉、串味、玷污等全部或部分损失。

以上责任范围均适用于火车和汽车运输，并以此为限。

陆运险与陆运一切险的除外责任是一致的，且与海运货物的除外责任相同。在投保陆运或陆运一切险的情况下，被保险人可根据需要加保一种或数种一般附加险。

陆上货物保险责任的起讫期限与海洋运输货物保险的"仓至仓"条款基本相同，是从被保险货物运离所载明的起运地发货人仓库或储存处所开始生效，包括正常陆运和有关水上驳运在内，直至该项货物送交保险单所载明的目的地收货人仓库或储存处所，或被保险人用做分配、分派或非正常运输的其他储存处所为止。但如未运抵上述仓库或储存场所，则以被保险货物到达最后卸载的车站后，保险责任以 60 天为限，索赔时效为 2 年。

在陆上运输货物保险中，保险货物除可保陆运险和陆运一切险外，经过协商还可以加保陆上运输货物保险的附加险别，如陆运战争险等，但目前我国陆上运输货物战争险仅限于火车运输。

(二) 陆上运输冷藏货物险

陆上运输冷藏货物险(overland transportation insurance — frozen products)是陆上运输货物中的一种专门险别，主要责任范围除负责陆运险所列举的自然灾害和意外事故所造成的全部或部分损失外，还负责赔偿由于冷藏机器或隔温设备在运输途中损坏造成的被保险货物冷冻融化而腐败的损失。其责任自被保险货物运离保险单所载起运地点的冷藏仓库装入运输工具开始运输时生效，包括正常陆运和与其有关的水上驳运在内，直至货物到达目的地收货人仓库为止，但以被保险货物到达目的地车站后 10 天为最长期限。

(三) 陆上运输货物战争险

陆上运输货物战争险(火车)(overland transportation cargo war risks by train)是陆运货物保险的一种附加险。它主要负责赔偿在火车运输途中直接由于战争、类似战争行为、敌对行为、武装冲突等所造成的损失及由于各种常规武器(包括地雷、炸弹)所造成的损失。由于它主要负责火车运输的风险，因此其责任起讫是从货物装上保险单所载明的起运地的火车开始，至火车运抵保险单所载明的目的地货物卸离时为止。如果货物不卸离火车，保险责任以火车到达目的地的当日午夜起算满 48 小时为最长时限。如果中途转车，不论货物在当地卸车与否，保险责任以火车到达该中途站的当日午夜起满 10 天为止，如果被保险货物在 10 天内重新装车运输，保险责任继续生效。

陆上运输货物保险还可以加保罢工险，与海洋运输货物保险相似，在投保战争险的前提下，加保罢工险不另外收费。如仅要求加保罢工险，则按战争险费率收费。陆上运输罢工险的责任范围与海洋运输货物罢工险的承包责任范围相同。

二、我国航空运输货物保险条款与险别

根据中国人民保险公司《航空运输货物保险条款》规定，空运保险有航空运输险和航空运输一切险两种基本险别。此外，还有航空运输货物战争险等附加险别。

(一) 航空运输险与航空运输一切险

航空运输险(air transportation risks)的承保责任范围与海运货物保险条款中的"水渍险"大致相同，包括被保险货物在运输途中遭受雷电、火灾、爆炸或由于飞机遭受恶劣气候或

其他危难事故而被抛弃，或由于飞机遭受碰撞、倾覆、坠落或失踪等自然灾害和意外事故所造成的全部损失和意外损失。

航空运输一切险（air transportation all risks）的承保责任范围与《海洋货物运输保险条款》的“一切险”相似，除包括航空运输险的各项责任外，还包括被保险货物由于一般外来原因所造成的全部或部分损失。

航空运输货物保险的责任是从被保险货物运离保险单所载明的起运地仓库或储存场所开始生效，直至该项货物运抵保险单所载明的目的地，交到收货人仓库或储存场所，或被保险人用作分配、分派或非正常运输的其他储存场所为止。如被保险货物未到达上述仓库或储存场所，则以被保险货物在最后卸货卸离飞机后满30天为止。在上述30天内被保险货物须转运至非保险单所载明的目的地，则其保险责任从该项货物开始转运时终止。

（二）航空运输货物战争险

航空运输货物战争险（air transportation war risks）是航空运输货物险的一种附加险，只有在投保了航空运输险或航空运输一切险的基础上方可加保。

航空运输货物战争险的保险责任是自被保险货物装上保险单所载明的起运地的飞机时开始，直到卸离保险单所载明的目的地的飞机时为止。如果被保险货物不卸离飞机，则以载货飞机到达目的地的当日午夜起计算满15天为止。如被保险货物在中途转运时，保险责任以飞机到达转运地的当日午夜起算满15天为止。待被保险货物装上续运的飞机时，保险责任再恢复有效。

此外，航空运输货物保险还可加保罢工险，其保险手续的办理也与海运货物罢工险相同，即在加保战争险的同时加保罢工险，不另收费，若仅要求加保罢工险，则按战争险费率收费。其承保责任范围与海洋运输罢工险相同。

三、我国邮政包裹运输保险条款与险别

根据中国人民保险公司《邮包保险条款》规定：邮包保险分为邮包险和邮包一切险两种基本险别。此外，还有邮包战争险等附加险。

（一）邮包险

邮包险（parcel post risks）的责任范围是负责赔偿被保险邮包在运输途中由于遭受恶劣气候、雷电、海啸、地震、洪水等自然灾害或由于运输工具搁浅、触礁、沉没、碰撞、出轨、倾覆、坠落或失踪，或由于失火和爆炸等意外事故所造成的全部或部分损失。另外，还负责赔偿被保险人对遭受承保责任内危险的货物采取抢救措施以防止或减少货损而支付的合理费用，但以不超过该批被抢救货物的保险金额为限。

（二）邮包一切险

邮包一切险（parcel post all risks）除包括上述邮包险的责任外，对被保险货物在运输途中由于一般外来原因造成的包括短少、偷窃在内的全部或部分损失也负赔偿责任。

邮包运输保险的责任起讫期限是从邮包离开保险单所载起运地寄件人处所运往邮局始，直至被保险邮包运达保险单所载明的目的地邮局，自邮局签发到货通知书当日午夜起算

满 15 天终止，但在此期限内邮包一经递交至收件人的处所时，保险责任即行终止。

（三）邮包战争险

邮包战争险(parcel war risks)是邮政包裹保险的一种附加险，只有在投保了邮包险或邮包一切险的基础上才可以加保，邮包险负责赔偿邮包运输过程中由于战争、敌对行为或武装冲突，以及各种常规武器包括水雷、鱼雷爆炸所造成的损失。

邮包战争险的保险责任是自被保险邮包经邮政机构收讫后自储存场所开始运送时生效，直至该项邮包运达保险单所载明的目的地邮政机构送交收件人为止。

上述三种邮政运输保险均可加保罢工险，与海运货物保险相同，在投保战争险的前提下，加保罢工险不另外收费。如仅要求加保罢工险，则按照战争险的费率收费。陆上运输罢工险、航空运输罢工险和邮包运输罢工险的责任范围与海上运输罢工险的责任范围相同。

第四节　伦敦保险协会海运货物保险条款

英国伦敦保险协会所制定的《协会货物条款》(Institute Cargo Clauses，ICC)对世界各国保险业影响最大，应用最为广泛。在我国贸易实践中，如果按 CIF 条件出口，一般按中国人民保险公司所制定的保险条款运输，但若国外客户要求按英国伦敦保险协会所制定的货物保险条款为准时，出口企业也可考虑接受。

一、伦敦保险协会海运货物保险条款的险别

现行伦敦保险协会海运货物保险条款的主要险别有以下六种：

(1) 协会货物 A 险条款[institute cargo clause (A)，ICC(A)]。

(2) 协会货物 B 险条款[institute cargo clause (B)，ICC(B)]。

(3) 协会货物 C 险条款[institute cargo clause (C)，ICC(C)]。

(4) 协会战争险条款(货物)(institute war clause — cargo)。

(5) 协会罢工险条款(货物)(institute strikes clause — cargo)。

(6) 恶意损害险条款(malicious damage clauses)。

以上六种险别，除恶意损害险外，其余五种险别均按条文的性质统一分为八个部分：承保范围、除外责任、保险期限、索赔、保险利益、减少损失、防止延迟和法律惯例，除协会货物 A、B、C 三个险别可以单独投保外，战争险和罢工险在需要时也可作为独立的险别进行投保。

二、伦敦保险协会海运货物保险条款的特点

现行伦敦保险协会海运货物保险条款的特点主要有以下三点：

(1) 战争险和罢工险可以单独投保。

(2) 取消了全部损失与部分损失的区分。

(3) 不计免赔率。

三、伦敦保险协会海运货物保险条款主要险别的承保责任范围及除外责任

(一) 协会货物 A 险条款

协会货物 A 险的承保责任范围较广，对承保风险的规定采用"一切风险减除外责任"的方式，即除了在除外责任项下所列风险所导致的损失不予负责外，其他风险所导致的损失均予负责。协会货物 A 险条款的除外责任有下列四类。

1. 一般除外责任

ICC(A)的一般除外责任主要包括以下几方面：归因于被保险人故意的不法行为造成的损失；自然渗漏、自然损耗、自然磨损、包装不足或不当所造成的损失或费用；保险标的内在缺陷或特性所造成的损失或费用；直接由于延迟所引起的损失与费用；由于船方、租船人经营破产或不履行债务所造成的损失或费用；由于任何原子或核武器所造成的损失或费用。

2. 不适航、不适货除外责任

不适航、不适货除外责任主要是指保险标的在装船时，如被保险人或其受雇人已经知道船舶不适航以及船舶装运工具、集装箱等不适货，保险人不负责赔偿责任。

3. 战争险除外责任

战争险除外责任主要是指由于战争、内战、革命、造反或由此引起的内战，或交战国或针对交战国的若干行为所造成的损失或费用；捕获、拘留、扣留、禁止、扣押(海盗行为除外)和这种行为的后果或这方面的企图所造成的损失或费用；遗弃的水雷、鱼雷、炸弹或其他遗弃的战争武器造成的损失或费用。

4. 罢工险除外责任

罢工险除外责任主要是指罢工者、被迫停工工人或参与工潮、暴动或民变的人员所造成的损失与费用；罢工、被迫停工、工潮、暴动或民变所造成的损失与费用；任何恐怖主义者或任何人出于政治目的采取的行动所造成的损失与费用。

(二) 协会货物 B 险条款

ICC(B)承保的风险采用"列明风险"的方式，凡列出的风险均可承保并按损失承担予以赔偿，凡没有列出的概不负责。其承保风险有：① 火灾、爆炸。② 船舶或驳船触礁、搁浅、沉没或倾覆。③ 陆上运输工具倾覆或出轨。④ 船舶、驳船或运输工具同水以外的外界物体碰撞。⑤ 在避难港卸货。⑥ 地震、火山爆发或雷电。⑦ 共同海损的牺牲。⑧ 抛货或浪击落海。⑨ 海水、湖水或河水进入船舶、驳船、运输工具、集装箱大型海运箱或储存场所。⑩ 货物在船舶或驳船装卸时落海或失落造成的任何整件损失。

B 险与 A 险的除外责任基本相同，但有下列两点区别：

第一，A 险只对被保险人的故意不法行为所造成的损失、费用不负责任，而对被保险人之外的任何人或数人故意损害和破坏标的物或其他任何部分的损害要负赔偿责任，但在 B 险中保险人对此也不负责任。

第二，A 险将海盗行为列入保险范围，B 险对海盗行为不负责任。

（三）协会货物C险条款

协会货物C险承保的风险比ICC(A)、ICC(B)要小得多，仅对“重大意外事故”所导致的损失负责，该险别也是采用“列明风险”的方式，具体承包风险由：① 火灾、爆炸。② 船舶或驳船触礁、搁浅、沉没或倾覆。③ 陆上运输工具倾覆或出轨。④ 船舶、驳船或运输工具同水以外的外界物体碰撞。⑤ 在避难所卸货。⑥ 共同海损牺牲。⑦ 抛货。

ICC(C)险的除外责任与ICC(B)险的除外责任完全相同。

通过上面的介绍，可以看出ICC(A)险与我国海运货物保险条款中的一切险类似，ICC(B)险与我国海运货物保险条款中的水渍险类似，ICC(C)险在责任范围上与我国海运货物保险条款中的平安险类似。

（四）协会货物战争险的承保责任范围与除外责任

1. 协会货物战争险的承保责任范围

(1) 直接由于战争、内战、革命、叛乱或由此引起的内乱，或任何交战方之间的敌对行为所造成的运输货物的损失。

(2) 由于上述原因所引起的捕获、扣押、扣留、拘禁或羁押等所造成的运输货物的损失。

(3) 各种常规武器(水雷、鱼雷、炸弹等)所造成的运输货物的损失。

2. 协会货物战争险的除外责任

协会货物战争险的一般除外责任与ICC(A)险的一般除外责任相同，除此之外，还包括：

(1) 基于航程或航海上的损失或受阻的任何索赔不予赔偿。

(2) 由于敌对行为使用热核武器所造成的损失不予赔偿。

(3) 协会货物战争险的责任起讫适用于“水面”条款，以“水上危险”为限。

（五）协会货物罢工险的承保责任范围及除外责任

1. 协会货物罢工险的承保责任范围

(1) 由于罢工工人、被迫停工工人或参与工潮、暴动或民变的人员所造成的损失或损害。

(2) 由于恐怖分子或出于政治动机而采取行动的人所造成的损失或损害。

2. 协会货物罢工险的除外责任

协会货物罢工险的一般除外责任与ICC(A)险的一般除外责任相同，除此之外，还包括：

(1) 因罢工、关厂、工潮、暴动或民变造成的各种劳力流失、短缺或抵制引起的损失、损害或费用不予赔偿。

(2) 基于航程或航海上的损失或受理的任何索赔不予赔偿。

(3) 由于战争、内战、革命、叛乱，或由此引起的内乱或交战方之间的敌对行为造成的损失、损害或费用不予赔偿。

协会货物罢工险的责任起讫也采用“仓至仓”条款。

（六）恶意损害险的承保范围

该险别的承保被保险人以外的其他人(如船长、船员)的故意破坏行动所造成的被保险货物的灭失或损坏。但是，恶意损坏如果是出于政治动机的人的行动，则不属于恶意损害的承包范围，保险人对此免责。

第五节　国际货物买卖合同中的保险条款

一、国际货物买卖合同中的保险条款

保险条款是国际货物买卖合同中的重要条款之一，其主要内容包括：保险金额、投保险别、保险费、保险单证和保险适用条款等。根据所选用的贸易术语的不同而有所区别，常见的有以下几种：

(1) 在以 EXW、FAS、FOB、FCA、CFR、CPT 贸易术语成交的合同时，保险条款可做如下规定："保险由买方办理"(Insurance is to be covered by the buyer)。

(2) 在以 DAF、DEQ、DES、DDU、DDP 贸易术语成交的合同时，保险条款可做如下规定："保险由卖方办理"(Insurance is to be covered by the seller)。

(3) 在以 CIF 或 CIP 贸易术语签订合同时，保险条款须明确规定投保人、投保险别以及确定保险金额的方法和保险适用条款，并注明该条款生效时间。

二、保险金额

保险金额(insurance amount)是指保险公司所能承担的最高赔偿金额。它是被保险人对保险标的的实际投保金额，也是计算保险费的基础。投保金额一般由买卖双方商定，保险金额一般是以发票为基础确定，按照国际贸易的习惯做法，采用 CIF 条件达成的货物买卖合同，卖方可按 CIF(CIP)价格的总值另加 10%作为保险金额。增加部分是买方进行这笔交易所支付的费用及其预期利润。如买方要求按高金额投保，保险公司又同意承保，卖方也可以接受，但由此而增加的保险费原则上由买方支付。保险金额及保险费的计算公式如下：

$$\text{保险金额} = CIF \times (1 + \text{投保加成率})$$

$$\text{保险费} = \text{保险金额} \times \text{保险费率}$$

保险费率是计收保险费的依据。不同险别有不同的费率。我国进出口货物运输保险费率是我国保险公司在货物损失率和赔付率的基础上，参照国际保险费率水平，结合我国对外贸易发展的需要制定的。

三、办理货物运输保险的基本做法

外贸企业办理货物运输保险的做法视进口还是出口而有所不同，现分别简述如下。

(一) 出口货物保险

凡按 CIF 或 CIP 条件订立的出口合同，由我方负责投保。我方出口企业在向当地保险公司办理投保手续时，应根据出口合同或信用证规定，在备妥货物、确定运输工具和装运日期后按规定格式填制投保单，具体列明被保险人名称、保险标的物名称、数量、包装方式、运输标志、起止地点、运输工具名称、开航日期、保险金额、投保险别、投保日期、赔款地点等，送

交保险公司，交付保险费并取得保险单证。投保人交付保险费，是保险合同生效的前提条件。保险费是保险公司经营保险业务的基本收入，也是保险公司所掌握的保险基金，即损失赔偿基金的主要来源。

(二) 进口货物保险

凡按 FOB、FCA、CFR、CPT 条件订立的进口货物买卖合同，也由我方负责投保。我国外贸企业为了防止漏保和延误投保，也为了简化手续，大都采用预约保险的做法，即由我外贸企业与保险公司事先签订各种不同运输方式的进口预约保险合同。按照预约保险合同规定，外贸企业无需逐笔填送投保单，在进口货物时，只需将国外客户的装运通知送交保险公司即作为办理投保手续，保险公司对该批货物自动负承保责任。

四、保险单证

保险单证是保险人与被保险人之间订立保险合同的证明文件，它确认并规定了保险人与被保险人之间的权利和义务，是保险人出具的承保证明，当被保险货物遭受损失时，它是向保险公司索赔的主要依据，也是保险公司理赔的主要依据，此外，它还是进出口企业通过银行结汇的重要单证。常用保险单证可以分为保险单、保险凭证、联合凭证、预约保单和暂保单。

(一) 保险单

保险单(insurance policy)是一种正规的保险合同。其正面内容一般包括：被保险人名称和地址、保险标的、运输标志、运输工具、起讫地点、承保险别、保险币种和金额、出单日期等项目；背面印有保险人与被保险人之间权利和义务的条款。国内保险公司大都出具保险单作为保险凭证。

保险公司在出立保险单后，被保险人如需要补充、更改保险内容，保险公司可应被保险人的申请，出具修改保险内容的凭证——批单，该批单必须粘贴在原保险单上，并加盖骑缝章。

(二) 保险凭证

保险凭证(insurance certificate)是一种简化的保险合同。保险凭证的内容，除背面未印有详细条款外，正面内容与保险单相同，在法律上与保险单具有同等法律效力。在信用证保险条款中，一般都规定保险单与保险凭证均可接受，但信用证如规定提交保险单，则议付行不接受保险凭证。

(三) 联合凭证

联合凭证(combined certificate)是我国内地对港澳地区或对新加坡、马来西亚等特定地区出口时采用的一种更为简化的保险单证，保险公司仅将承保的险别、保险金额、检验和理赔代理人名称、地址加注在外贸进出口公司的发票上，其他项目以发票为准，一旦发生联合凭证所承保的风险事故导致货物受损，即可凭联合凭证向保险公司索赔，因此，联合凭证是发票与保险单的联合，与保险单有同等效力。

(四) 预约保单

预约保险单(open policy)是指保险公司与被保险人双方签订的预约保险合同。它规定了总的保险范围、保险期限、保险种类、总保险金额、航程区域、运输工具、保险条件、保险费率和保险结算办法等。在这个范围内的被保险货物一经起运，保险公司即自动承保。但被保险人在获悉每批货物装运时，应及时将装运通知书送交保险公司，并缴纳保险费，即完成了投保手续。

在实际业务中，预约保单适用于进口货物保险，这可以防止漏保或迟保。

(五) 暂保单

暂保单(binder cover note)是一种临时性保险单，它是保险人在正式签发保单前出示的一种原则上已接受被保险人投保的证明文件，其内容比较简单，双方的权利和义务以正式保单的规定为准。保险人在以下两种情况下会出具暂保单：一是订立保险合同的某些内容尚待双方协商或确定；二是保险人的分支机构接受投保后，先期出示暂保单，以待总公司批复。

本章小结

本章主要介绍国际货物运输中的风险与损失，我国海运货物保险条款，我国陆、空、邮运输货物保险条款，伦敦保险协会海运货物保险条款及国际货物买卖合同中保险条款的内容，其中我国海运货物保险的险别及各险别的承保责任范围是本章学习的重点内容，要根据货物运输的需要和合同的规定选择恰当的险别，同时掌握保险费的计算，掌握办理货物运输保险的基本做法。

思考与练习

一、选择题

1. 一批货物在海运途中发生承保范围内的损失，其修理费用超过货物修复后的价值，则这种损失属于(　　)。

A. 实际全损　　B. 推定全损　　C. 共同海损　　D. 单独海损

2. 下列各项中，不属于一切险承保范围的险别是(　　)。

A. 偷窃、提货不着险　　B. 渗漏险

C. 交货不到险　　D. 包装破裂险

3. 在CIF条件下，卖方负责办理投保手续时，保险公司承保的责任期限是(　　)。

A. 仓至仓　　B. 港至港　　C. 船至船　　D. 船至仓

4. 我方按CIF贸易术语对外发盘，则相应的保险条款最为妥当的是(　　)。

A. 一切险，淡水雨淋险，钩损险　　B. 平安险，一切险，战争险

C. 水渍险，受潮受热险　　D. 偷窃、提货不着险，战争险，罢工险

5. 英国伦敦保险协会的《协会货物条款》(ICC)规定的险别与中国人民保险公司的《海运货物保险条款》规定的险别，在承保范围上大体相当的是(　　)。

A. ICC(A)与一切险　　B. ICC(B)与水渍险

C. ICC(C)与一切险　　D. ICC(A)与平安险

二、思考题

我国A公司与某国B公司于2011年10月20日签订购买52 500吨化肥的CFR合同，A公司开出的信用证规定，装船期限为2011年1月1日至1月10日，由于B公司租来运货的“顺风号”轮在开往某外国港口途中遇到飓风，结果装货至2011年1月20日才完成。承运人在取得B公司出具的保函的情况下，签发了与信用证条款一致的提单。“顺风号”轮于1月21日驶离装运港。A公司为这批货物投保了水渍险。2011年1月30日，“顺风号”轮途经巴拿马运河时起火，部分化肥烧毁。船长在命令救火过程中又造成部分化肥湿毁。由于船在装货港口的延迟，使该船到达目的地时正遇上了化肥价格下跌，A公司在出售余下的化肥时，价格不得不大幅度下降，给A公司造成很大损失。

要求：根据上述事例，回答以下问题：

(1) 途中烧毁的化肥损失属什么损失？应由谁承担？为什么？

(2) 途中湿毁的化肥损失属什么损失？应由谁承担？为什么？

(3) A公司可否向承运人追偿由于化肥价格下跌造成的损失？为什么？

第五章　国际贸易货款的收付

学习目标

1. 了解支付工具的种类。
2. 掌握汇票、本票的含义及主要区别。
3. 掌握汇付、托收结算方式下的收付程序。
4. 掌握信用证的性质和作用。
5. 掌握即期跟单议付信用证的业务流程。
6. 了解其他各类信用证的业务流程。
7. 熟悉国际保函、备用信用证及国际保理业务。
8. 掌握国际货物买卖合同中支付条款的内容。
9. 掌握出口核销和出口退税的含义、对象和操作流程。
10. 掌握外贸企业和生产企业出口退税的计算。

第一节　支付工具

在国际货物买卖中，按买卖合同支付货款是买方的基本义务，按时收取货款是卖方的基本权利。货款的支付直接影响买卖双方资金的周转和融通，以及各种金融风险和费用的负担。货款结算主要涉及支付工具、付款时间、付款地点及付款方式等问题，买卖双方必须对此取得一致意见，并在合同中作出明确规定。

国际贸易货款的支付大多使用票据结算，使用现金结算的比较少。票据是国际通行的结算和信贷工具，是可以流通转让的债权凭证。在国际贸易中，使用的票据包括汇票、本票和支票，其中汇票使用得最多。

一、汇票

（一）汇票的含义和基本内容

根据《中华人民共和国票据法》第十九条规定，汇票（bill of exchange, draft bill）是出票人签发的、委托付款人在见票时或者在指定日期无条件支付确定金额给收款人或者持票人的票据。

根据英国票据法规定，汇票是一个人向另一个人签发的，要求即期或定期或在可以确定的将来时间，对某人或其指定人或持票人支付一定金额的无条件书面支付命令。

各国票据法对汇票内容规定不同，一般认为汇票应包括下列内容：

(1) 载明“汇票”字样。

(2) 无条件支付命令。

(3) 一定的金额。

(4) 付款期限。

(5) 付款地点。

(6) 受票人，即接受支付命令付款的人，又称付款人。在进出口业务中，受票人通常是进口人或其指定的银行。

(7) 受款人，即受领汇票所规定金额的人。在进出口业务中，受款人通常是出口人或其指定的银行。

(8) 出票日期。

(9) 出票地点。

(10) 出票人签字。出票人，即汇票的签发人。在进出口业务中，出票人通常是出口人或银行。

(二) 汇票的种类

1. 按出票人不同，汇票分为银行汇票和商业汇票

(1) 银行汇票(banker's draft)是由一家银行向另一家银行签发的汇票。

(2) 商业汇票(commercial draft)是由工商企业或个人开出的汇票，出票人是企业或个人，付款人可以是企业、个人或银行。

2. 按照是否随附商业票据，汇票分为光票和跟单汇票

(1) 光票(clean bill)是指出票人开立的不附带任何运输单据的汇票。银行汇票多为光票，其多用于国际贸易中支付佣金或收取货款尾数等。

(2) 跟单汇票(documentary bill)是指附带提单等货运单据的汇票。在国际贸易中，货款结算绝大多数是使用跟单汇票。跟单汇票一般为商业汇票。

3. 按付款时间的不同，汇票分为即期汇票和远期汇票

(1) 即期汇票(sight draft)是指见票后立即付款的汇票。

(2) 远期汇票(time bill, usance bill)是指付款人于某个指定的日期或者将来某个可以确定的日期进行付款的汇票。远期汇票的付款时间有以下几种表示方法：

其一，见票后若干天付款(at×××days after sight)。

其二，出票后若干天付款(at×××days after date)。

其三，提单日后若干天付款(at×××days after date of bill of lading)。

其四，指定日期付款(fixed date)。

4. 按远期汇票承兑人的身份不同，汇票分为商业承兑汇票和银行承兑汇票

(1) 商业承兑汇票(trader's acceptance bill)是指由企业或个人承兑的远期汇票，商业承

兑汇票是建立在商业信用基础上的。

(2) 银行承兑汇票(banker's acceptance bill)是指由银行承兑的远期汇票,银行承兑汇票是建立在银行信用基础上的。银行对商业汇票的承兑改变了汇票的信用基础,使商业信用转化为银行信用,从而增强了汇票的可接受性和流通性。

一张汇票往往同时具备几种性质。例如,一张商业汇票同时可以是即期跟单汇票,一张远期的商业汇票同时又是银行承兑汇票。

(三) 汇票的使用

汇票的使用是通过一系列的票据行为来完成的,汇票流通过程中的每一种行为都必须符合我国《票据法》的相应规定。

汇票的行为包括出票、提示、承兑、付款、背书、拒付、追索等主要行为。

1. 出票

出票(issue)是指出票人在汇票上填写付款人、付款金额、付款日期和地点以及受款人等项目,经签字交给受票人的行为。汇票在出票时,受款人通常有以下三种写法:

(1) 限制性抬头,这种抬头的汇票不能流通转让。例如,"仅付 A 公司"(pay to A company only)。

(2) 指示性抬头,这种汇票可以由收款人经背书转让。例如,"付给 A 公司或其指定人"(pay to A company or order)。

(3) 持票人抬头又称来人抬头,这种汇票转让时需背书。例如,"付给持票人"(pay holder),"付给来人"(pay bearer)。

我国《票据法》规定,汇票必须记载收款人名称,凡签发持票人或来人抬头的汇票无效。

2. 提示

提示(presentation)是指持票人(holder)将汇票提交付款人,要求承兑和付款的行为。提示因而可分为承兑提示和付款提示。承兑提示是指远期汇票持票人向付款人出示汇票,并要求付款人承诺付款的行为。付款提示是指汇票的持票人向付款人或远期汇票的承兑人出示汇票要求付款人或承兑人付款的行为。

汇票作为流通票据,持票人只有出示汇票才能证明自己拥有的票据权利,要求付款人作出承兑或者支付。为了明确当事人的责任,汇票的提示应当在合理的时间内作出,持票人逾期没有提示汇票,则出票人和背书人解除对持票人的票据责任。远期汇票的承兑和即期汇票的提示付款均应在法定期限内进行。

付款人见到汇票称为见票,提示和见票是同一票据行为的两个方面。如果提交的是即期汇票,付款人见票后应该立即付款;如果提交的是远期汇票,付款人见票后应该办理承兑汇票的手续,等汇票到期时再进行付款。

3. 承兑

承兑(acceptance)是指付款人对远期汇票表示承担到期付款责任的行为。承兑手续是由付款人在汇票正面写上"承兑"(accepted)字样,并注明承兑日期,由付款人签字后交还持票人。付款人对汇票作出承兑,即成为汇票承兑人。承兑人在远期汇票到期时承担付款责任。

4．付款

付款(payment)是汇票的承兑人或付款人向汇票的持票人支付汇票上所载金额款项的行为，也是结束债权债务关系的行为。汇票一经付款，票据关系即告解除，汇票也随之退出流通领域。汇票到期后，由付款人或承兑人向持票人支付票款，并要求持票人在汇票背面签名作为收款凭证，在汇票上注明“付讫”字样收回汇票，还可以要求持票人另外开立收据。付款是一切票据行为的结束。

5．背书

背书(endorsement)是指汇票的持票人(背书人)将收款的权利转让给他人的行为，汇票的受让人称为被背书人。背书是转让汇票权利的一种手段。汇票的持票人在汇票背面或者粘单上签上自己的名字，有的还写明被背书人的名字，然后把汇票交给被背书人。完成背书手续以后，汇票的收款权利就由背书人转移给被背书人。

汇票可以多次背书转让，被背书人取得汇票权利后，还可以继续背书转让下去。根据我国《票据法》的规定，票据不能采用空白背书。特别背书(记名背书)是指背书人在票据背面签名外，还写明被背书人名称或其指定人，被背书人可将票据经过背书再次转让。对受让人来说，在他以前的所有背书人和出票人都是他的前手。对于出票人和出让人来说，在他交付或让与以后的所有受让人都是他的后手。根据我国《票据法》的规定，前手对后手都要承担汇票的付款责任。

持票人如果需要在汇票到期前取得票款，可以经过背书将汇票转让给银行或其他金融机构，银行在按票面金额扣除一定利息和手续费后将剩余的票款支付给持票人，这叫做贴现(discount)。银行贴现汇票后就成为汇票的正当持票人，可以继续在金融市场上转让该汇票，直到汇票到期为止。

6．拒付

拒付(dishonor)又称退票。拒付行为可以是实际的，也可以是推定的。实际退票包括两种情况：一是持票人要求承兑时，遭到付款人拒绝承兑；二是持票人要求付款时，遭到付款人拒绝付款。推定退票是由一些确定的事实断定，付款人不会进行承兑或付款，如付款人拒不见面、付款人死亡或依法已宣告破产或因违法被责令停止业务活动等情况，造成事实上不可能付款等情况。汇票一经被拒付，持票人随之产生追索权(right to recourse)，即有权向背书人和出票人等前手请求偿还汇票所载金额款项及费用。

7．追索

追索(recourse)是指一张合格的汇票经过转让后，在到期时遭到拒付，最后的持票人可以向承兑人、所有的前手(包括所有的背书人与出票人)要求追回票款的行为和权利。在实际业务中，持票人可以不按照票据债务人的先后顺序，对其中一个人、数人或者全体行使追索权。被追索人清偿债务后，可向其他汇票债务人进行追索。

持票人追索时需要由付款地的法定证人作出拒付证书，凭以作为向前手进行追索的法律依据。有时汇票的出票人或背书人为了避免承担被追索的责任，在汇票上加注了“不受追索”(without recourse)的字样，如果有了这种加注，汇票就很难在市场上进行流通转让了。

二、本票

(一) 本票的含义与主要内容

本票(promissory note)是指出票人签发的，承诺自己在见票时无条件支付确定金额给收款人或持票人的票据。

根据我国《票据法》规定，本票必须记载下列事项：

(1) 表明“本票”字样。

(2) 无条件支付承诺。

(3) 确定的金额。

(4) 收款人的名称。

(5) 出票日期。

(6) 出票人签字。

本票上未记载规定事项之一的，本票无效。

(二) 本票的种类

本票分为银行本票和商业本票。以银行或其他金融机构为出票人签发的汇票称为银行本票。以工商企业或个人为出票人签发的汇票称为商业本票。商业本票按照期限有即期本票和远期本票两种，而银行本票都是即期的。国际贸易中使用的本票大都是银行本票。

(三) 本票与汇票的区别

(1) 本票有两个当事人，即出票人和收款人；而汇票则有三个当事人，即出票人、付款人和收款人。

(2) 本票的出票人即是付款人，远期本票无需办理承兑手续；而远期汇票则要办理承兑手续。

(3) 在任何情况下，本票的出票人都是绝对的主债务人，一旦拒付，持票人可以立即要求法院裁定，命令出票人付款；而汇票的出票人在汇票承兑前是主债务人，在汇票承兑后，承兑人是主债务人，出票人则处于从债务人地位。

三、支票

(一) 支票的含义与主要内容

支票(check, cheque)是出票人签发的，委托办理支票存款业务的银行或其他金融机构在见票时无条件支付确定的金额给收款人或持票人的票据。

我国《票据法》规定，支票必须记载下列事项：

(1) 表明“支票”字样。

(2) 无条件支付的委托。

(3) 确定的金额。

(4) 付款人名称。

(5) 出票日期。

(6) 出票人签字。

支票上未记载规定事项之一的,支票无效。

(二) 支票的种类

1. 记名支票和不记名支票

(1) 记名支票又称抬头支票,即在支票上记载收款人姓名。这种支票的票款,只能付给票面指定的收款人,转让时须由收款人背书。目前,我国使用的支票均为记名支票。

(2) 不记名支票又称空白支票,即在支票上不记载收款人名称。

2. 现金支票和转账支票

(1) 现金支票是开户单位用于向开户银行提取现金的凭证。在实务工作中,现金支票一般在提取备用金时使用。

(2) 转账支票是用于单位之间的商品交易、劳务供应或其他款项往来的结算凭证。它只能用于转账结算,不能用于提取现金。

3. 划线支票和未划线支票

(1) 划线支票是由出票人或收款人或代收银行在支票正面划两道平行线的支票。划线支票与一般支票不同,划线支票非由银行不得领取票款,故只能委托银行代收票款入账。使用划线支票的目的是为了在支票遗失或被人冒领时,还有可能通过银行代收的线索追回票款。

(2) 未划线支票也可称为一般支票,收款人既可以通过自己的往来银行向代收银行收款,存入自己账户,也可以亲自到付款银行提现。

4. 保付支票

保付支票是由付款银行在支票上加盖“保付”戳记,支票一经保付,付款责任由银行承担,出票人及其前手背书人即被解除责任。支票经保付后易于流通。

(三) 支票的使用

支票的使用有一定的期限,我国《票据法》规定,支票的持票人应当自出票日起10天内提示付款;异地使用的支票,其提示付款的期限由中国人民银行另行规定。

第二节 汇付与托收

国际贸易货款结算方式从资金流向和结算工具传递方向来看,可分为顺汇和逆汇。顺汇是指债务人或付款人主动将货款交给银行,委托银行使用某种结算工具,支付一定金额给债权人或收款人的结算方法。逆汇是由债权人以出具票据的方式,委托银行向国外债务人或付款人收取一定金额的结算方法。卖方在收取货款时,往往开出汇票作为要求付款的凭证。汇付属于顺汇性质,托收属于逆汇性质。

一、汇付

(一) 汇付方式的含义及其当事人

1. 汇付的含义

汇付(remittance)是指买方依据交易合同主动委托银行,用一定的汇兑工具(电汇、信汇、票汇)把贸易货款或各种贸易从属费用汇寄给卖方的支付方式。汇付属于商业信用,是典型的顺汇方式。

2. 汇付的当事人

(1) 汇款人(remitter)是指委托银行汇出款项的人,即付款方。在进出口业务中,汇款人通常是进口人。

(2) 收款人(payee)是指收取款项的人,即收款方。在进出口业务中,收款人通常是出口人。

(3) 汇出行(remitting bank)是指接受汇款人的委托,转托国外分行或代理行支付一定金额给指定收款人的银行。汇出行通常是汇款人所在地的银行。

(4) 汇入行(paying bank)是指接受海外分行或代理行的委托,按其指示或支付命令,解付一定金额给收款人的银行。汇入行通常是收款人所在地的银行。

(二) 汇付的种类

1. 电汇

电汇(telegraphic transfer,T/T)是汇款人向当地外汇银行申请并支付本币,由汇出行通过加押电报、电传或SWIFT(society for worldwide interbank financial telecommunication,环球银行金融电信协会)网络等电信手段通知汇入行,指示其向指定收款人解付一定金额的汇付方式。

电汇是银行之间的直接通信,发生错误和遗失的可能性很小。银行通常会在当天处理汇款,由于不能占用资金,所以银行收取的费用很高。由于安全、高速的特点,电汇已成为目前汇付中使用最普遍的方式。电汇汇率可以作为外汇市场的基本汇率,其他汇率以电汇汇率作为计算的基础。

电汇业务的流程图如图5-1所示。

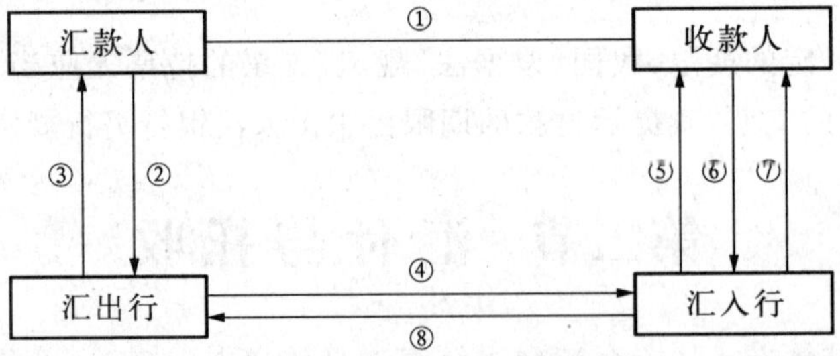

图5-1 电汇的业务流程图

说明:在图5-1中,① 买卖双方订立合同,并规定采用电汇方式付款。② 汇款人向当地银行提交电汇申请书并交款付费。③ 汇出行向汇款人签发回单。④ 汇出行向汇入行发出电汇通知。⑤ 汇入行通知收款人到银行取款。⑥ 收款人到汇入行取款提交收据。⑦ 汇入行向收款人付款。⑧ 汇入行向汇出行发出付讫借记通知。

2. 信汇

信汇(mail transfer,M/T)是汇款人向当地银行交付本币,银行开具付款委托书,用航空邮件寄交国外汇入行,指示其办理资金转移的汇付方式。它与电汇的业务程序基本相同,只是它以信汇委托书和支付通知书为结算工具。

信汇的特点是费用低、时间长。由于资金在途时间长,汇出行可以占用一定邮程的资金,所以银行收取的手续费相对较低。在邮递过程中,因为中转环节多,容易发生遗失或延误等意外事件,所以信汇只能用来进行金额不大、收款不急的汇付,不能满足大额、急需的资金转移要求。随着电信事业的发展,信汇方式的使用已日趋减少了。

3. 票汇

票汇(remittance by bankers' demand draft,D/D)是汇出行应汇款人的申请,开立以汇入行为付款人的银行汇票,汇款人自行寄送给收款人或亲自携带出国,凭票取款的一种汇付方式。

票汇多用于小额汇款以及国际贸易中从属费用的结算。票汇除使用银行汇票以外,也使用其他票据(如银行本票和支票等)。例如,在非贸易结算方式中经常使用的旅行支票,就是银行或旅行社为旅游者备付旅途费用所开出的定额支票,也是银行汇款的一种凭证,属于票汇方式。

(三) 汇付在我国国际贸易实务中的应用

在电汇、信汇和票汇三种汇付方式中,我国当今对外贸易使用比较广泛的是电汇(T/T),使用电汇方式结算货款有预付货款和货到付款两种情况。

1. 预付货款

预付货款(T/T in advance)是指买卖双方签订贸易合同后,进口商先将部分或全部货款汇付给出口商,后者收到预付货款或定金后在一定时间内(如待采购或生产完成后)发货给买方。预付货款分为预付全部货款和预付定金货款两种形式。

(1) 预付全部货款。预付全部货款是指买方在签订贸易合同后即预付全部贸易合同货款金额给卖方,卖方确认收款后安排发货给买方。预付全部货款具有买方给予卖方的信用贷款性质,卖方可以在收到买方汇款后再开始采购或安排生产货物,从而减少了卖方资金占用,确保了卖方收汇安全,减少了贸易风险。与此同时,对买方来说,预付全部货款则是加重了其资金负担,增加了贸易风险。

预付全部货款一般在以下四种情况时使用:① 卖方资信状况良好可靠。② 交易货物是买方短缺商品,如发达国家从发展中国家进口原材料等初等商品或发展中国家从发达国家进口先进机械设备。③ 买方或买方所在地区贸易商在国际市场上资信状况比较差,卖方为了保证能够安全收汇,要求买方必须预付全部货款后才发货。④ 在招标贸易或出口信贷贸易项下使用。

(2) 预付定金货款。预付定金货款是指买方在签订贸易合同后预付定金给卖方作为保证金,卖方确认收到定金后安排发货给买方,剩余货款在货物运离装运港前付清或货到目的港后付清。我国在对外贸易中采用预付货款时,一般要求预付定金,余款在货物运离装运港前付清。例如,“30%定金,余款在货物发运前凭提单副本付清”(30% downpayment and balance paid before shipment with copy of B/L)。采用“预付定金,余款在货到目的港后付清”方式,对卖方可能存在诸多风险,比如货到目的港后,买方迟迟不肯提货,或以货物市场价格下跌为由大幅压价或拒收货物,此时货物在目的港将产生滞港费,若买方长期拖延不提货,货物还面临被目的港海关拍卖风险,此时即使货物运回也不足以弥补损失时,卖方将被迫接受买方要求将货物折价出售。

若买卖双方是初次交易,或尽管有多次交易,但卖方出于谨慎性考虑要求买方预付定金,则预付的定金具有保证金性质,定金的金额一般可以弥补买方一旦违约卖方将承担的损失。如货物发运前买方违约,则定金可以弥补卖方采购和转售货物的费用;如货物到达目的港后买方违约拒收货物,则定金可以弥补卖方将货物重新运回国内的往返运费及其他杂费或卖方在目的港另寻买主转卖货物的费用。

2. 货到付款

货到付款(T/T after arrival of goods)是指签订贸易后,卖方依据合同规定发货给买方,买方收到货物后付款给卖方。货到付款分为赊销、寄售、赊购、租赁贸易四种。

(1) 赊销是指卖方在收妥货款前就将货物所有权转移给买方,买方按照合同约定在收到货物后的一定时间内将货款一次性或分期付给卖方的销售方式。

(2) 寄售是指货价和付款时间不完全确定,买方按照贸易合同约定的价格浮动售出货物后,扣除佣金,再分期或一次性将售得货款付给卖方的销售方式。

(3) 赊购是指卖方在交易过程中拥有货物所有权,买方按照协议规定以分期付款方式买下货物,取得货物所有权的销售方式。

(4) 租赁贸易是指出租方保留货物所有权,承租方按照协议规定支付租金,在一定时期内获得货物所有权的贸易方式。

货到付款的结算方式加重了卖方资金的占用,增加了卖方收款风险,一般在买方资信状况很好或卖方将此作为一种促销手段时使用。

二、托收

(一) 托收概述

1. 托收的含义

托收是指由接到托收指示的银行,根据所收到的指示处理金融单据和(或)商业单据以便取得付款或承兑,或凭付款或承兑交出商业单据,或凭其他条款或条件交出单据。

金融单据(financial document)是指汇票、本票、支票或其他用于取得付款或款项的凭证。

商业单据(commercial document)是指发票、运输单据、物权凭证或其他类似单据,或除金融单据以外的其他单据。

托收一般都通过银行办理,所以,托收又称银行托收。银行托收的基本做法是:出口人根据买卖合同先行发运货物,然后开具汇票(或不开汇票),连同商业单据向出口地银行提出托收申请,委托出口地银行(托收行)通过其在进口地的代理行或往来银行(代收行)向进口人收取货款。

2. 关于《托收统一惯例》

为了使各国银行统一托收业务的做法,减少托收业务有关当事人可能产生的纠纷,国际商会制定了《托收统一惯例》(uniform rules for collections),其1995年最新修订本被称为国际商会第522号出版物(ICC publication No. 522),于1996年1月1日生效。目前,《托收统一惯例》(简称"URC522")已成为托收业务的国际惯例,世界上大多数国家的银行据此惯例才处理托收业务,并在托收委托书中注明其采用了该规则及其版本。

(二) 托收方式的当事人

托收方式的当事人主要有四个:委托人、付款人、托收行和代收行。

(1) 委托人(principal)又称出票人(drawer),是指开具汇票委托银行向国外进口商收取货款的人。在进出口业务中,委托人通常是出口人。

(2) 付款人(payer, drawee)是指在托收业务中有付款义务的人,通常指进出口业务中的进口人。

(3) 托收行(remitting bank)是指接受出票人提交的单据,并通过其在买方所在地的代收行代委托人进行托收的银行,一般为出口地银行。

(4) 代收行(collecting bank)是指在买方国家接受单据并向买方提示单据的银行,一般为进口地银行。

除上述四个基本当事人,有时候还会出现提示行和需要时的代理两个当事人。

(1) 提示行(presenting bank)是向买方提示单据要求付款或成对的银行。在一般情况下,提示行与代收行是同一个银行。但当代收行与买方无账户往来,无法向进口人提示单据时,往往请与买方有业务往来的提示行加入。

(2) 需要时的代理(principal's representative in-case-of-need)是指委托人为了防止进口人拒付发生无人照管货物的情况,在托收委托书中指定的,当付款人拒付时,负责办理与货物有关事宜的人。

(三) 托收的种类

根据《托收统一惯例》(URC522)的规定,托收分为光票托收和跟单托收。

1. 光票托收

光票托收(clean collecting)是指不附有商业单据的托收,仅凭金融单据委托银行代为收款的托收。光票托收多用于收取贸易从属费用(如佣金、代垫费用等),有时候也用于收取样品费、货款尾数等小额货款。

2. 跟单托收

跟单托收(documentary collecting)是指委托人向托收行交付附有商业单据的金融单据或仅向托收行交付商业单据的托收。在国际贸易中采用托收方式结算时,大多使用跟单托收的方式。在跟单托收的情况下,根据交单条件的不同,又可以分为付款交单和承兑交单两种方式。

(1) 付款交单。付款交单(documents against payment, D/P)是指代收行的交单以进口人的付款为条件，即出口人发货后，取得装运单据，委托银行办理托收，并在托收委托书中指示代收行，只有在进口人付清货款后，才能把商业单据交给进口人的托收方式。按照付款时间的不同，付款交单又可以分为即期付款交单和远期付款交单。

其一，即期付款交单。即期付款交单（documents against payment at sight，D/P at sight）是指出口人发货后开具即期汇票连同商业单据，通过银行向进口人提示，进口人见票后立即付款，在付清货款后向银行领取商业单据的托收方式。

按照国际惯例，代收行第一次向进口人提示单据后，进口人应在 24 小时内付款赎单。但在实际业务中，对于即期 D/P 托收方式，北欧和拉美许多国家的进口商为了避免付款后只收到单据而不见货物或迟迟不见货物到达等出口商欺诈或不守信用的情况发生，往往会坚持按当地习惯要求货物到达后再付款赎单，甚至有些非洲国家法定必须货物到达后才可付款。因此，出口方在做托收业务时，应当事先了解进口方处理托收业务的当地习惯和法规。

即期付款交单的业务流程如图 5-2 所示。

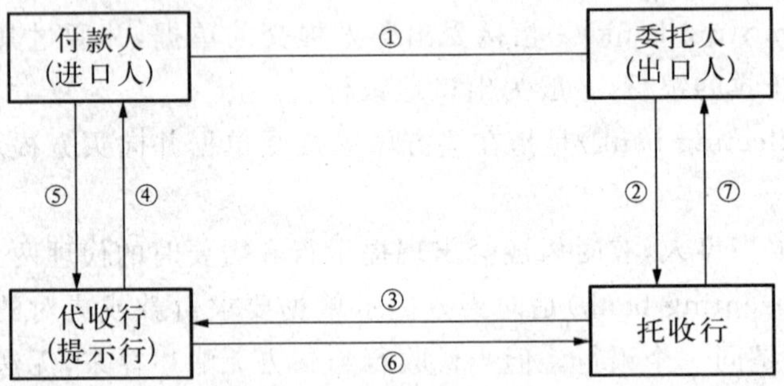

图 5-2　即期付款交单业务流程图

说明：在图 5-2 中，① 进出口人在贸易合同中规定采用即期付款交单的方式结算货款。② 出口人按照合同规定装运货物后，填写托收委托书，开出即期汇票，连同全套货运单据送交托收行代收货款。③ 托收行将汇票连同货运单据，并说明托收委托书上各项指示寄交进口地代理银行，即提示行。④ 提示行收到汇票及货运单据，即向进口人作出付款提示。⑤ 进口人付清货款，赎取全套货运单据。⑥ 代收行通知托收行，货款已收妥转账。⑦ 托收行将货款交给出口人。

其二，远期付款交单。远期付款交单（documents against payment after sight，D/P after sight）是指出口人发货后开具远期汇票，连同商业票据通过代收行向进口人提示，进口人审核无误后即在汇票上进行承兑，于汇票到期日付清货款后再领取商业单据的托收方式。

在远期付款交单条件下，如果付款日期和实际到货日期基本一致，进口人可以不必在到货之前提前付款。但如果付款日期晚于到货日期，买方为了抓住有利行市，不失时机地转售货物，可以采取两种做法：一种做法是在付款到期日之前提前付款赎单。另一种做法是代收行对于资信较好的进口人，允许进口人凭信托收据（trust receipt）借取货运单据，先行提货。所谓信托收据，就是进口人借单时提供的一种书面信用担保文件，表示愿意以代收行的受托人身份代为提货、报关、存仓、保险、出售,并承认货物所有权仍属银行,货物售出所得的货款,应于汇票到期时交银行。这是代收行向进口人提供的信用便利,而与出口人无关。因此,如代收行借出单据后,到期不能收到货款,则代收行应对委托人负全部责任。但如系出口人指示代收行借单,日后如果进口人在汇票到期时拒付,则与银行无关,应由出口人自己承担风险。一些拉美国家银行习惯上把远期付款交单按承兑交单处理,这就增加出口人钱货两空的风险,因此,采用远期付款交单时,还应注意进口人国家银行的习惯做法。

(2) 承兑交单。承兑交单(documents against acceptance,D/A)是指代收行的交单以进口人在汇票上承兑为条件,即出口人在装运货物后开具以买方为付款人的远期汇票,连同商业单据通过代收行向进口人提示,进口人承兑汇票后,代收行即将商业单据交付给进口人,汇票到期时,进口人履行付款义务的托收方式。承兑交单时,出口人在进口人承兑远期汇票后即转移货物所有权给进口人,而此时出口人尚未收到货款,所以相比付款交单而言,出口人在承兑交单时承担了更多的风险,如果汇票到期时,进口人破产或拒付货款,则出口人将钱货两空。

(四) 托收的特点

1. 托收在性质上属于商业信用

托收属于商业信用,银行办理托收业务时,既没有检查货运单据正确与否或是否完整的义务,也没有承担付款人必须付款的责任。托收虽然是通过银行办理,但银行只是作为出口人的受托人行事,并没有承担付款的责任,进口人不付款与银行无关。出口人向进口人收取货款靠的仍是进口人的商业信用。

2. 出口人资金负担较重

在进口人付款之前,货物占用的资金全部由出口人承担,因此在托收方式下,出口人资金负担比较重。

3. 出口人承担了较大的风险

托收对出口人的风险较大,D/A 比 D/P 的风险更大。跟单托收方式是出口人先发货,后收取货款,因此对出口人来说风险较大。进口人付款靠的是他的商业信誉,如果进口人破产倒闭,丧失付款能力,或货物发运后进口地货物价格下跌,进口人借故拒不付款,或进口人事先没有领到进口许可证,或没有申请到外汇,被禁止进口或无力支付外汇等,出口人不但无法按时收回货款,还可能造成货款两空的损失。如果货物已经到达进口地,进口人借故不付款,出口人还要承担货物在目的地的提货、存仓、保险费用和可能变质、短量、短重的风险;如果货物转售他地,会产生数量与价格上的损失;如果货物转售不出去,出口人就要承担货物运回本国的费用以及承担可能因为存储时间过长被当地政府拍卖的损失等。虽然对于上述损失,出口人有权向进口人索赔,但在实践中,在进口人已经破产或逃之夭夭的情况下,出口人即使可以追回一些赔偿,也难以弥补全部损失。

4. 托收方式对进口人比较有利

托收对进口人比较有利,可以免去开信用证的手续以及预付押金,还有可以预借货物的便利。托收对进口人也不是没有一点风险，如进口人付款后才取得货运单据，领取货物，如果发现货物与合同规定不符，或者根本就是假的，也会因此而蒙受损失，但总的来说，托收对进口人比较有利。

5. 银行手续费比汇付高

托收的流程比汇付复杂，银行处理的单据比汇付方式更多，因此，托收手续费比汇付的高。

(五) 使用托收方式应注意的问题

(1) 加强对进口方资信的调查。由于托收方式取决于出口方对进口方的信任，带有对进口方融通资金的性质，如出口方在对进口方的资信不太了解的情况下盲目签约，当进口方因种种原因无理拖延付款，甚至发生倒闭时，就会给出口方带来损失。

(2) 注意选择代收行。托收虽属商业信誉，但如能选择信誉良好的代收行，也能对货款起到促收作用。在实际业务中，一般选择资信良好、实力雄厚的国际知名银行。

(3) 注意了解进口国家的有关规定。在进出口贸易中，有的商品在有的国家进口时必须获得进口许可证或取得外汇许可，否则货物不允许进口。对这些涉及进口国家的贸易法令、外汇管制的业务，出口方都应掌握，否则收汇将无法保障。

(4) 注意远期付款方式的使用。远期付款交单的托收方式在国际上尚无明确规定，因此各国的处理方式很不相同，有的按承兑交单处理，有的按即期交单处理，有的不接受远期付款交单，因此出口方应注意合理使用，对远期付款交单的期限应加以控制，不宜过长，一般掌握在不超过从出口地到进口地的运输时间。

(5) 事先找好代理人。在跟单托收业务中，如发生拒付，出口方可指定一个代理人在货物目的港办理存仓、保险转售或运回等事宜。该代理人可以是与出口方关系较好的客户，也可以是代收行，但代理人的名称和权限须在托收委托书中列明才有效。

(6) 出口方应注意办理保险。因托收方式对出口方风险较大，所以出口方在签订合同时，应争取以 C1F 价格条件成交，由出口方办理保险，万一货物在运输途中出险，可以通过保险公司得到赔偿。

第三节 信　用　证

信用证是目前国际贸易中普遍采用的一种结算方式，它在一定程度上解决了国际贸易中买卖双方面临的信用风险问题，保障了卖方在货物发出后安全收汇和买方在预付货款后收到与合同规定相符合的货物，为国际贸易提供了一种相对安全的结算方式。

一、信用证概述

(一) 信用证的含义

国际商会第 600 号出版物《跟单信用证统一惯例》(Uniform Customs and Practice for Documentary Credits，UCP600)对信用证的解释如下：信用证(letter of credit，L/C)是指一项不可撤销的安排，无论其名称或描述如何，该项安排构成开证行对相符交单予以承付的确定承诺。承付是指如果信用证为即期付款信用证，则即期付款；如果信用证为延期付款信用证，则承诺延期付款并在承诺到期日付款；如果信用证为承兑信用证，则承兑受益人开出汇票并在汇票到期日付款。

（二）《跟单信用证统一惯例》

国际商会为明确信用证有关当事人的权利、责任、付款的定义和术语，减少因解释不同而引起各有关当事人之间的争议和纠纷，调和各有关当事人之间的矛盾，于1930年拟订一套《商业跟单信用证统一惯例》，并于1933年正式公布。随着国际贸易变化，国际商会分别在1951年、1962年、1974年、1978年、1983年、1993年进行了多次修订，称为《跟单信用证统一惯例》。

国际商会《跟单信用证》不是一个国际性的法律规章，但它已经为世界各国银行普遍接受，成为一种国际惯例。在我国的出口业务中，国外开来信用证大多都会加注“除非另有规定，本证根据国际商会《跟单信用证统一惯例》（UCP600）办理”。

二、信用证的当事人

（一）开证申请人

开证申请人（applicant）是指向银行申请开立信用证的人，一般为进口商。进口商向开证行申请开立信用证应填写开证申请书并支付开证押金。

（二）开证行

开证行（opening bank，issuing bank）是指接受开证申请人的要求和指示或根据其自身的需要，开立信用证，保证在一定情况下付款的银行。开证行一般是进口人所在地银行。在信用证业务中，在单证相符的情况下，开证行承担第一付款责任。

（三）通知行

通知行（advising bank，noticing bank）是指受开证行的委托，将信用证转交受益人的银行。通知行一般是出口人所在地的银行，通知行不承担付款责任。

（四）受益人

受益人（beneficiary）是指信用证上所指定的有权使用该证的人，一般为出口人或实际供货人。

（五）议付行

议付行（negotiating bank）是指根据开证行的授权买入或贴现受益人开立和提交的符合信用证规定的汇票及单据的银行。如果信用证中限制受益人在通知行议付，则通知行就是议付行；如果信用证中对议付行没有规定，则接受受益人交单议付的任何银行可以被视为信用证指定的议付行。议付行议付货款后，如事后发现有误，对受益人的付款有追索权。在单证相符的情况下，议付行并没有必须提前“议付”的责任，我国银行在议付时通常采用“收妥结汇”的做法，即从开证行处收妥货款后再向出口人付款，以避免提前议付后向开证行索偿时遭拒付的风险。

（六）付款行

付款行(paying bank)是开证行授权进行信用证项下付款或承兑并支付受益人出具的汇票的银行。通常，付款行就是开证行，也可以是开证行指定的另一家银行。付款行一经付款，对受款人无追索权。

（七）保兑行

保兑行(confirming bank)是应开证行要求，对开证行开具的不可撤销的信用证加具保兑的银行。保兑行对开证行的信用作了担保，万一开证行无力支付或倒闭时，保兑行将承担第一付款责任。在国际贸易中，保兑行一般为出口地银行，往往是开证行的分行或代理行，通知行也经常兼任保兑行。

（八）偿付行

偿付行(reimbursement bank)是指在信用证中指定的对议付行或付款行进行偿付的银行。在一般情况下，当开证行与议付行或付款行之间无账户往来关系，特别是信用证采用第三国货币结算时，为方便结算，开证行委托另一家有账户往来的银行代向议付行或付款行偿付，偿付行付款后再向开证行索偿。

三、信用证的主要内容

信用证的格式由各开证行自行确定，但主要内容基本相同，一般包括以下几方面。

（一）信用证的当事人

信用证的当事人一般包括开证申请人、开证行、通知人、受益人、议付行、付款行等。

（二）对信用证本身的说明

如信用证的编号、种类、性质、金额、开证日期、有效日期、到期地点等。

（三）汇票条款

凡使用汇票的信用证，应规定汇票的出票人、付款人、付款日期、出票条件等。

（四）对单据的要求

信用证需要的单据主要有货物单据，如发票、装箱单、重量单、产地证、商检说明书等；运输单据，如海运提单、保险单据、其他单据。

（五）对货物的要求

对货物的要求包括货物的名称、品种规格、数量、包装、金额、价格等。

（六）对运输的要求

对运输的要求包括装运期、装运港（地）或目的港（地）、运输方式，以及关于分批装运和中途转运的规定等。

（七）其他事项

其他事项主要包括电传密押、开证行保证付款条款、背书条款、寄单方法条款、议付行索汇方法、使用跟单信用证惯例的申明等。

（八）特殊条款

特殊条款是根据进口国政治、经济和贸易情况的变化或每笔具体交易的需要作出的特殊规定。

四、信用证方式的业务流程

不同种类信用证的业务流程在具体细节上会有所不同，但其基本环节是一致的，下面以常见的即期跟单议付信用证为例对信用证的业务流程做简要说明。

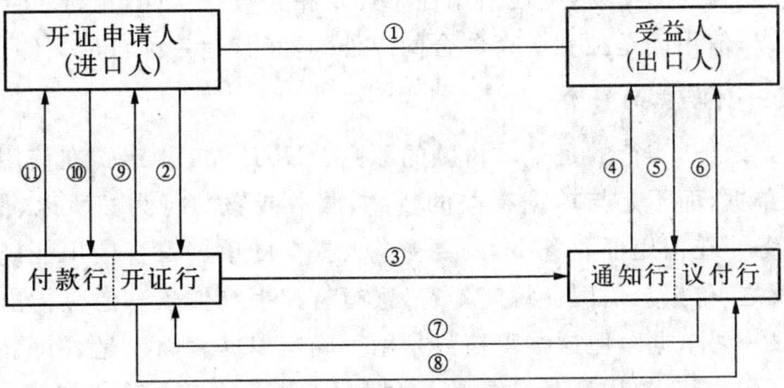

图 5-3　即期跟单议付信用证业务流程

说明：在图 5-3 中，① 进出口双方签订贸易合同并在合同中规定使用信用证付款。② 进口人填制开证申请书，向开证行缴纳押金和手续费，要求开证行开出以出口人为受益人的信用证。③ 开证行将信用证寄交出口人所在地的分行或代理行（通知行）。④ 通知行核对印鉴无误后，将信用证转交给出口人。⑤ 出口人审核信用证与合同相符后，按信用证规定装运货物，并备齐各项货物单据，开具汇票，在信用证有效期内一并递交当地银行（议付行）请求议付。⑥ 议付行审核单据和信用证无误后，按汇票金额扣除利息和手续费后的货物垫付给出口人。⑦ 议付行将汇票和货运单据寄交开证行索偿。⑧ 开证行或其指定的付款行审单无误后，向议付行付款。⑨ 开证行在向议付行办理转账付款的同时，通知进口人付款赎单。⑩ 进口人审单无误后，付清货款。⑪ 开证行收款后，将货运单据交给进口人，进口人凭单据向承运人提货。

五、信用证支付方式的特点与作用

（一）信用证支付方式的特点

根据《跟单信用证统一惯例》规定，信用证支付方式有以下特点。

1. 信用证支付是一种银行信用

信用证支付方式是一种银行信用，由开证行以自己的信用作出付款保证。因此，在信用证付款条件下，开证行处于第一付款人的地位。根据《跟单信用证统一惯例》规定：信用证是一项约定，按此约定，在单据符合信用证条款的情况下，开证行必须向受益人或其指定人进行付款、承兑或议付。由此可见，开证行是第一付款人，受益人（一般为出口人）可以凭信用证直接向开证行凭单取款，而无须先找开证申请人（一般为进口人）。在信用证业务中，开证行对受益人的责任是一种独立的责任。

2. 信用证是一种自足文件

在国际贸易货款结算中，虽然信用证的开立以买卖合同为依据，但信用证一经开出，就成为独立于买卖合同之外的另一种契约，不受买卖合同的约束。因为买卖合同是进出口双方之间的契约，只对进出口双方有约束力，而信用证是开证行与受益人之间的契约，开证行与受益人及参与信用证业务的其他银行，都受信用证约束，但开证行与其他参与信用证业务的银行与买卖合同则无关，并不受其约束。UCP600 规定，信用证与其可能依据的买卖合同或其他合同，是相互独立的交易，即使信用证中提及相关贸易合同，银行也与该合同无关，且不受其约束。所以，信用证是独立于有关合同以外的契约，是一种自足文件。

3. 信用证是一种单据的买卖

在信用证方式之下，实行的是凭单付款的原则。UCP 600 规定："在信用证业务中，各有关方面处理的是单据，而不是与单据有关的货物、服务或履约行为。"所以，信用证业务是一种纯粹的单据业务。在信用证业务中，只要受益人提交的单据符合信用证规定，开证行就应承担付款责任；反之，单据与信用证规定不符，银行有权拒绝付款。但应指出，银行虽有义务"合理小心地审核一切单据"，但这种审核只是用于确定单据表面上是否符合信用证条款，开证银行只根据表面上符合信用证条款的单据付款。所以，在信用证条件下，实行所谓的"严格符合的原则"，即不仅要做到"单证一致"，即受益人提交的单据的表面上与信用证规定的条款一致，还要做到"单单一致"，即受益人提交的各种单据之间表面上也要一致。

（二）信用证支付方式的作用

1. 对出口商的作用

(1) 保证出口商凭单取得货款。出口商交货后提交的单据，只要与信用证的规定相符，银行就保证支付货款，避免了进口商不付款带来的风险。

(2) 可以取得资金融通。出口商在交货前，可以以信用证为抵押，向银行申请打包贷款；或出口商在货物发运后，提交汇票和信用证规定的各种单据作出口押汇得到银行的资金融通，以加速资金周转。

2. 对进口商的作用

(1) 保证按时、按质、按量收到货物。进口商可以通过信用证条款，控制出口商按合同规定的数量、规格、质量、时间等要求发运货物。

(2) 可以取得资金融通。对进口商来说，申请开立信用证时，只需缴纳少量押金或凭开证行授予的授信额度开证，从而减少了资金占用。有些国家的银行对信誉良好的开证人还可以免受押金。在采用远期或延期信用证时，进口商还可以凭信托收据向银行借单，先行提货、转售，到期再付清货款，便利了进口商进行资金融通。

3. 对银行的作用

进口商在申请开证时要向银行交付一定的押金或担保品，为银行利用资金提供便利。当受益人或议付行交来汇票和单据时，银行控制了代表货物所有权的装运单据，所以对银行来说没有太大风险。同时，银行可以获得开证申请人的保证金利息和押汇利息以及提供每一项服务均可取得的各种费用收益，如开证费、通知费、议付费、保兑费、修改费等各种费用。

六、信用证的种类

信用证作为开证行不可撤销的开证承诺可根据其性质、期限、流通方式等特点，分为以下几类。

(一) 跟单信用证和光票信用证

根据信用证项下的汇票是否附有货运单据，信用证可分为跟单信用证和光票信用证。

1. 跟单信用证

跟单信用证(documentary credit)是指开证行凭跟单汇票或仅凭单据付款的信用证。付款行凭信用证规定的单据支付信用证项下的款项。这里的"单据"是指代表货物所有权的单据。跟单信用证主要用于贸易结算，是当前国际贸易支付的主要方式。

2. 光票信用证

光票信用证(clean credit)是指开证行仅凭不附单据的汇票付款的信用证或要求汇票附有非货运单据，如发票、垫款清单等的信用证。在实务中，这种信用证用得比较少，通常用在金额较小的预付货款业务中。

(二) 保兑信用证和不保兑信用证

根据有无另一家银行在信用证上加以保证兑付，信用证可分为保兑信用证和不保兑信用证。

1. 保兑信用证

保兑信用证(confirmed letter of credit)是指开证行开出信用证并委托另一家银行保证对符合信用证条款规定的单据履行付款义务的信用证。对信用证加保兑的银行叫做保兑行(confirming bank)。保兑行通常是由通知行担任，有时也可以是出口地的其他银行或第三国银行，保兑行一经在信用证上加保兑，就和开证行一样承担第一性的付款责任，即付款后对其前手或受益人无追索权。这种信用证是由两家银行对受益人作出付款和承兑的承诺，所以这种有双重保障的信用证对出口人最为有利。保兑手续一般是由保兑行在信用证上加列保兑文句，如"This credit is confirmed by us. We hereby added our confirmation to this credit"。

2. 不保兑信用证

不保兑信用证(unconfirmed letter of credit)是指开证行开出的信用证未经另一家银行保兑的信用证。当开证行资信好时，一般都使用这种不保兑信用证，即一般的不可撤销信用证。

(三) 即期付款信用证和远期信用证

根据付款时间的不同，信用证可分为即期付款信用证和远期信用证。

1. 即期付款信用证

即期付款信用证(sight letter-of credit)是指采用即期兑现方式的信用证。在该证中，通常注明“付款兑现”(available by payment)字样。即期付款信用证的付款行可以是开证行自己,也可以是出口地的通知行或指定的第三国银行。付款行一经付款,对受益人无追索权。以出口地银行为付款人的即期付款信用证的交单到期地点在出口地,便于受益人交单取款,可以及时取得资金,对受益人比较有利。

2. 远期信用证

远期信用证(usance letter of credit)是指开证行或付款行收到信用证项下的单据时,不立即付款,而是在规定的期限内履行付款义务的信用证。远期信用证又分为银行承兑远期付款信用证、延期付款信用证和假远期付款信用证。

(1) 银行承兑远期付款信用证。银行承兑远期付款信用证(banker's acceptance letter of credit)是指付款行或开证行,在收到由受益人开立的以其为付款人的符合信用证要求的远期汇票后,先予办理承兑手续,在汇票到期日再向持票人履行付款义务的信用证。

实务中的具体做法是:在开证行开立远期信用证时,要求出口商所在地的分理银行或外来银行对出口商所签发的远期汇票予以承兑,并于到期日付款。担任承兑的银行称为承兑银行,承兑银行将单据转寄给开证行或付款行,经审核无误后,即通知进口商凭保证书办理承兑手续,领取提单,待汇票到期再偿还票款。

远期付款信用证的期限一般为1年以内,有30天、60天、90天、180天等。另外,根据远期汇票所发生的利息由谁支付,银行远期付款信用证又可以分为卖方远期信用证(seller's usance letter of credit)和买方远期信用证(buyer's usance letter of credit)。

(2) 延期付款信用证。延期付款信用证(deferred payment letter of credit)是指开证行在信用证中规定,开证行收单后若干天,或提单日期后若干天付款的信用证。这种信用证不要受益人开立汇票,所以出口商不能利用贴现市场的资金,只能自行垫款或向银行借款。由于这种付款方式对出口商而言风险较大,因此,只有在进口商信誉较好的情况下,出口商才采用这种结算方式。在实践中,出口商应要求进口商在签订合同后先预付一定量的货款,然后在信用证中规定按金额比例分期付款。

(3) 假远期付款信用证。假远期付款信用证(usance letter of credit payable at sight)也称买方远期信用证(buyer's usance letter of credit),是指信用证中规定受益人开立远期汇票,由付款行负责贴现,一切利息和费用由开证申请人负担的信用证。使用这种信用证,对受益人来说可以即期收到十足的货款,但要承担远期汇票到期遭到拒付时被追索的风险。对开证申请人来说,待远期汇票到期时才向付款行付款。因此,这种信用证是进口商利用开证行或其指定的付款行提供的资金融通。

(四) 可转让信用证和不可转让信用证

根据受益人对信用证的权利可否转让,信用证可分为可转让信用证和不可转让信用证。

1. 可转让信用证

可转让信用证(transferable letter of credit)是指信用证的受益人(第一受益人)可以要求信用证中特别授权的转让银行,将该信用证全部或部分转让给一个或数个受益人(第二受益人)使用的信用证。

根据UCP 600的规定,唯有开证行在信用证中明确注明“可转让”(transferable)字样,信用证方可转让。

可转让信用证只能转让一次，即只能由第一受益人转让给第二受益人，第二受益人不得要求将信用证转让给其后的第三受益人。如果信用证不禁止分批装运，在总和不超过信用证金额的前提下，可分别按若干部分办理转让，该项转让的总和将被认为只构成信用证的一次转让。

信用证只能按原证规定条款转让，但信用证金额、商品的单价、到期日、交单日及最迟装运日期可以减少或缩短，保险加成比例可以增加。信用证在转让后，第一受益人有权以自身的发票（和汇票）替换第二受益人的发票（和汇票），其金额不得超过信用证规定的原金额。在替换发票（和汇票）时，第一受益人可在信用证项下取得自身发票和第二受益人发票之间的差额。

在实际业务中，要求开立可转让信用证的第一受益人，通常是中间商。为了赚取差额利润，中间商可将信用证转让给实际供货人，由供货人办理出运手续。但信用证的转让并不等于买卖合同的转让，如第二受益人不能按时交货或单据有问题，第一受益人（即原出口人）仍要负买卖合同上的卖方责任。

2. 不可转让信用证

不可转让信用证（non-transferable letter of credit）是指受益人不能将信用证的权利转让给他人的信用证。凡信用证中未注明“可转让”字样的，就是不可转让信用证。

（五）循环信用证

循环信用证（revolving letter of credit）是指信用证被受益人全部或部分利用后，其金额又重新恢复到原金额，可再次使用，直至达到规定的次数或规定的总金额为止。循环信用证按循环计算方式不同，可分为按时间循环信用证和按金额循环信用证两种。

1. 按时间循环信用证

按时间循环（revolving around time）信用证是指受益人在一定的时间内可多次支取信用证规定的金额。例如，信用证规定每个月支用的金额不得超过 10 000 美元，可循环使用的时间为 8 个月，当第一个月的金额用完后，以后每个月的第一天就可以恢复至原金额再被使用，直至下个月届满为止。

2. 按金额循环信用证

按金额循环（revolving around value）信用证是指信用证金额议付后，仍恢复到原金额可再度使用，直至用完规定的总金额为止。按金额循环的信用证根据恢复方式不同分为以下三种：

（1）自动循环（automatic revolving）信用证，即受益人在规定时间装货议付后，无须等待开证行通知，即可自动恢复到原金额，可再次使用的信用证。

（2）非自动循环（non-automatic revolving）信用证，即受益人在规定时间装货议付后，必须等待开证行的通知到达后，才能恢复至原金额继续使用的信用证。

（3）半自动循环（semi-automatic revolving）信用证，即受益人在规定时间装货议付后，在若干天内开证行未提出不能恢复原金额的通知，即自动恢复到原金额的信用证。

此外，循环信用证又可从另一角度分为可累积使用(cumulative)信用证和不可累积使用(non-cumulative)信用证两种。前者允许受益人在一批货物因故未交时，可在下一批补交，并可连同下一批货物一起议付；后者是指受益人因故未完成某一批货物的交货，该批即被取消。因故未能及时装出的部分以及原来规定的以后各批，未经开证行修改信用证，均不能再装运。循环信用证的特点是可以多次循环使用，它通常用于商品数量大，需要在较长的一段时间内分期分批交货的情况。进口人可以不必多次开证从而节省开证费用，同时出口人也可免去多次审证的麻烦。

(六) 对开信用证

对开信用证(reciprocal letter of credit)是指两张信用证的开证申请人互以对方为受益人而开立的信用证。对开信用证的特点是：两张信用证相互联系、互相约束、互为条件。第一张信用证的通知行通常就是第二张信用证的开证行；第一张信用证的开证申请人和受益人就是第二张信用证的受益人和开证申请人；两张信用证可以同时生效，即第一张信用证被受益人接受，此时尚不生效，待第二张信用证(回头证)也被受益人接受时，才通知对方银行两证同时生效，也可以先后生效。对开信用证多用于交易双方互有进出和互有关联的对等或基本对等的交易中，如易货交易、来料加工和补偿贸易中。

(七) 对背信用证

对背信用证(back to back letter of credit)又称转开信用证，是指受益人要求原证的通知行或其他银行以原证为基础，另开一张给第三者的内容相似的信用证。对背信用证的受益人可以是国外的，也可以是国内的。对背信用证的内容除开证申请人、受益人、金额、单价、装运期限、有效期限等可以变动外，其他条款一般与原证相同。由于对背信用证的条款修改时，新证的开证申请人需征得原证开证申请人的同意，所以修改比较困难，所需时间也较长。对背信用证多用于中间商转售他人货物从中谋利，或两国不能直接进行进出口贸易，而需通过第三者沟通时使用。

(八) 预支信用证

预支信用证(anticipatory letter of credit)是指开证行授权代付行(通常是通知行)向受益人预付信用证金额的全部或一部分，由开证行保证偿还并负担利息的信用证。预支信用证与远期信用证相反，是由开证申请人付款在先，受益人交单在后。预支信用证凭受益人的光票付款，也有要求受益人附一份负责补交信用证规定单据的声明书的。如果受益人以后不交单，开证行和代付行并不承担责任。在部分预支的情况下，当货运单据交到后，代付行在付给余下部分货款时，将扣除预支货款的利息。过去，为引人注目，这种预支货款的条款常用红字打出，故习惯上称为红条款信用证(red clause letter of credit)。现今，虽然这种预支条款并非都用红字打出，但效力相同。

(九) 付款信用证和议付信用证

按付款方式的不同，信用证可分为付款信用证和议付信用证。

1. 付款信用证

付款信用证(payment letter of credit)是指指定某一银行付款的信用证。付款信用证一般不要求受益人开具汇票，仅凭受益人提交的单据付款。前面讲到的即期信用证中，不要求开具汇票，仅凭单据即期付款和延期付款的信用证均属付款信用证。

2. 议付信用证

议付信用证（negotiation letter of credit）是指开证行允许受益人向某一指定银行或任何银行交单议付的信用证。UCP 600 规定：议付是指指定银行在相符交单下，在其应获偿付的银行工作日当天或之前向受益人预付或同意预付款项，从而购买汇票（其付款人为指定银行以外的其他银行）及/或单据的行为。UCP600 对于议付的定义有别于 UCP 500，也与 ICC 关于“议付”的专门意见书有所不同。在新的定义中，明确了议付是对票据以及单据的一种买入行为，并且明确是对受益人的融资——预付或承诺预付。定义上的改变承认了有一定争议的远期议付信用证的存在，同时也将议付行对受益人的融资纳入了受惯例保护的范围。

议付信用证按是否限定议付行分为以下两种：

(1) 限制议付信用证（restricted negotiation letter of credit）是指开证行指定某一银行或开证行自己进行议付的信用证。

(2) 公开议付信用证（open negotiation letter of credit）又称自由议付信用证（freely negotiation letter of credit），是指开证行对愿意办理议付的任何银行作公开议付邀请和普遍付款承诺的信用证，即指任何银行均可按信用证条款自由议付的信用证。

七、信用证支付方式下的风险及其防范

与汇付和托收相比，信用证以银行信用代替商业信用，是一种日趋完善的国际贸易支付方式。但同时，信用证方式也与其他支付方式一样存在着风险，所以信用证各当事人要对可能存在的风险有所认识，并掌握信用证风险的防范措施。

(一) 信用证方式下存在的风险

信用证方式对进出口双方都存在一定的风险，主要表现在以下方面。

1. 进口商的风险

使用信用证支付方式银行只认单据不认货，只要出口商提交的单据能够表面上符合信用证的要求，就能从银行取得承兑或货款，这样就有可能给买方带来以下几种风险：

(1) 出口商交货以假充真、以次充好。如果出口商不守信用或纯粹是一个皮包公司或诈骗公司，就有可能交出假货、次货，而作出的单据是真的。这样，银行验单无误后就会付款给出口商，出口商骗取货款逃之夭夭，买方付款赎单后，凭提单取得假货而造成货款两空。

(2) 出口商伪造单据骗取货款。由于银行只关注单证表面是否严格相符，而对单据本身的真伪不承担责任，所以只要单证表面上严格相符，银行就承担第一付款责任，这一规定为不法商人伪造单据提供了便利。

(3) 出口商勾结承运人用保函换取倒签提单或预借提单。在国际贸易中，用保函换取倒签提单或预借提单的行为属于欺诈行为。倒签提单延长了进口商收获时间，使进口商面临市场价格波动和利息损失；如果进口商是中间商，则倒签提单可能使其面临延迟交货的违约风险。预借提单则使进口商在付款后面临延迟交货或收不到货的风险。

2. 出口商的风险

信用证对出口商的风险表现在单证不符、信用证“软条款”欺诈等方面。

(1) 单证不符的风险。开证行只有在出口商提交的单据与信用证条款严格相符的情况下才付款，如开证行确定出口人提交的单据表面与信用证条款不符，它可以拒绝付款，也可以自行确定联系进口人对不符点予以接受。在这种情况下，出口人处于被动地位，能否顺利收汇，取决于进口人的态度。如果这时该进口商品的市场行情看好，进口人就可能会同意银行付款赎单；如果行情跌落，进口人就会示意银行拒绝付款赎单。这样，出口商就有可能因单证不符而无法通过信用证方式取得货款，出口商的收款只能降为托收方式。不符点(discrepancy)是指信用证受益人向开证行提交的单据中与信用证条款不相符的地方，如信用证过期、信用证装运日期过期、不清洁提单、字母拼写或标点符号与信用证不一致等。

案例

某受益人向议付行交来全套单据议付，经审核，议付行认为单单、单证一致，于是一面向受益人办理议付，一面向开证行寄送单据请求偿付。开证行审核议付行寄来单证后，认为议付行交来的全套单据不能接受，因为提单上申请人通信地址的街道名称少了一个字母“g”，正确的地址为“Sun Chiang Road”，现被受益人写成“Sun China Road”，此处构成不符点，因此拒绝议付行的偿付请求，并保留单证等候信用证申请人指示。

获此信息后，受益人立即联系信用证申请人，表达了对这一微小失误的歉意，同时表示除此处不符点外，货物和单证都是严格符合信用证规定的，请求申请人接受此不符点。此时，该货物市场价格下跌，申请人表示可以接受此不符点，但条件是受益人降价 40%，否则将授意开证行不接受不符点并拒付货款。经协商，最终受益人降价 25%，申请人接受了不符点交单。

(2) 信用证“软条款”欺诈的风险。所谓信用证“软条款”(soft clause)欺诈，又称信用证陷阱条款(pitfall clause)欺诈，是指在不可撤销的信用证条款里加列一种或几种条款，据此条款开证申请人(买方)或开证行具有单方面随时解除付款责任的主动权，即买方完全控制整笔交易，受益人处于受制人的地位，是否付款完全取决于买方意愿的信用证欺诈行为。带有软条款的信用证极易造成单证不符而遭开证行拒付，使信用证实际上变成了随时可以撤销或永远无法生效的信用证，银行中立担保付款的职能完全丧失。常见的信用证软条款如下：

其一，开证人(买家)在信用证中规定，受益人(出口商)装船出运，必须要得到开证人书面通知，并且在议付单据中明确要求提供该通知。

其二，信用证中明确规定，信用证开出后暂时不生效，待进口商申请的进口许可证签发后才生效，或待货物经过开证人检验后才生效。

其三，信用证到期地点在开证行所在国，议付有效期在开证行所在国，使卖方延误寄单，单据寄到开证行时已过议付有效期。

其四，信用证中要求1/3提单直接邮寄开证申请人，2/3提单交银行议付，或信用证中明确要求开立记名提单；或要求使用空运提单；或者要求出口商在提单上将出货人直接填写为进口商。

其五，信用证要求限制运输的船只、航线、舱位。

其六，要求提供特定人或机构的检验、验货、确认出运的签章，且该特定人或机构的签章已经在开证行留底。

其七，在信用证中，条款前后互相矛盾，如要求提供联运提单，同时又不允许转船。

其八，在信用证中，规定必须提交受益人实际上无法提供的单据，如提供中国商检局出具的价格检验证书。

其九，信用证规定出口商进行议付时必须提交进口商在目的港的收货证明。

其十，信用证规定先检验再装船，但是同时又规定议付单据中检验证书签发日期晚于提单日期，迫使出口商倒签提单，开证行审核单证的时候将认为单据不符合信用证要求，造成不符点。

(二) 信用证风险的防范措施

第一，重视对外商的资信调查。不管是进口还是出口，在交易前通过一些银行和驻外机构等仔细审查客户的基本情况，对其注册资本、经营情况、业务范围、经营作风等进行必要的调查，选择资信良好的客户作为合作伙伴。

第二，作为进口方，可以要求一些独立的享有国际盛誉的检验公司签发装船证书，实施装船预检、监造或监装，以保证获得满意的进口货物；作为受益人，要加强催证、审证、改证工作；制单过程中，严格遵守"单证一致，单单相符"原则，以防产生不符点，影响安全收汇。

第三，要认真仔细鉴别单证真伪，如发现单证有疑点，要仔细调查或请交易对方作出合理说明。

第四，努力提高业务人员的素质是防止信用证风险的关键。当今国际市场竞争激烈、瞬息万变，外贸业务人员应不断学习，加强同行业交流，以扎实的职业素养应对各种纷繁复杂的贸易情况。

第四节　银行保函与备用信用证

在进出口贸易中，当交易条件比较复杂，难以运用信用证方式结算时，当事人一方对另一方所作出的履行合同的承诺又感到不够安全时，可以要求对方出具银行保函或备用信用证，以让银行担保其履行合同的义务。

一、银行保函

(一) 银行保函的含义

银行保函(banker's letter of guarantee, L/G)也称银行保证书，是指银行(保证人)根据委托人的申请，向受益人开立的担保委托人履行某项义务的，有条件的承担经济赔偿责任的书面文件。银行保函属于银行信用。

(二) 银行保函的主要内容

1. 有关当事人

保函中应详列主要当事人,即委托人、受益人、担保人的名称和地址。保函通常是受开立保函的机构所在地的法律约束,所以,担保人的地址尤为重要。

2. 开立保函的依据

保函开立的依据是基础合同,但保函与其依据的合同或投标条件是两笔不同的交易,担保人的付款责任是独立的,不受基础合同的约束。

3. 担保金额和金额递减条款

担保金额是保函的核心,每份保函都必须明确规定一个确定的担保金额。担保人仅依据保函规定的金额向受益人负责,而且所负责任不超过保函所规定的金额。保函中可以规定金额递减条款,保函的担保金额可随担保人为满足索赔金额的支付而相应减少,保函规定的最大担保金额全部支付完毕或减完之后,该保函即告失效。

4. 要求付款的条件

担保人在收到索赔书和保函中规定的其他文件(如工艺师或工程师出具的证明书、法院判决书或仲裁裁定书)后,认为这些文件表面上与保函条款一致时,支付保函中规定的款项。担保人应享有合理时间谨慎地审核这些文件,以确定它们是否表面上符合保函条款的要求。如果提交的文件表面上不符合保函条款要求或文件之间表面上不一致时,担保人可以拒收这些文件。保函项下任何付款要求均应以书面做成,保函规定的其他文件也应是书面的,并应随文字声明予以佐证。

5. 保函失效日期或失效事件

保函中规定提交索赔书的失效时间应是一个日历日期(失效日),或是把保函中规定的表示保函失效的文件(失效事件)交给担保人之时。如果保函中既规定了失效日期,又规定了失效事件,则保函将在失效日期和失效事件两者中最早出现的日期开始失效。不管保函中是否规定失效条款,如果将保函退还担保人或受益人书面声明解除担保的责任,则认为该保函已被取消。

(三) 银行保函的当事人

1. 主要当事人

银行保函的主要当事人有三个:

(1) 委托人(principal)又称申请人,指要求银行开立保函的当事人。

(2) 受益人(beneficiary)指收到保证书并凭以向银行索偿的一方。

(3) 担保人(guarantor)也称保证人,指银行保函的开立人。担保人根据委托人的申请,并在委托人提供一定担保的条件下向受益人开立保证书。担保人在保函项下的责任是"在收到索赔书和保函中规定的其他文件后,认为这些文件表面上与包含条款一致时,支付保函中规定数额的款项"。银行保函的担保人一般为银行,有时也可能是保险公司或信托投资公司等金融机构。

2. 其他当事人

(1) 转递行(transmitting bank)是指根据保证人的要求将银行保函转递给受益人的银行。在一般情况下,转递行对保函只负责核对印鉴或密押是否正确真实,不承担任何经济责任。

(2) 转开行(reissuing bank)是指接受保证人的要求,向受益人开立保函的银行。这种保函发生赔付时,受益人只能向转开行要求赔付。

(3) 保兑行(confirming bank)是指在保证人开立的保函上加以保证兑付承诺的银行。保兑行只有在保证人不履行担保义务时,才向受益人赔付。

(四) 银行保函的种类

银行保函不仅适用于货物的买卖,而且广泛用于其他国际经济合作领域,如在国际工程承包、招标与投标以及借贷业务中均有使用。银行保函按其主要用途可分为投标保函、履约保函和还款保函。

1. 投标保函

投标保函(tender guarantee)是指银行、保险公司或其他当事人(保证人)向受益人(招标人)承诺,当申请人(投标人)不履行其投标所产生的义务时,保证人应在规定的金额限度内向受益人付款的银行保函。投标保函主要担保投标人在开标前不撤销投标和片面修改投标条件,中标后要保证签约和交付履约金;否则,银行负责赔偿招标人的损失。

2. 履约保函

履约保函(performance guarantee)是指银行或金融机构(保证人)应货物买卖、劳务合作或其他经济合同当事人(委托人)的申请,向合同的另一方(受益人)开立,用于保证如委托人未能及时按合同规定履行其义务时,对受益人支付一定金额限度的款项或根据保函条款采取措施履行合同义务的银行保函。履约保护的适用范围相当广泛,既可以用于一般的货物进出口贸易,也可以用于技术贸易、补偿贸易、国际租赁、对外加工贸易等。

3. 还款保函

还款保函(repayment guarantee)是指银行或金融机构(保证人)应货物买卖、劳务合作、资金借贷或其他经济合同当事人(委托人)的申请,向合同的另一方当事人(受益人)开立的银行保函,用于保证如委托人不履行其与受益人之间订立合同的义务,将受益人预付、支付或贷放给委托人的任何金额的款项退还或以其他方式还款给受益人,则由银行向受益人退还该款项。还款保函除用于融资外,还用于货物进出口、劳务合作和技术贸易等。

(五) 银行保函与信用证的区别

虽然银行保函与信用证都属于银行信用,但两者又有区别:

(1) 信用证是一项自足文件,银行保函不是自足文件。在信用证业务中,开证行只凭符合信用证规定的单据付款,而与买卖合同无关,即信用证是一项自足文件。在银行保函业务中,担保银行付款的依据是申请人不履行被担保的基础合同的事实,当受益人以对方不履行合同义务,提交书面陈述或证明,要求银行履行赔付义务时,银行一般要证实申请人不履约的情况,如果合同双方意见不一致,保证银行就会被牵连到交易双方的合同纠纷中,因为银行保函不是自足文件。

(2) 在信用证项下,受益人可以通过议付方式取得资金融通。在银行保函业务中,单据不能成为索汇的依据,受益人不能通过议付取得资金融通。

(3) 适用范围不同。信用证一般用于正常履行国际货物买卖合同的场合,且这种付款是必然要发生的。银行保函的应用范围比信用证广泛,不仅可以用于一般的货物进出口贸易,而且可以用于投标、租赁、借贷、劳务等各种经济贸易往来的合同中,且只是在委托人违约时才被使用。

二、备用信用证

(一) 备用信用证的含义

备用信用证(stand by letter of credit)又称商业票据信用证(commercial paper letter of credit)、担保信用证或保证信用证(guarantee letter of credit),是指开证行应开证申请人的请求,对受益人开立的承诺承担某项义务的凭证。开证行保证在开证申请人未能履行其应履行的义务时,受益人只要按备用信用证的规定,向开证行开立汇票(或不开汇票)并提交开证申请人未履行义务的声明或证明文件,即可取得开证行的偿付。

(二) 备用信用证的运作流程

备用信用证的运作流程是:开证行根据开证申请人的请求向受益人开出备用信用证;开证申请人按照合同履行其义务;若开证申请人根据合同的规定履行了其应尽的义务,备用信用证便自动失效,此时全部交易即告结束。如若开证申请人未能根据合同的规定履行其应尽的义务,受益人可按照备用信用证的规定向开出备用信用证的银行提出索赔要求,通常是提交一份开证申请人未履行合同义务的声明;开证行经审查如认为受益人所提交的声明符合备用信用证的规定,即按约定向受益人支付信用证金额,并从开证申请人处获得偿付。

(三) 备用信用证和跟单信用证的区别

备用信用证虽然是信用证中的一种,但它与跟单信用证又有不同之处,主要表现在:

(1) 跟单信用证一般只适于货物买卖的支付;而备用信用证可用于投标、借贷、履行合约等违约行为的偿付。

(2) 跟单信用证的受益人只要根据信用证规定提交货运单据,开证行就会据以付款;而备用信用证是开证行凭受益人出具的说明开证申请人未能履行其义务的证明文件来保证付款。

(3) 跟单信用证的受益人只要履行信用证条件,即可向开证行要求付款;而备用信用证的受益人只有在开证申请人未履行其义务时,才能使用该证要求开证行付款。如果开证申请人按期履行其义务,则受益人就无须使用备用信用证了。

第五节　国际保付代理

一、国际保付代理的含义和服务范围

国际保付代理(international factoring)简称国际保理,是指在托收(D/P,D/A)或赊销

(open account，O/A)方式下，保理公司对出口商应收账款进行核准或购买，从而使出口商获得出口后收回货款的保证的一种融资结算方式。

国际统一司法协会制定的《国际保理公约》对保理做了如下定义：保理是指卖方/供应商/出口商与保理商之间存在的一种契约关系，根据该契约，卖方/供应商/出口商就其现在或将来的基于与买方(债务人)订立的货物销售/服务合同所产生的应收账款转让给保理商，由保理商为其提供下列服务中的至少两项：

(1) 贸易融资。

(2) 销售分户账户管理：在卖方续做保理业务后，保理商会根据卖方的要求定期/不定期向其提供关于应收账款的回收状况、预期账款情况、信用额度变化情况、对账单等各种财务和统计报表，协助卖方进行销售管理。

(3) 应收账款的催收：保理商一般有专业人员和专职律师进行账款催收。保理商会根据应收账款逾期的时间采取信函通知、打电话、上门催款直至采取法律手段。

(4) 信用风险控制与坏账担保：卖方与保理商签订保理协议后，保理商会为债务人核定一个信用额度，并且在协议执行过程中，根据债务人资信情况的变化对信用额度进行调整。对于卖方在核准信用额度内的发货所产生的应收账款，保理商提供100%的坏账担保。

二、国际保理业务的当事人

国际保理业务的当事人主要有以下四个：

(1) 出口商或供应商，是指对提供货物或劳务出具发票，其应收账款由出口保理商做保理的当事人。

(2) 进口商或买方，是指对提供的货物或劳务负有付款责任的当事人。

(3) 出口保理商或称出口保理公司，是指对出口商的应收账款做保理的当事人。

(4) 进口保理商或称进口保理公司，是指同意代收出口商开具的发票表示的转让给出口保理商的应收账款，对已接受的应收账款进行追收，并承担应收账款责任的当事人。

三、国际保理业务的基本操作流程

国际保理业务的基本操作流程如图5-4所示。

四、国际保理业务的注意事项

(1) 保理业务不同于信用证以单据为付款依据，而是在货物与合同相符的前提下，保理公司才承担付款责任，对单据要求不高。如果因为货物品质、数量、交货期等方面的纠纷导致进口商不付款，保理公司的信用风险担保责任自动解除，因此出口商应严格按照合同规定履约。

(2) 保理公司承担的是信用额度内的风险担保，对超额度发货的发票金额不予担保，因此出口企业要安排好出口计划。

(3) 对保理商的资信状况要调查清楚，一般保理商以大银行附设的金融公司比较可靠。

(4) 国际保理业务的佣金和手续费较高，一般是货值的1%～3%，因此出口价格中应考虑保理费用等因素。

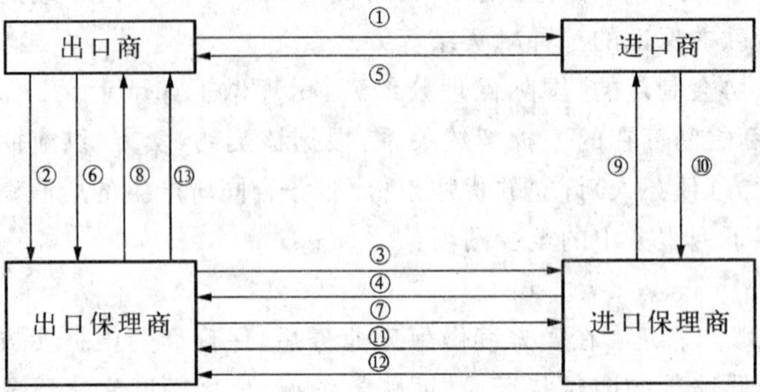

图 5-4　国际保理业务的基本操作流程

说明：在图 5-4 中，① 出口商和进口商在做托收和寄售贸易时，决定采用国际保理支付方式。② 出口商填写《信用额度申请表》，请求出口保理商对进口商进行资信调查。③ 出口保理商在收到申请后，向进口保理商发送“进口商信息表”和“初步信用额度申请”，请求进口保理商对进口商信用进行评估。④ 进口保理商在评估进口商信用额度后，将进口商的信用额度通知出口保理商。⑤ 出口商得到通知，与出口保理商签订保理协议后，在信用额度内向进口商发货，并在发货后将全套单据正本寄交进口商。⑥ 出口商将单据副本送交出口保理商。⑦ 出口保理商通知进口保理商有关单据的详情，表示应收账款转让给进口保理商。⑧ 如出口商有融资要求时，出口保理商在拿到全套单据副本并审查无误后，给出口商以不超过发票金额 60%～80% 的融资。⑨ 进口保理商在发票到期日后如仍未收到进口商的付款，有义务向进口商索取应收账款。⑩ 进口商向进口保理商付款。⑪ 进口保理商按照与出口保理商的约定方式将款项拨付给出口保理商。⑫ 如在到期日后 90 天进口商仍未能付款，且在这 90 天内债务人不提出贸易纠纷，进口保理商负付款责任。⑬ 出口保理商扣除融资本息（如有）及费用，将货款余额付给出口商。

（5）承做国际保理业务的机构还不普遍，和传统的信用证结算方式相比，国际保理业务在我国对贸易中占的比重还很小。

第六节　国际货物买卖合同中的支付条款

国际货物买卖合同中的支付条款一般包括支付金额、支付工具与支付时间，支付地点和支付方式等内容。选用支付方式时，应考虑安全收汇、加速资金周转、扩大贸易往来等因素，根据实际情况，对各种支付方式加以灵活运用。

一、合同中的支付条款

国际货物买卖合同中有关货款收付的规定具体表现在支付条款中。现将实务中常用的支付条款举例介绍如下。

（一）汇付支付条款

【例 5-1】 2011 年 5 月 1 日前采用电汇方式预付全部货款。（Payment is by 100% T/T in advance no later than May 1,2011.）

【例5-2】 采用电汇方式付款，30%定金在2011年5月1日前付至，货款余额在货物发运前凭提单副本付清。（Payment is by 30% T/T downpayment no later than May 1, 2011 and balance paid with copy of bill of lading before shipment.）

（二）托收支付条款

1. 即期付款交单

买方应凭卖方开具的即期跟单汇票于见票时立即付款，付款后交单。

2. 远期付款交单

买方对卖方开具的见票后30天付款的跟单汇票，于提示时应给予承兑，并应于汇票到期日付款，付款后交单。

3. 承兑交单

买方对卖方开具的见票后30天付款的跟单汇票，于提示时即应承兑，并应于汇票到期日付款，承兑后交单。

（三）信用证支付条款

1. 不可撤销即期信用证

不可撤销即期信用证应通过卖方所接受的银行于装运月份前45天开立并送达卖方，有效期至装运日后第15天在中国议付。

2. 不可撤销远期信用证

不可撤销见票后30天付款信用证应通过卖方所接受的银行于装运月份前60天开立并送达卖方，有效期至装运日后第15天在中国议付。

二、各种支付方式的选用

在国际贸易中，应综合考虑具体交易情况、竞争因素、风险因素、贸易金额大小、收汇要求、交易对方资信状况等各种要素，争取选用对己方较为有利的支付方式。例如，在出口业务中，一般采用电汇预付款或即期信用证方式支付货款，以便安全迅速收汇。有时为了促成交易，对于一些资信良好的客户，可以采用付款交单的托收方式。

通常一笔交易只选择一种支付方式，有时为了安全收汇和妥善付汇，加速资金周转，节约流通费用，方便客户，促使交易的达成，也可以把两种或多种支付方式结合起来使用，比较常见的有以下几种方式。

（一）信用证与汇付相结合

这种支付方式在当今国际贸易中也很常见，是指部分货款用信用证支付，余款采用汇付方式结算，一般采用信用证加电汇预付部分货款的支付方式，如"30% T/T in advance and balance paid by L/C"。采用这种支付方式，也可以先以信用证结算部分货款，余款采用电汇方式结算。例如，对于矿砂等初级产品的交易，双方约定，信用证规定凭装运单据先付发票金额的若干成，余数待货到目的地后，根据检验的结果，按实际品质或重量计算出确切的金额,另用汇付方式支付。

（二）信用证与托收相结合

这种支付方式是指部分货款用信用证支付,余数用托收方式结算。一般做法是:出口人开立两张汇票,属于信用证部分的货物凭光票支付,而全套货运单据则附在托收部分汇票项下,按即期或远期付款交单方式托收。采用这种方式,对于进口人而言,可以减少开证金额,少付开证押金,节约手续费用;对于出口人而言,因有部分信用证支付的保证,且其余部分采用付款交单托收,因此收汇比较安全,所以对买卖双方都有利。但信用证上必须注明"在发票金额全部付清后方可交单"的条款,以防止开证行在未收妥全部货款前即将货运单据交给进口人。

（三）汇付与付款交单托收相结合

为了使收汇更有保障,出口人在采取托收方式收取货款的同时,要求进口人在货物发运前使用汇付方式预付一定金额的定金作为保证,在货物发运后,当出口人委托银行办理跟单托收时,在托收货款中将已预付的款项扣除。如托收金额被拒付,出口人可将货物运回而以预收的定金或货款来抵偿运费、利息等损失。定金或预付货款的金额可根据客户的资信和不同商品的具体情况而定。

（四）汇付、托收和信用证相结合

在成套设备、大型机械产品和交通工具的交易中,因为成交金额较大,成品生产周期较长,一般采取按工程进度和交货进度分若干期付清货款,即分期付款和延期付款的方法。一般采用汇付、托收和信用证相结合的方式。

1. 分期付款

买卖双方通常在合同中规定,在产品投产前,买方可采用汇付方式,先交部分货款作为定金。卖方在买方支付定金前,应向买方提供银行开具的保函,担保若卖方不履约,由银行负责退还定金、已付款项及利息。除定金外,其余货款,可按不同阶段分期支付,但最后一笔货款一般是在交货或卖方承担质量保证期满时付清,货物所有权则在付清最后一笔货款时转移。

2. 延期付款

在成套设备和大宗交易的情况下,由于成交金额较大,买方一时难以付清全部货款,可采用延期付款的办法。其做法是:买卖双方签订合同后,买方一般要预付一小部分货款作为定金。有的合同还规定,按工程进度和交货进度分期支付部分货款,但大部分货款是在交货后若干年内分期摊付。延期支付的那部分货款实际上是一种赊销,等于是卖方给买方提供的商业信用,因此,买方应承担延期付款的利息。在延期付款的条件下,货物所有权一般在交货时转移。

采用延期付款,其做法虽与分期付款类似,但两者有所不同,主要区别如下:

(1) 货款清偿程度不同。采用分期付款,其货款是在交货时付清或基本付清,是一种即期付现交易;而采用延期付款,大部分货款是在交货后一个相当长的时间内分期摊付,是一种赊销交易。

(2) 所有权转移时间不同。采用分期付款时，只要付清最后一笔货款，货物所有权即行转移；而采用延期付款时，货物所有权一般在交货时转移。

(3) 支付利息费用不同。采用分期付款，买方没有利用卖方的资金，因而不存在利息问题；而采用延期付款时，由于买方利用卖方的资金，所以买方应向卖方支付利息。

第七节　出口收汇核销与出口退税

根据我国国情，在我国对外贸易中，出口企业从国外收汇后还有出口收汇核销和出口退税两个必不可少的环节。

一、出口收汇核销

(一) 出口收汇核销的含义

出口收汇核销就是出口收汇核销监管，是指外汇局在海关、外汇指定银行、税务、外经贸管理等部门的配合、协助下，对出口单位的货物实施跟踪监管直到货款收回进行核销的一种事后监管制度。直观地讲，出口收汇核销是以外汇局发出的出口收汇核销单为主线，凭海关的报关单跟踪货物出口，凭外汇指定银行出具的结汇水单或收账通知核销收汇的一种经常项目下的符合国际惯例的管理制度。

(二) 出口收汇核销的对象

具体来说，凡是在中华人民共和国境内登记注册，并在国家外经贸部门备案经营出口业务的公司、企业(包括外商投资企业)和个人都属于出口收汇核销管理的对象。

(三) 出口收汇核销的范围

除经批准外，一切出口贸易项下的收汇均应办理出口收汇核销手续，主要分为收汇贸易、不收汇贸易和其他贸易三大类。收汇贸易是指一般贸易、进料加工、来料加工、来件装配、有价样品；不收汇贸易包括易货贸易、补偿贸易(实物补偿)、实物投资、记账贸易；其他贸易包括出境展销(览)、承包工程等，收款和不收款或自用、损耗、赠送、出售、退还兼有的贸易。

(四) 出口收汇核销的内容

一切贸易方式项下的出口，出口单位在向海关报关时，必须出示事先从外汇局领取的盖有“监督收汇”章的、有顺序编号的核销单(企业已网上申领、外汇局网上发单、企业出口口岸备案)，海关审核无误后出具有核销单编号的报关单。出口单位报关后必须在规定的时间内在电子口岸上点击交单。银行收到货款后，在结汇水单或收账通知上注明核销单编号、寄单日期，以及在货款结汇以前从货款中扣除的有关从属费用，并在核销单银行签注栏内签注收汇金额交出口企业到外汇局办理核销。自寄单据项下的出口，出口单位将结汇水单或收账通知与报关单、核销单自行配对后，到外汇局办理核销手续。如出口单位逾期未办理核销，外汇局可根据最迟收款日催促出口单位办理核销；如逾期未收汇，出口单位需说明原因，所有出口货款都应在规定时间内收回；外汇局根据《出口收汇考核办法》分年度对出口单位出口收汇核销进行考评，并将考评结果进行通报。对通报中为荣誉企业的单位，在日后的外汇监管方面给予一定的优惠。对通报中为风险企业的在核销方面给予一定的限制。如出口单位违反出口收汇核销有关规定，将受到处罚。

（五）出口收汇核销业务流程

(1) 出口单位到商务部或其委托的机构办理备案登记，取得对外贸易经营权。

(2) 出口单位到海关办理"中国电子口岸"入网手续，并到有关部门办理"中国电子口岸"企业法人 IC 卡和"中国电子口岸"企业操作员 IC 卡电子认证手续。

(3) 出口单位持有关材料到注册所在地外汇局办理核销备案登记，外汇局审核无误后，为出口单位办理登记手续，建立出口单位电子档案信息。

(4) 出口单位通过"中国电子口岸出口收汇系统"在网上向外汇局申领出口收汇核销单（以下简称"核销单"）。

(5) 出口单位凭操作员 IC 卡、出口合同（首次申领时提供）到注册所在地外汇局申领纸质核销单。

(6) 出口单位报关前通过"中国电子口岸出口收汇系统"在网上向报关地海关进行出口核销单的口岸备案。

(7) 出口单位出口报关。

(8) 出口单位报关出口后通过"中国电子口岸出口收汇系统"将已用于出口报关的核销单向外汇局交单。

(9) 出口单位在银行办理出口收汇后，到外汇局办理出口收汇核销手续。

（六）出口收汇核销的意义

(1) 提高出口收汇率。实行出口收汇核销的出发点和首要意义在于能最大限度地减少出口逾期未收汇的数量，防止出口外汇流失。出口收汇核销制度以核销单为主线，确实建立起了对每一笔出口的跟踪监测制度。外汇管理部门通过对每一笔出口实行收汇核销，可以堵塞逃汇的漏洞。出口单位出口商品以后，必须按期将货款收回；否则，须说明理由，并提供有关证明。如出口单位将出口货款私存境外，而又提供不出外汇收回的理由的，外汇管理部门将对其进行调查，一经查出逃汇的，严肃处理。出口收汇核销制度建立以后，大大减少了逃汇数量。收汇核销制度可以促使出口单位更加重视出口收汇。在签订出口合同、出口产品生产、出口装船、交单等各个环节上，出口单位均以及时收汇为根本目的，选择可靠的国外客户和安全的收汇方式，保证出口商品质量，及早装船，及时交单，做到单证相符，并在货物出口以后派专人负责催收货款，这样，由于我方主观原因造成的逾期未收汇的数量将会逐步减少。出口逾期未收汇发生以后，外汇管理部门通过核销，促使出口单位努力对外催收，并组织有关银行进行催收，这样将使以前收不回来的出口货款可能全部或部分收回。

(2) 建立出口收汇的统计系统。外汇管理部门通过核销，能全面地掌握出口的数量、金额、商品品种、出口国别、收汇金额、贸易方式、收汇方式、收汇品种、收汇速度、逾期未收汇金额、逾期收汇原因、出口的实际收汇价格等资料，可根据需要，通过统计报表制度，从报关单、核销单、结汇水单上的原始数字，获得有关各种收汇统计数字。建立了收汇统计系统之后，外汇管理部门可对有关数据进行研究分析，为各级政府和有关部门的经济决策提供参考，对出口收汇中的一些问题，能及时和有关部门一起采取措施加以解决。

二、出口退税

（一）出口退税的含义

出口货物退税（export rebates）简称出口退税，基本含义是指对出口货物退还其在国内生产和流通环节实际缴纳的产品税、增值税、营业税和特别消费税。

（二）出口退税的条件

（1）必须是增值税、消费税征收范围内的货物。增值税、消费税的征收范围包括除直接向农业生产者收购的免税农产品以外的所有增值税应税货物，以及烟、酒、化妆品等11类列举征收消费税的消费品。

（2）必须是报关离境出口的货物。所谓出口，即输出关口，它包括自营出口和委托代理出口两种形式。区别货物是否报关离境出口，是确定货物是否属于退（免）税范围的主要标准之一。凡在国内销售、不报关离境的货物，除另有规定者外，不论出口企业是以外汇还是以人民币结算，也不论出口企业在财务上如何处理，均不得视为出口货物予以退税。

（3）必须是在财务上作出口销售处理的货物。出口货物只有在财务上作出销售处理后，才能办理退（免）税。也就是说，出口退（免）税的规定只适用于贸易性的出口货物，而对非贸易性的出口货物，如捐赠的礼品、在国内个人购买并自带出境的货物（另有规定者除外）、样品、展品、邮寄品等，因其一般在财务上不作销售处理，故按照现行规定不能退（免）税。

（4）必须是已收汇并经核销的货物。按照现行规定，出口企业申请办理退（免）税的出口货物，必须是已收外汇并经外汇管理部门核销的货物。

在一般情况下，出口企业向税务机关申请办理退（免）税的货物，必须同时具备以上四个条件。但是，生产企业（包括有进出口经营权的生产企业、委托外贸企业代理出口的生产企业、外商投资企业）申请办理出口货物退（免）税时必须增加一个条件，即申请退（免）税的货物必须是生产企业的自产货物（外商投资企业经省级外经贸主管部门批准收购出口的货物除外）。

（三）出口退税的程序和所需文件

1. 出口退税登记的一般程序

（1）有关证件的送验及登记表的领取。企业在取得有关部门批准其经营出口产品业务的文件和工商行政管理部门核发的工商登记证明后，应于30日内办理出口企业退税登记。

（2）退税登记的申报和受理。企业领到“出口企业退税登记表”后，即按登记表及有关要求填写，加盖企业公章和有关人员印章后，连同出口产品经营权批准文件、工商登记证明等证明资料一起报送税务机关，税务机关经审核无误后，即受理登记。

（3）填发“出口退税登记证”。税务机关接到企业的正式申请，经审核无误并按规定的程序批准后，核发给企业“出口退税登记证”。

(4) 出口退税登记的变更或注销。当企业经营状况发生变化或某些退税政策发生变动时,应根据实际需要变更或注销退税登记。

2. 出口退税附送材料

(1) 报关单。报关单是货物进口或出口时进出口企业向海关办理申报手续,以便海关凭此查验和验放而填具的单据。

(2) 出口销售发票。这是出口企业根据与出口购货方签订的销售合同填开的单证,是外商购货的主要凭证,也是出口企业财会部门凭此记账凭证确认出口产品销售收入的依据。

(3) 进货发票。提供进货发票主要是为了确定出口产品的供货单位、产品名称、计量单位、数量,是否是生产企业的销售价格,以便划分和计算确定其进货费用等。

(4) 结汇水单或收汇通知书。

(5) 属于生产企业直接出口或委托出口自制产品,凡以到岸价 CIF 结算的,还应附送出口货物运单和出口保险单。

(6) 有进料加工复出口产品业务的企业,还应向税务机关报送进口料件的合同编号、日期、进口料件名称、数量、复出口产品名称,进料成本金额和实纳各种税金额等。

(7) 产品征税证明。

(8) 出口收汇已核销证明。

(9) 与出口退税有关的其他材料。

(四) 出口退税的计算

1. 外贸公司出口退税计算

计算公式如下:

$$\text{出口商品退税额} = \frac{\text{商品采购价(含增值税)}}{1+\text{增值税税率}} \times \text{退税率}$$
$$= \text{商品不含税价} \times \text{退税率}$$

【例 5-3】 外贸企业一批货物含税采购价为 500 000 元,增值税税率为 17%,出口退税率为 13%,则:

$$\text{该批货物不含税价} = 500\,000 \div (1+17\%) = 427\,350(\text{元})$$
$$\text{出口退税额} = 427\,350 \times 13\% = 55\,555.56(\text{元})$$

2. 生产企业出口退税计算

生产企业的出口退税计算比外贸企业复杂些,其特点是:出口货物的应退税款不是全额退税,而是先免征出口环节税款,再抵减内销货物应纳税额,对内销货物应纳税额不足抵减应退税额部分时,根据企业出口销售额占当期(1 个季度)全部货物销售额的比例确定是否给予退税。具体计算公式如下:

$$\text{当期应纳税额} = \text{当期内销货物的销项税额} - \text{当期给予免征抵扣和退税的税额}$$

$$\text{当期给予免征抵扣和退税的税额} = \text{当期进项税额} - \text{当期出口货物不予免征抵扣和退税的税额}$$

$$\text{当期出口货物不予免征抵扣和退税的税额} = \text{当期出口货物的离岸价} \times \text{外汇人民币牌价} \times \left(\text{增值税规定税率} - \text{退税率}\right)$$

当生产企业一个季度出口销售额不足其同期全部货物销售额50%，且季度末应纳税额出现负数时，应将未抵扣完的进项税额结转下期继续抵扣。当生产企业一个季度出口销售额占其同期全部货物销售额50%以上(含50%)，且季度末应纳税额出现负数时，按下列公式计算应退税额：

(1) 当应纳税额为负数，且绝对值大于等于本季度出口货物的离岸价×外汇人民币牌价×退税率时：

应退税额＝本季度出口货物的离岸价格×外汇人民币牌价×退税率

(2) 当应纳税额为负数，且绝对值小于本季度出口货物的离岸价格×外汇人民币牌价×退税率时：

应退税额＝应纳税额的绝对值

结转下期抵扣的进项税额＝本期未抵扣完的进项税额－本期应退税额

【例5-4】 某电视机厂2011年一季度出口电视机3 000台，离岸价格为每台510美元，外汇人民币牌价为1美元＝6.566 8元人民币，内销货物销售额为8 200万元，上期结转进项税额为200万元，本期进项税额为800万元，增值税税率为17%，退税率为13%。免抵退税的计算如下：

出口自产货物销售收入＝3 000×510×6.566 8＝10 047 204(元)

当期不予免征抵扣和退税的税额＝10 047 204×(17%－13%)＝401 888.16(元)

当期应纳税额＝82 000 000×17%－(2 000 000＋8 000 000－401 888.16)＝4 341 888.16(元)

从以上计算可以看出，应纳税额的正数反映企业出口货物给予抵扣和退税的进项税额，已全部在内销货物应纳税额中抵减完毕，不需退税。

【例5-5】 某电视机厂2011年一季度出口电视机15 000台，每台离岸价510美元，外汇人民币牌价为1美元＝6.566 8元人民币，内销收入为56 000 000元，进项税额为13 800 000元，增值税税率为17%，退税率为13%。免抵退税的计算如下：

出口自产货物销售收入＝15 000×510×6.566 8＝50 236 020(元)

当期不予免征抵扣和退税的税额＝50 236 020×(17%－13%)＝2 009 440.8(元)

当期应纳税额＝56 000 000×17%－(13 800 000－2 009 440.8)＝－2 270 559.2(元)

出口货物占当期全部货物销售比例＝50 236 020÷(50 236 020＋56 000 000)＝47.29%

从以上计算可以看出，虽当期应纳税额为负数，但出口货物销售额占全部货物销售额的比例只有47.29%，未抵扣完的进项税额2 270 559.2元不能退税，只能结转下期继续抵扣。

【例5-6】 某电器厂2011年一季度出口空调30 000台，其中：① 28 000台以FOB价成交，每台300美元，外汇人民币牌价1美元＝6.566 8元人民币。② 2 000台以CIF价成交，每台350美元，并每台支付运费20元、保险费10元、佣金2元，外汇人民币牌价为1美元＝6.5668元人民币。当期实现内销空调为19 400台，销售收入为37 830 000元，进项税额为 10 800 000 元，增值税税率为 17%，退税率为 15%。免抵退税计算如下：

出口货物销售收入 = 28 000 × 300 × 6.566 8 + 2 000 × (350 − 20 − 10 − 2) × 6.566 8 = 59 337 604.80(元)

当期不予免征抵扣和退税的税额 = 59 337 604.8 × (17% − 15%) = 1 186 752.10(元)

当期应纳税额 = 37 830 000 × 17% − (10 800 000 − 1 186 752.1) = −3 182 147.90(元)

出口货物占本企业当期销售比例 = 59 337 604.8 ÷ (59 337 604.8 + 37 830 000) = 61.07%

当期出口货物离岸价 × 外汇人民币牌价 × 退税率 = 59 337 604.8 × 15% = 8 900 640.72(元)

由于 |− 3 182 147.90 | < 8 900 640.72，当期应退税额 = 应纳税额的绝对值 = 3 182 147.90(元)，差额结转下期继续抵扣。

如果应纳税额为负数 9 000 000 元，大于 8 900 640.7 元，当期退税额为 8 900 640.7 元，差额结转下期继续抵扣。

(五) 出口退税的意义

(1) 增强了我国出口货物的竞争能力，进一步优化了出口商品结构。

(2) 加强了对出口企业的退(免)税管理和税务监督，促进了出口企业向自主经营、自负盈亏的经营机制的转变，有利于正确反映出口企业的真实经营成果，促进出口企业改善经营管理、加强经济核算、提高经济效益。

(3) 促进了我国对外贸易的发展，增强了我国的出口创汇能力和外汇储备能力。

本章小结

本章内容重点为：汇票的含义及使用；电汇、即期付款交单托收、即期跟单议付信用证结算方式的操作流程；国际货物买卖合同中对支付条款的规定以及各种支付方式的选择；出口收汇核销和出口退税的含义、对象和操作流程；外贸企业和生产企业出口退税的计算。在结算方式中，汇付和托收都属于商业信用，信用证结算方式属于银行信用，在实践中要依据实际情况，选择对己方较为有利的支付方式。出口退税中需要注意的是外贸企业和生产企业的退税计算方式和退税方式不同，生产企业的退税计算要复杂得多，要着重掌握。

思考与练习

一、选择题

1. 下列各项中，属于顺汇方法的支付方式是(　　)。

A. 汇付　　B. 托收　　C. 信用证　　D. 银行保函

2. 托收方式下的 D/P 和 D/A 的主要区别是(　　)。

A. D/P 属于跟单托收，D/A 属于光票托收

B. D/P 属于付款后交单，D/A 属于承兑后交单

C. D/P 属于即期付款，D/A 属于远期付款

D. D/P 属于远期付款，D/A 属于即期付款

3. 信用证的第一付款人是（　　）。

A. 进口人　　B. 开证行　　C. 议付行　　D. 通知行

4. 出口退税产品必须具备的条件是（　　）。

A. 已征税的产品　　B. 报关离境的产品

C. 实行总量控制的产品　　D. 财务上作出口销售的产品

5. 申请出口退税需要提供的两单两票是（　　）。

A. 盖有海关“验讫”章的出口报关单　　B. 银行收汇核销单

C. 出口商品销售发票　　D. 出口商品采购发票

二、思考题

1. 我国 A 公司向巴基斯坦 B 公司以 CIF 条件出口货物一批。国外来证中单据条款规定如下：“商业发票一式两份，全套清洁已装船提单，注明‘运费预付’，作成指示抬头空白背书，保险单一式两份，根据中国人民保险（集团）公司 1981 年 1 月 1 日海洋运输货物保险条款投保一切险和战争险。”信用证内注明“按 UCP600 办理”。A 公司在信用证规定的装运期限内将货物装上船，并于到期日前向议付行交单议付，议付行随即向开证行寄单索偿。开证行收到单据后来电表示拒绝付款，其理由是单证有下列不符点：

(1) 商业发票上没有受益人的签字。

(2) 正本提单是以一份组成，不符合全套要求。

(3) 保险单上的保险金额与发票金额相等，因此，投保金额不足。

要求：试分析开证行单证不符的理由是否成立，并说明理由。

2. 2011 年 3 月，某鞋厂出口鞋 30 000 打，其中：① 28 000 打以 FOB 价成交，每打 200 美元，人民币外汇牌价为 1 美元＝6.536 0 元人民币。② 2 000 打以 CIF 价成交，每打 240 美元，并每打支付运费 20 元、保险费 10 元、佣金 2 元，人民币外汇牌价为 1 美元＝6.536 0 元人民币。当期实现内销鞋 19 400 打，销售收入为 34 920 000 元，销项税额为 5 936 400 元，当月可予抵扣的进项税额为 10 800 000 元，鞋的退税率为 13%。

要求：计算当期出口应退税额。

第六章　商品检验、索赔、不可抗力与仲裁

学习目标

1. 掌握商品检验条款的主要内容和规定方法。
2. 掌握索赔、不可抗力条款的内容和规定方法。
3. 掌握仲裁的形式、作用和仲裁条款的内容。

第一节　商品检验

在国际贸易中，买卖双方交易的商品一般都要进行商检，以保证卖方交付的货物符合合同规定。在合同履行中，如果一方违约，则另一方可根据合同和相关适用法律要求对违约方提出赔偿。如果由于不可抗力事件引起的违约，则可以按照合同中不可抗力条款免除合同当事人相应的履约责任。如果买卖双方在履约过程中发生争议，且无法调解时，可按照合同中约定的仲裁方式裁决。由此可见，买卖双方在合同中订立商品检验、索赔、不可抗力和仲裁条款具有重要的法律和实践意义。

一、商品检验的含义

商品检验(commodity inspection)是指在国际货物买卖过程中，由商品检验机构对卖方交付货物的品质、数量、包装等进行检验，以确定合同的标的物是否符合合同的规定；或根据需要对装运技术、货物残损短缺等情况进行检验或鉴定，以明确事故的起因和责任归属；或根据一国法律、法规的要求对进出口货物进行卫生、安全、防疫、环保等强制性的检验或检疫。

《中华人民共和国进出口商品检验法》规定：商检机构和国家商检部门、商检部门指定的检验机构，依法对进出口商品实施检验。凡未经检验的进口商品，不准销售、使用，凡未经检验合格的出口商品，不准出口。

二、进出口商品检验的重要性

(一) 保证买卖双方顺利履行合同

在进出口贸易业务中，买卖双方身处不同的国家或地区，难以当面交接货，并且商品要

经过长途运输，途中可能还会多次装卸，难免会发生货物短损残缺甚至灭失等问题，尤其是在凭单证交接货物的象征性交货条件下，买卖双方对所交货物的品质、数量、重量、包装等问题更容易产生争议，而这也会涉及发货人、运输部门、装卸部门、保险公司等多方面的责任。因此，为了明确责任的归属，查明货损的原因和程度，避免纠纷或出现争议后能够妥善解决，就需要一个有资格的、公正的第三方即商品检验机构对货物进行检验或鉴定，以维护国际贸易双方的合法权益。

(二) 把好进口商品质量关

在进出口贸易中，一国需要从其他国家及地区进口多种商品或生产要素，此时本国的检验机构就应当对进口商品的质量、数量、包装等进行检验检疫，把好质量关，以防止有些不法商人以旧充新、以次充好，避免和防止品质低下的商品进入国内，有效地维护消费者的权益。同时，还可以防止动植物传染病、寄生虫病和植物危险性病虫害传播，保障农林渔业生产和人民身体健康。

(三) 把好出口商品质量关

在进出口贸易中，一国通过对出口商品的检验，能够及时发现出口商品的不足，促使生产企业采取措施改进技术水平和工艺流程，以提高产品的质量、包装等问题，增强产品在国际市场上的竞争力，提高企业知名度，也可有效避免外国进口商的索赔及退货，促进本国出口贸易的增长。

由此可见，商品检验检疫不仅能够促进进出口贸易的正常发展，而且还关系到本国的国民经济是否能顺利发展、生态环境能否保持平衡、人民的身体健康和动植物生长能否得到保障，从而成为买卖双方交易洽谈贸易合同的一项不可缺少的内容。

三、国际货物买卖合同中的商品检验条款

国际货物买卖合同中的商品检验条款一般包括：检验的时间和地点、检验机构、检验证书和检验标准。

(一) 检验的时间和地点

在国际贸易中，商品检验时间和检验地点有以下三种基本做法。

1. 在出口国检验

在出口国检验是指在出口国由卖方委托经买方同意的商检机构对货物的品质、数量(重量)、包装等进行检验，并以检验后出具的有关检验证书作为交货的最后依据。这种做法可以分为在产地检验和在装运前或装运时在装运港或装运地检验。

(1) 在产地检验，即在货物生产地点(工厂、农场、矿山等)检验，由卖方检验人员会同买方验收人员在货物发运前进行检验，卖方承担货物运离产地前的责任和风险。

(2) 装运前或装运时在装运港或装运地检验，即以离岸质量、数量或重量为准(shipping quality, quantity or weight as final)。货物在装运港或装运地装运前或装运时，由买卖双方约定的检验机构对货物的质量、重量或数量进行检验，该机构出具的检验证书作为决定交货质量、重量或数量的依据。按这种做法，货物抵达目的港或目的地后，买方如对货物进行复

检,即使发现货物质量、数量或重量问题,也无权向卖方提出异议和索赔。因此,这种做法对卖方有利,而不利于买方。

2. 在进口国检验

在进口国检验是指在货物到达进口国后,在目的港或目的地,或在买方营业场所或在最终用户所在地,由双方同意的商检机构对货物的品质、重量、数量、包装进行检验,以相应的商检证书作为交货的最后依据。这种做法分为在目的港或目的地检验和在买方营业场所或在最终用户所在地检验。

(1) 在目的港或目的地检验,即以到岸质量、数量或重量为准(landing quality, quantity or weight as final)。在货物运抵目的港或目的地一定时间内,由双方约定的检验机构进行检验,该机构出具的检验证书作为决定交货质量、数量或重量的依据。采用这种方法时,卖方不仅要负责货物装运前的品质和数量,还要对货物运到目的港或目的地的品质和数量承担责任,卖方承担了货物装卸及国际运输途中的风险,这种商检方法对卖方不利。

(2) 在买方营业场所或在最终用户所在地检验,这一做法将货物检验时间和地点延伸和推迟至货物运抵买方营业场所或最终用户所在地后的一定时间内进行,并以双方约定的检验机构出具的检验证书作为决定交货质量、数量或重量的依据。这种做法主要适用于需要安装调试才能进行检验的成套设备、机电产品及在口岸拆除包装检验后难以恢复原包装的商品。

3. 在出口国检验,在进口国复检

采用这种检验方法时,卖方在装运前或装运时委托双方约定的检验机构对商品进行检验并出具相应的检验证书,这些检验证书作为卖方向银行议付货款的重要单据,但不作为卖方交货的最后依据;货物到达目的港或目的地后,再经双方约定的检验机构对货物进行复验,并出具检验证书,如复验时发现商品的品质、数量或包装与合同不符而且属于卖方责任,买方有权凭复验检验证书向卖方提出索赔,复验检验证书即为索赔依据。对买卖双方来说,这一检验方法比较合理,它既承认卖方提供的检验证书是有效的文件,可以作为双方交接货物和结算货款的依据之一,同时又给予买方复验权。因此,这一商品检验方法在国际贸易中被广泛采用,我国对外贸易中也广泛采用这种方法。

买卖双方在约定买方的复验权时,应就复验的地点、期限、机构、标准、方法以及费用的承担等内容作出明确、具体的规定。对于复验地点,按照国际贸易惯例和某些国家的法律规定,一般是在目的港或目的地的卸货码头、提货关栈或买方营业场所。在我国的进口业务中,一般商品是在口岸或集中存储地点进行复验;成套设备、机电仪器等是在收获、用货地点复验;集装箱货物是在拆箱地点复验。复验期限即索赔期限,是指由双方约定的或由惯例形成的买方对商品进行复验并可以提出索赔的期限。超出索赔期限的索赔将不再具有法律效力,除非索赔是针对卖方品质担保义务提出的。复验期限的时间长短要依据商品的特点而定。易腐、易变质商品复验期限较短,品质稳定商品的复验期限可以长些,对于复杂的机器设备则需要安排较长的复验期限。复验机构一般由双方在合同中约定,或由买方选定并由卖方同意。复验方法和标准最好应与卖方初验时保持一致,复验费用负担问题需要双方在合同中具体列明,一般由买方承担。

案例

某公司和香港一家公司签订一个进口二手香烟生产线合同，共18条生产线，价值180多万美元，合同中规定，卖方保证设备在拆卸前可以正常运转，否则更换或退货。设备到达目的地后因损坏和缺件问题，用了3周时间才完成产线装配，产线装配完成后也无法立即投入生产，该公司以质量问题向香港公司提出索赔要求。香港公司则辩称，合同中规定，买方索赔时需要提供商检机构在货到目的地后14天内出具的商检证明，而14天索赔有效期已过，因此不再受理买方的索赔要求。因忽略了合同中索赔有效期条款，最终，该公司不得不自己想办法维修生产线。

（二）检验机构

检验机构是指进行商品检验和公正鉴定工作的专业性检验部门或专业性检验企业。各国的检验机构，从组织性质上来分，有官方的，半官方的，有同业公会、协会或私人设立的；从经营的业务来看，有综合性的，也有只限于检验特定商品的。在实际业务中，委托哪家检验机构，取决于进出口国的法律法规、商品性质以及交易条件等。

根据我国《商检法》规定，国家质检总局主管全国进出口商品检验工作，国家质检总局设在各地的出入境检验检疫局管理其所辖地区的进出口商品检验工作。进出口商品的检验工作由地方出入境检验检疫机构和经国家质检总局认可的检验机构负责。中国检验认证（集团）公司（CCIC）是经国务院批准成立，在国家工商总局登记注册，迄今为止唯一的带"中国"字头以"检验、鉴定、认证、测试"为主业的跨国检验认证机构。

国际上一些著名的检验机构，由于其检验检疫比较科学、合理和公正，其鉴定结果已为多国政府认可，拥有这些著名检验机构的检验证书成为商品进入国际市场的通行证。国际上著名的非官方检验机构有瑞士日内瓦通用公证行（SGS）、日本海事鉴定协会（NKKK）、日本海外货物检验株式会社（OMIC），新日本鉴定协会（SK），劳氏船级社（LR），英之杰检验检疫集团（IITS）等。

（三）检验证书

检验检疫机构对进出口商品检验检疫或鉴定后，根据不同的检验或鉴定项目签发的各种检验检疫证书、鉴定证书和其他证明书，统称为检验证书（inspection certificate）。

检验证书的作用如下：

(1) 作为买卖双方交接货物的依据，以证明卖方所交货物的质量、重量（数量）及包装是否符合买卖合同的规定。

(2) 作为买卖双方结算货款的依据，在信用证支付方式下，检验证书通常是卖方向银行办理结汇时提交的单据之一。

(3) 是进行索赔和理赔的依据，买方如对到货质量、重量（数量）或包装提出异议，要求索赔时，检验证书是一项很重要的凭证。

在我国，出入境检验检疫机构签发的检验证书主要有：品质检验证书（inspection certificate of quality）、重量或数量检验证书（inspection certificate of weight or quantity）、包装检验证书（inspection certificate of packing）、兽医检验证书（veterinary inspection certificate）、卫生检验证书（sanitary inspection certificate）、消毒检验证书（inspection certificate of disinfection）、熏蒸证书（inspection certificate of fumigation）、残损检验证书（inspection certificate on damaged cargo）、货载衡量检验证书（inspection certificate on cargo weight or measurement）、价值证明书（certificate of value）。

在实际业务中，买卖双方应根据成交货物的种类、性质、有关国家的法律和行政法规、政府的对外经济贸易政策和贸易习惯等来确定卖方应提供何种检验证书，并在买卖合同中予以明确。

(四) 检验标准

检验标准是指检验机构从事检验工作在实体和程序方面所遵循的尺度和准则，是评定检验对象是否符合规定要求的准则。

1. 国际货物检验标准的分类

(1) 买卖双方约定的标准。买卖双方约定的标准是国际货物贸易中普遍采用的标准，如合同和信用证所规定的标准。

(2) 贸易相关国家法律、法规规定的强制性检验标准。贸易相关国家如商品的生产国、出口国、进口国、消费国或过境国为维护本国利益，往往会对进出口商品的品质、数量、包装、卫生、安全、检疫等制定严格的法规标准，如货物原产地标准、安全法规标准、卫生法规标准、环保法规标准、动植物检疫标准等。贸易相关国家有上述规定法规和标准的，进出口商品必须按照强制性标准实施检验，否则商品将无法出关和入关。

(3) 国际权威性标准。国际上较有影响的权威性检验标准按颁布组织的不同又可以分为四类：① 国际专业化组织（如国际标准化组织、国际海事组织、国际电工委员会、联合国食品法典委员会、国际民航组织等）制定的标准。② 区域性标准化组织（如欧洲标准化委员会、欧洲电工标准委员会、泛美技术标准委员会等）制定的标准。③ 国际性商品行业协会（如国际羊毛局、国际橡胶协会等）制定的标准。④ 某些国家所制定的具有国际性权威的标准，如英国药典、美国公职分析化学家协会标准、美国材料与试验协会标准等。

2. 我国商品检验的标准

根据《中华人民共和国进出口商品检验法实施条例》有关规定，我国商检机构按照下述标准对进出口货物实施检验：

(1) 法律、行政法规规定有强制性标准或其他必须执行的检验标准的，按照法律、行政法规规定的标准检验。

(2) 法律、行政法规未规定有强制性标准或者其他必须执行的检验标准的，按照对外贸易合同规定的检验标准检验；凭样成交的，应当按照样品检验。

(3) 法律、行政法规规定的强制性检验标准或其他必须执行的检验标准低于对外贸易合同约定的检验标准的，按照对外贸易合同约定的标准检验。

(4) 法律、法规未规定有强制性标准或其他必须执行的检验标准的，对外贸易合同又未约定检验标准或者约定检验标准不明确的，按照生产国标准、有关国际标准或者国家商检部门指定的标准检验。

第二节　索　　赔

国际货物买卖需要的时间长、环节多、涉及面广，且易受国际市场行情及国际政治经济形势变化的影响，所以就有可能发生贸易关系人(买方、卖方、运输方或保险方)不履约或违约的情况，从而给有关当事人造成损失。按照《联合国国际货物销售合同公约》和有关法律、法规，受害方有权向违约方提出异议，要求赔偿损失。国际货物买卖中的赔偿一般有三种：货物买卖赔偿、运输赔偿和保险赔偿，本节仅讨论货物买卖赔偿。

一、争议与索赔

(一) 争议

争议(disputes)是指买卖双方中的一方认为另一方未能全部或部分履行合同规定的责任和义务所引起的纠纷。

在国际贸易中，引起争议的原因主要有以下几方面：

(1) 买方违约。如买方不开信用证，不付款或不按时付款，无理拒收货物，在FOB条件下不按时派船接货等。

(2) 卖方违约。如不交货或不按照合同规定时间、品质、数量、包装交货，或单证不符等。

(3) 合同条款不明确。合同的某些条款规定得不够明确、具体，导致双方理解不同而产生的争议。

(4) 合同不合理。合同条款规定的不合理、不公平以至于双方对合同成立与否产生争议。

(5) 不可抗力。发生了某种不可抗力，但交易双方对此理解不一致。

(6) 承运方责任。发生了货物包装的破损、货物的损坏、货物短量等事故，由此产生买方或卖方与承运人之间的争议。

(7) 承保方责任。发生了保险事故，投保方与承保方之间发生的争议。

(二) 索赔

索赔(claim)是指国际货物买卖中遭受损害的一方在争议发生后，向违约方提出赔偿的要求。理赔(settlement of claim)是指违约方受理受害方提出的赔偿要求或其他权利主张，并进行处理的行为。索赔与理赔是一个问题的两个方面，对受害方是索赔，对违约方是理赔。

在国际贸易中，买方对卖方索赔的情况较多，索赔原因主要集中在交货期、品质、数量等问题上。卖方对买方的索赔的原因有买方未按时接货、未按时付款或拒付等。为了在索赔和理赔过程中有所依据，买卖双方应在合同中订立索赔条款。

二、国际货物买卖合同中的索赔条款

在国际贸易实务中，通常有两种规定索赔条款的方法：一种是异议与索赔条款，另一种是罚金条款。我国进出口合同中一般只订立异议与索赔条款，也有一些合同将索赔条款和检验条款结合起来订立而合并为检验与索赔条款。对于机械设备一类商品的合同或连续分批交货的大宗货物买卖合同，也可能同时订立罚金条款。

(一) 异议与索赔条款

异议与索赔条款(discrepancy and claim clause)除了明确规定一方如违反合同另一方有权提出索赔外，还包括索赔依据、索赔期限、索赔办法和金额等内容。

索赔依据条款主要规定索赔必须具备的证据及出证机构。据此规定，如果提出索赔时，证据不全、证据不足或不清，以及出证机构不符合规定，都可能遭到对方的拒赔。在规定索赔依据时，要与简要条款的内容相一致。

索赔期限条款主要规定索赔方向违约方提出索赔要求的有效期限。按此规定，如果逾期提出索赔，对方可不予理赔。索赔期限由约定和法定之分。约定索赔期限是指买卖双方协商一致并在合同中明确规定的期限。规定约定索赔期限时，应考虑商品的种类、性质及检验所需要时间等因素。一般来说，除机器设备等性能特殊的商品外，索赔期限一般不宜规定过长，以免使卖方承担过重的责任；但也不应规定得过短，以免使买方无法行使索赔权。对订有质量保证期限的合同，则索赔期限应规定得长一些，如1年或1年以上。在规定索赔期限时，还应具体规定索赔期限的起算时间。法定索赔期限是指有关法律或惯例规定的受害方索赔的有效期。《联合国国际货物销售合同公约》规定："如果买方不在实际收到货物之日起2年内将货物不符合合同的情形通知卖方，即丧失声称货物不符合合同规定的权利，除非这一时期与合同规定的保证期限不符。"

(二) 罚金条款

罚金条款(penalty clause)也称违约金条款，主要适用于延迟履约情形，如卖方延迟交货或买方延期接货或买方延迟开立信用证或买方延迟付款等情况。罚金条款内容主要包括罚金的计算方法，例如，若卖方不能如期交货，在卖方同意由付款行从议付货款中扣除罚金的条件下，买方可同意延期交货，每延误一周，买方应收取交货总值0.5%的罚金，不足1周情形按1周计算，延误10周时，买方除要求卖方支付罚金外，还有权撤销合同。按照一般惯例，罚金数额通常不超过货物总金额的5%。

我国《合同法》规定，当事人可以在合同中约定，一方违约时，向对方支付违约金；也可以约定因违约产生的损失赔偿的计算方法。但约定的违约金低于或过分高于违反合同所造成的损失时，当事人可以请求法院或者仲裁机构予以增加或减少。

第三节　不可抗力

一、不可抗力的含义

按照《联合国国际货物销售合同公约》规定，不可抗力(dorce majeure, or act of god)是指非当事人所能控制，而且没有理由预期他在订立合同时所能考虑到或能避免或克服它或它的后果而使其不能履行合同义务的障碍。据此，构成不可抗力的条件为：它是在合同成立以后所发生的；不是由于当事人一方的故意或过失所造成的；对其发生以及造成的后果是当事人不能预见、不能控制、不能避免并不能克服的。

引起不可抗力的原因有两种：一是自然原因，如洪水、暴风、地震、干旱、暴风雪等人类无法控制的大自然力量所引起的灾害事故；二是社会原因，如战争、罢工、政府禁止令等引起的。在实践中，对不可抗力的认定要与商品价格波动、汇率变化等正常的贸易风险区别开来。

二、国际货物买卖合同中的不可抗力条款

不可抗力条款是指买卖合同中订明当事人一方因不可抗力不能履行合同的全部或部分义务的，免除其全部或部分的履约责任，另一方当事人不得对此要求损害赔偿。因此，不可抗力条款是一种免责条款。在国际货物买卖合同中，不可抗力条款的主要规定包括：不可抗力的范围、不可抗力的处理原则和方法、不可抗力发生后通知对方的期限和方法，以及出具证明文件的机构等。

(一) 不可抗力的范围

关于不可抗力的范围，国际上并无统一的解释，当事人在合同订立时可自行商定。

关于不可抗力的范围应在买卖合同中订明，一般有以下三种规定方法。

1. 概括式规定

概括式规定即对不可抗力的范围只是笼统规定，不具体规定哪些事故属于不可抗力。如："由于不可抗力的原因，致使卖方不能全部或部分装运，或迟延装运，卖方对这种不能装运，或延迟装运合同下的货物不负责任。"(If the shipment of the contracted goods is prevented or delayed in whole or in part due to force majeure, the seller shall not be liable for non-shipment or late shipment of the goods of this contract.)这种规定方法未明确规定哪些事件可构成不可抗力，容易引起争议。

2. 列举式规定

列举式规定即对不可抗力的事件逐一列出。如："由于战争、地震、水灾、火灾、暴风雨的原因，致使卖方不能全部或部分装运，或迟延装运货物，卖方对于这种不能装运或延迟装运货物不承担责任。"(If the shipment of the contracted goods is prevented or delayed in whole or in part by reason of war, earthquake, flood, fire, heavy storm, the seller shall not be liable for non-shipment or late shipment of the goods of this contract.)这种方法明确、具体，但可能出现遗漏，易于发生争议。

3. 综合式规定

综合式规定即列举式与综合式相结合。在列举双方当事人已取得共识的不可抗力事故的同时，再加上"以及双方同意的其他不可抗力事件"的文句。这种方法既明确、具体，又有一定的灵活性。目前，在我国进出口贸易合同中，一般都采用这种规定方法。如合同中不可抗力条款声明："人力不可抗拒：如因战争、地震、水灾、火灾、暴风雨、雪灾或其他不可抗力的原因，致使卖方不能全部或部分装运，或迟延装运货物，卖方对于这种不能装运或延迟装运或不能履行合同下的情形不负责。"(If the shipment of the contracted goods is prevented or delayed in whole or in part by reason of war, earthquake, flood, fire, storm, heavy snow or other causes of force majeure, the seller shall not be liable for non-shipment or late shipment of the goods or nonperformance of this contract.)

(二) 不可抗力的处理

根据我国法律，当事人因不可抗力不能履行合同的，根据不可抗力的影响，部分或者全部免除责任，即可解除合同或变更合同。至于究竟是解除合同还是变更合同，则应视不可抗力对履行合同的影响情况和程度而定，或者由买卖双方协商确定，或依照合同中事先的约定处理。我国法律规定，当不可抗力致使合同目的不能实现的，当事人可以解除合同。如果不可抗力只是部分地或暂时性地阻碍了合同的履行，则当事人一方只能采用变更合同，即替代履行、减少履行或迟延履行方法，以减少另一方的损失。

(三) 不可抗力的通知和证明

按照国际惯例，不可抗力事件发生后，遭受不可抗力的一方当事人必须及时通知对方，告知对方不抗力事件的情况，提出处理意见，并在随后合理的时间内提供必要的证明文件。

关于不可抗力事件的出证机构，国外一般由当地商会或合法的公证机构出具。在我国，由中国国际贸易促进委员会(即中国国际商会)或其设在各省、自治区、直辖市的分会出具。

三、援引不可抗力条款应注意的问题

当发生不可抗力后，合同当事人在援引不可抗力条款和处理不可抗力时，应注意以下问题：

(1) 遭遇不可抗力事件的一方应按约定的期限和方式及时将事件情况通知对方当事人，并提供约定的证明文件。另一方当事人收到不可抗力的通知及证明文件后，无论同意与否，都应及时回复。

(2) 双方应认真分析事件的性质，判断其是否属于不可抗力事件。判断事件是否属于不可抗力时，要特别注意区分一般商业风险和不可抗力事件。对于合同订立后发生的交易货物价格涨跌、汇率升降变化、买方无力偿还货款等正常的贸易风险，不应算作不可抗力事件。

(3) 双方应根据不可抗力的性质以及对合同影响的程度，按法律和合同规定的处理原则和办法，实事求是地决定不可抗力的处理意见，即是解除履约责任，还是将履约时间推迟。

第四节　仲　裁

一、仲裁的含义

仲裁(arbitration)是指国际贸易的交易双方在争议发生之前或发生之后，签订书面协议，自愿将争议提交双方所同意的第三者予以裁决，以解决争议的一种方式。其实质是双方当事人将争议提交具有独立地位的第三方以求公断，对于裁决结果，双方当事人必须执行。

二、仲裁是解决争议的一种重要方式

在国际贸易中，买卖双方发生争议时的处理方式主要有协商、调解、仲裁和诉讼四种。对于争议，一般先采取和解方式，即友好协商解决，也可以通过调解机构进行调解解决。如果当事人不愿采用和解与调解，或和解、调解不成功时，则依据实际情况采用仲裁或司法诉讼等方式进行解决。

与和解和调解相比，仲裁的特点是：仲裁裁决是终局的，对双方均有约束力，当事人一方如不执行裁决，另一方有权向法院申请强制执行。而和解与调解的结果是没有强制作用的。

与司法诉讼相比，仲裁是以双方自愿为基础的，双方当事人自行选定仲裁机构、仲裁规则和仲裁员，且仲裁裁决是终局性的，具有强制作用。仲裁费用较低，仲裁程序较简单，仲裁员一般是熟悉国际贸易业务和法律的专家，有利于争议问题的解决。而采用司法诉讼，一方当事人不需要事先取得对方同意，即可向有管辖权的法院起诉，且任何一方都无权选择法官；法院判决后，另一方不服，可在规定时间内向上一级法院提出上诉。诉讼程序较复杂，费用较高，且双方关系紧张，不利于今后贸易关系的继续发展。

三、仲裁协议的形式和仲裁的作用

仲裁协议是双方当事人自愿将争议交付仲裁机构裁决的书面表示，是申请仲裁的必备材料。我国法律规定，当事人采用仲裁方式解决争议，应当双方自愿达成仲裁协议。没有仲裁协议，一方申请仲裁时，仲裁机构不予受理。

(一) 仲裁协议的形式

仲裁协议有两种形式：一种是仲裁条款，是指双方当事人在订立合同时订立的，约定将其可能发生的争议提交仲裁机构裁决的条款，通常作为合同的一个重要条款出现在合同中。另一种是仲裁协议书，是指由双方当事人在发生争议之前或之后订立的，表示愿意把有可能发生的或已经发生的争议提交仲裁机构裁决的协议。

这两种协议在法律上具有同等效力。根据我国现行的仲裁规则，合同中的仲裁条款应视为是与合同其他条款分离的、独立存在的条款，附属于合同的仲裁协议也应视为是与合同其他条款分离的、独立存在的一个部分，合同的变更、解除、终止、失效或无效以及存在与否，均不影响仲裁条款或仲裁协议的效力。

(二) 仲裁协议的作用

(1) 表明双方以仲裁方式解决争议的意愿。仲裁协议订立之后，对于双方协商不成的争议，只能提交仲裁机构解决，而不能向法院起诉。

(2) 排除了法院对争议的管辖权。世界上大多数国家的法律都规定法院不得受理争议双方订立有仲裁协议的争议案件。

(3) 使仲裁机构依据仲裁协议取得对争议案件的管辖权。

仲裁协议的上述三方面作用是相互联系的，其中排除法院对争议案件的管辖权是最重要的一个方面。因此，如果买卖双方不愿将争议提交法院审理，则可以在合同中规定仲裁条款，以免发生争议后达不成仲裁协议而诉诸法院。

四、国际货物买卖合同中的仲裁条款

国际货物买卖合同中的仲裁条款一般应包括仲裁地点、仲裁机构、仲裁程序、裁决的效力等。

（一）仲裁地点

仲裁地点和仲裁适用的规则、程序以及合同争议所适用的实体法密切相关，除非仲裁协议另有规定，仲裁一般都适用仲裁国的仲裁法和实体法。因此，仲裁地点的选择直接关系到争议双方的切身利益，是双方都十分关心的问题，双方也都会尽量争取在本国仲裁。我国在对外贸易中商定仲裁条款时，首先应争取在我国仲裁，也可以规定在被申请一方所在国仲裁，或者规定在双方同意的第三国仲裁，必要时，可以规定在对方所在国仲裁。

（二）仲裁机构

国际贸易中的仲裁可选择在常设的仲裁机构进行，也可通过组成临时仲裁庭进行。常设仲裁机构是指根据一国的法律或有关规定设立的，有固定的名称、地址、仲裁员设置和仲裁规则的仲裁机构。仲裁机构与仲裁规则直接相关，仲裁机构一般按照本机构的仲裁规则进行仲裁，也有国家的法律允许双方当事人自由选择适用的仲裁规则。

我国的国际商事仲裁机构主要有中国国际经济贸易仲裁委员会和中国海事仲裁委员会。中国国际经济贸易仲裁委员会受理争议的范围是国际和涉外争议以及特定种类的外向型国内争议，以及当事人约定有仲裁委员会仲裁的其他国内争议。

国际上影响较大的常设仲裁机构有巴黎国际商会仲裁院、英国伦敦仲裁院、瑞典斯德哥尔摩商事仲裁院、美国仲裁协会、瑞斯苏黎世商会仲裁院等。

（三）仲裁程序

仲裁程序是指双方当事人根据仲裁协议将所发生的争议提交仲裁机构进行仲裁的程序。根据《中国国际经济贸易仲裁委员会仲裁规则》的规定，仲裁程序主要包括：仲裁申请、组成仲裁庭、仲裁审理和仲裁裁决。

1. 仲裁申请

买卖双方当事人拟通过仲裁来解决双方的纠纷时，应先向仲裁委员会秘书局或分会秘书处提出申请，并提交仲裁申请书、书面仲裁协议、相关的证据等材料，并预付仲裁费。

2. 组成仲裁庭

根据我国的仲裁法和仲裁规则规定，仲裁庭的组成人员为 1 人或 3 人。在大多数情况下，中国仲裁机构的仲裁庭由 3 名仲裁员组成；当事人双方各在仲裁机构所提供的仲裁员名册中指定或委托仲裁机构指定 1 名仲裁员，再由仲裁机构指定第三名仲裁员作为首席仲裁员。只有当双方约定或案件适用简单仲裁程序时，仲裁庭才由 1 人组成。

3. 仲裁审理

仲裁一般采用开庭的方式进行审理，如当事人双方有约定或案件适用简单仲裁程序，也可以仅根据有关书面材料进行不开庭审理。在进行仲裁审理时，申请人和被申请人均应对其申请、答辩和反请求所依据的事实提出证据，必要时仲裁庭也可以自行搜集证据。为了保证仲裁程序的顺利进行及裁决的有效执行，当事人也可以申请财产保全和证据保全，由仲裁委员会将申请提交相关的中级人民法院进行裁定。

4. 仲裁裁决

仲裁庭应在组庭之日起规定的时间内对案件作出裁决，并在案件审理终结之日起规定的时间期限内作出书面的裁决书，宣布仲裁的结果，说明仲裁所依据的理由，并写明裁决是终局的和作出裁决书的日期、地点和仲裁员的署名等。

(四) 仲裁裁决的效力

仲裁裁决的效力主要是指仲裁庭作出的裁决对双方当事人是否具有约束力，是否为终局性的，能否向法院起诉或向其他机构提出要求变更裁决。

我国法律对仲裁裁决实行一裁终局制度。我国仲裁规则规定，仲裁裁决是终局的，对双方当事人均有约束力。任何一方当事人均不得向法院起诉，也不得向其他任何机构提出变更裁决的请求。

为有利于仲裁裁决的顺利执行，在订立仲裁条款时，通常都规定仲裁裁决是终局的，对双方当事人均有约束力。

中国国际经济贸易仲裁委员会推荐的仲裁条款如下："凡因本合同引起的或与本合同有关的任何争议，均应提交中国国际经济贸易仲裁委员会，按照申请仲裁时该会现行有效的仲裁规则进行仲裁，仲裁裁决是终局的，对双方均有约束力。"

五、仲裁裁决的执行

仲裁裁决的履行分两种情况：自愿履行和强制执行。在仲裁裁决达成后，当事人应当依照裁决书写明的期限自动履行仲裁裁决。当一方当事人不履行仲裁裁决的，另一方当事人可以向有管辖权的法院申请仲裁裁决的承认及执行。仲裁裁决的承认是指法院根据当事人的申请，依法确认仲裁裁决具有可予执行的法律效力。仲裁裁决的执行是指仲裁裁决生效后义务人拒不履行其义务，经权利人申请，人民法院按照法定程序，运用国家强制力量，依据生效的仲裁裁决强制负有义务的一方当事人履行义务，从而使仲裁裁决得到有效履行的执法活动。

为保证仲裁裁决在国际上得到广泛的承认和执行，在联合国主持下于1958年在纽约缔结的《承认和执行外国仲裁裁决的公约》(简称《1958年纽约公约》)是目前国际上有关承认和执行外国仲裁裁决的一项重要国际公约。我国政府于1987年参加该公约，但我国在加入时做了两项保留：互惠保留和商事保留，即我国只在互惠的基础上对在另一缔约国领土内作出的仲裁裁决的承认和执行适用该公约；我国只对我国法律认定属于契约性和非契约性商事法律关系所引起的争议适用该公约。

本章小结

本章主要介绍国际货物买卖合同中关于商品检验、索赔、不可抗力和仲裁条款的规定，商品检验中对商检地点比较合理的规定是在出口国商检作为卖方议付和交货的凭证，在进口国复检作为买方索赔的依据。我国企业对外贸易中采用仲裁方式解决争议时，应争取选择我国作为仲裁地点。

思考与练习

一、选择题

1. 我国如发生人力不可抗拒事故后,通常由(　　)出具该证明文件。

A. 出口商本公司　　B. 中国国际贸易促进委员会

C. 出入境商品检验检疫局　　D. 出口商的上级单位

2. 下列关于买卖合同中的检验时间和地点的规定方法中,当前使用最为广泛的一种是(　　)。

A. 在装运港检验　　B. 在目的港检验

C. 在装运港检验重量,目的港检验品质　　D. 装运地检验,目的地复检

3. 根据《联合国国际货物销售合同公约》的规定,买方向卖方提出索赔的最后期限是(　　)。

A. 货物在装运港装运完毕即提单签发日期后2年

B. 货物到达目的港后2年

C. 经出口商品检验机构检验得出结果后2年

D. 买方实际收到货物起2年

4. 在进出口合同中,索赔条款的规定方式有(　　)。

A. 检验和索赔条款　　B. 索赔条款

C. 罚金条款　　D. 异议和索赔条款

5. 仲裁的特点有(　　)。

A. 以当事人自愿为基础

B. 任何仲裁机构不受理没有仲裁协议的案件

C. 排除法院对争议案件的管辖权

D. 仲裁裁决是终局性的,对双方均有约束力

二、思考题

美国A公司从中国B公司进口一批冻火鸡,供应圣诞节市场。因卖方迟延装船,买方拒收货物,双方发生争议。事后按合同约定,中国B公司将争议提交中国国际经济贸易仲裁委员会裁决。仲裁委员会裁决由中国B公司赔偿美国A公司因迟延交货所造成的直接经济损失5 000美元。美国A公司不服,提出要在美国某仲裁机构重新审理。

要求:

(1) 美国A公司的要求符合法律规定吗?为什么?

(2) 当事人可不可以就同一争议再向法院提起诉讼?

第七章　国际贸易的准备工作与国际货物买卖合同的签订

学习目标

1. 了解我国主要出口商品类别并据此选择有利的出口商品。
2. 了解我国主要出口市场分布。
3. 掌握国际市场调研的内容和方法。
4. 掌握普惠制和自由贸易区的含义和应用。
5. 掌握寻找客户的五种方法。
6. 掌握国际贸易谈判的步骤和国际贸易合同的签订。

第一节　选择出口目标商品

一、中国出口商品分类

作为外贸进出口企业，必须知道自己所经营的产品的归类，在出口报关和申请出口退税时对出口商品归类都是必需的。另外，在国际展会上，合适地给商品归类也有助于展览商品为更多的行业内潜在买家所了解。

世界海关组织主持制定的《商品名称及编码协调制度》(The Harmonized Commodity Description and Coding System，简称 HS 编码)是一部科学的、系统的国际贸易商品分类体系，采用六位编码，适用于税则、统计、生产、运输、贸易管制、检验检疫等多方面。目前，全球贸易 90%以上使用这一目录，它已成为国际贸易的一种标准语言。从 1992 年 1 月 1 日起，我国进出口税则也开始采用《商品名称及编码协调制度》。下面就简要介绍一下《商品名称及编码协调制度》中对商品的分类：

第一类：活动物，动物产品。

第二类：植物产品。

第三类：动、植物油、脂及其分解产品，精制的食用油脂，动、植物蜡。

第四类：食品，饮料、酒及醋，烟草及烟草代用品的制品。

第五类：矿产品。

第六类：化学工业及其相关工业的产品。

第七类：塑料及其制品，橡胶及其制品。

第八类：生皮、皮革、毛皮及其制品，鞍具及挽具，旅行用品、手包及类似品，动物肠线（蚕胶丝除外）制品。

第九类：木及木制品，木炭，软木及软木制品，稻草、秸秆、针茅或其他编结材料制品，篮筐及柳条编结品。

第十类：木浆及其他纤维状纤维素浆，纸及纸板的废碎品，纸、纸板及其制品。

第十一类：纺织原料及纺织制品。

第十二类：鞋、帽、伞、杖、鞭及其零件，已加工的羽毛及其制品，人造花，人发制品。

第十三类：石料、石膏、水泥、石棉、云母及类似材料的制品，陶瓷产品，玻璃及其制品。

第十四类：天然或养殖珍珠、宝石或半宝石、贵金属、包贵金属及其制品，仿首饰，硬币。

第十五类：贱金属及其制品。

第十六类：机器、机械器具、电气设备及其零件，录音机及放声机、电视图像、声音的录制和重放设备及其零件、附件。

第十七类：车辆、航空器、船舶及有关运输设备。

第十八类：光学、照相、电影、计量、检验、医疗或外科用仪器及设备、精密仪器及设备，钟表，乐器，上述物品的零件、附件。

第十九类：武器、弹药及其零件、附件。

第二十类：杂项制品。

第二十一类：艺术品、收藏品及古物。

第二十二类：特殊交易品及未分类商品。

在以上 22 个分类基础上，每一类又进一步细分不同的章，共计 22 类 98 章。

二、中国主要出口商品类别

在我国出口商品中，机电产品的出口额一直遥遥领先，是我国近几年最主要的出口商品；出口额居第二位的是服装（包括针织和非针织服装）、钢材、家具、电视机等；高新技术产品和自动数据处理设备及其部件零件则是近两年出口额迅猛增长的主要出口商品；汽车零配件、鞋类、玩具、船舶也是我国重要的出口商品，在世界上有很高的市场占有率。

在我国的主要出口商品中，有些商品虽然出口额十分巨大，但其在我国对外贸易中却存在着十分巨大的贸易逆差，比如第五类第 27 章矿物燃料、矿物油及其蒸馏产品，第六类第 29 章有机化学品，第七类第 39 章塑料及其制品，第十八类第 90 章光学、照相、电影、计量、检验、医疗或外科用仪器及设备、精密仪器及设备及上述物品的零件、附件等，这几类商品 2009 年的出口额和贸易逆差都分别在 110 亿美元之上（见表 7－1），巨大的贸易逆差也说明了我国这些商品的出口是缺乏国际竞争力的，所以外贸企业在选择出口商品时不只要注意出口额，还要关注净出口额。巨大的正的净出口额不仅反映了出口商品富有国际竞争力，而且反映出口商品在国外有着广阔的市场需求，在国际贸易中，选择出口这些商品就会比较有利。

表 7-1　　2009 年我国净出口额在 10 亿美元以上商品　　单位：亿美元

商品分类		出口额	进口额	净出口额
第 84 章	核反应堆、锅炉、机器、机械器具及其零件	2 358.49	1 235.38	1 123.11
第 85 章	电机、电气设备及其零件；录音机及放声机、电视图像、声音的录制和重放设备及其零件、附件	3 011.19	2 437.27	573.92
第 61 章	针织或钩编的服装及衣着附件	538.14	6.33	531.81
第 62 章	非针织或非钩编的服装及衣着附件	467.30	10.20	457.10
第 94 章	家具；寝具、褥垫、弹簧床垫、软坐垫及类似的填充制品；未列名灯具及照明装置；发光标志、发光名牌及类似品；活动房屋	389.27	18.40	370.87
第 64 章	鞋靴、护腿和类似品及其零件	280.34	8.80	271.54
第 89 章	船舶及浮动结构体	283.64	24.81	258.83
第 95 章	玩具、游戏品、运动用品及其零件、附件	264.89	10.27	254.62
第 73 章	钢铁制品	337.80	88.85	248.95
第 63 章	其他纺织制成品；成套物品；旧衣着及旧纺织品；碎织物	168.25	2.42	165.83
第 42 章	皮革制品；鞍具及挽具；旅行用品、手提包及类似容器；动物肠线(蚕胶丝除外)制品	151.18	7.12	144.06
第 69 章	陶瓷产品	80.63	4.16	76.47
第 83 章	贱金属杂项制品	74.18	11.93	62.26
第 96 章	杂项制品	68.73	7.75	60.98
第 70 章	玻璃及其制品	76.02	30.36	45.66
第 16 章	肉、鱼、甲壳动物、软体动物及其他水生无脊椎动物的制品	45.76	0.53	45.23
第 20 章	蔬菜、水果、坚果或植物其他部分的制品	47.52	3.33	44.18
第 82 章	贱金属工具、器具、利口器、餐匙、餐叉及其零件	64.74	21.14	43.60
第 60 章	针织物及钩编织物	64.23	21.37	42.86
第 54 章	化学纤维长丝	74.95	32.10	42.85
第 68 章	石料、石膏、水泥、石棉、云母及类似材料的制品	48.61	7.27	41.34
第 7 章	食用蔬菜、根及块茎	48.53	10.52	38.01
第 48 章	纸及纸板；纸浆、纸或纸板制品	75.68	38.80	36.88
第 55 章	化学纤维短纤	60.61	25.09	35.52
第 52 章	棉花	96.07	61.80	34.28
第 3 章	鱼、甲壳动物、软体动物及其他水生无脊椎动物	68.12	36.04	32.08
第 58 章	特种机织物；簇绒织物；花边；装饰毯；装饰带；刺绣品	35.26	6.20	29.06
第 59 章	浸渍、涂布、包覆或层压的纺织物；工业用纺织制品	39.67	15.08	24.59
第 65 章	帽类及其零件	22.27	0.21	22.06
第 67 章	已加工羽毛、羽绒及其制品；人造花；人发制品	23.53	1.80	21.72

（续表）

商品分类		出口额	进口额	净出口额
第 66 章	雨伞、阳伞、手杖、鞭子、马鞭及其零件	18.48	0.06	18.42
第 28 章	无机化学品；贵金属、稀土金属、放射性元素及其同位素的有机及无机化合物	78.17	62.18	16.00
第 46 章	稻草、秸秆、针茅或其他编结材料制品；篮筐及柳条编结品	15.23	0.06	15.17
第 57 章	地毯及纺织材料的其他铺地制品	14.90	1.02	13.88
第 9 章	咖啡、茶、马黛茶及调味香料	14.03	0.86	13.18
第 49 章	书籍、报纸、印刷图画及其他印制品；手稿、打字稿及设计图纸	23.62	10.49	13.13
第 86 章	铁道及电车道机车、车辆及其零件；铁道及电车轨道固定装置及其零件、附件；各种机械（包括电动机械）交通信号设备	28.61	15.74	12.87
第 50 章	蚕丝	12.90	1.09	11.81
第 56 章	絮胎、毡呢及无纺织物；特种纱线；线、绳、索、缆及其制品	19.62	8.99	10.63
第 92 章	乐器及其零件、附件	12.17	1.80	10.38

注：按《HS 编码》对商品分类，2009 年我国净出口额为顺差的商品共计 62 章，其中净出口额在 10 亿美元以上商品共计 40 章，表 7－1 中商品分类按 2009 年净出口额降序排列，2009 年数据源于《中国统计年鉴 2010》。

三、选择出口目标商品

目前，做出口业务的主要是外贸公司和有自主进出口经营权的工厂，工厂一般只出口自己生产的产品，不存在选择出口目标商品的问题，所以选择出口目标商品主要是针对外贸公司而言的。或者更加准确地说，选择出口目标商品主要是针对那些新成立且尚未确定业务范围的外贸公司或想要通过业务调整来寻求变革和突破的外贸公司。

对于外贸企业来说，在国际贸易中选择交易的目标商品就是选择贸易机会。在国际贸易中，每种商品都在进行着贸易，也就意味着每种商品都存在着贸易机会，但是对于每种商品来说，机会普遍存在，机会多少不均，机会带来的收益大小也是不均衡的。例如，A 商品可能 1 年交易了 1 000 次，B 商品可能 1 年交易了 10 000 次；A 商品 1 000 次的贸易额可能为 100 亿美元，B 商品 10 000 次的贸易额可能为 90 亿美元。所以，贸易机会的多少以及贸易机会所能带来收益的大小都是选择国际贸易目标商品所要考虑的因素。基于以上两个因素，也可以说，国际贸易中选择商品就是选择最大可能收益的贸易机会，这可以从贸易额中反映出来。一般来说，某类商品贸易额越大，就表明这类商品的贸易机会越多，贸易机会带来的收益越大，对外贸企业来说，在国际贸易中选择经营这类商品就会比较容易、比较有利。

有些商品的出口贸易额和进口贸易额都非常的巨大，这时候可以参考净出口额指标，净出口额除了反映某类商品出口的国际竞争力强弱，也反映该类商品出口贸易机会的多少，反映这类商品出口带来收益的高低。正的净出口额不仅表明这类商品在国际市场上富有竞争力，而且反映了这类商品出口贸易的机会多于进口贸易的机会，出口贸易的收益大于进口贸易的收益，做这类商品的出口贸易会更加容易、更加有利些，正的净出口额越大，做这类商品的出口贸易就越有利。负的净出口额则表明这类商品的出口在国际上缺乏国际竞争力，并且这类商品出口贸易的机会少于进口贸易的机会，出口贸易的收益小于进口贸易的收益，在国际贸易中要避免选择这类商品作为出口商品。

就我国的实际情况来说，做外贸商品主要是做出口业务，所以选择出口目标商品时，除了参照净出口额指标外，还要注意以下六个方面因素。

1. 从供给的因素考虑

出口的商品应该是我国能规模化生产的商品，如纺织品类的服装、玩具、鞋子等。

2. 从需求的因素考虑

出口的商品应该是在国外有广阔需求的商品，如钢材、机电产品、电话机等。

3. 从成本、价格的因素考虑

出口商品的国内生产成本和国内价格应低于世界市场的生产成本和世界市场价格。目前，我国劳动力价格低廉，劳动密集型产品的生产成本普遍低于世界生产成本，这类商品的出口会占有比较优势。

4. 从技术因素考虑

出口商品应该是我国占据技术优势的商品，如我国自主创新的高新技术产品。

5. 从利润最大化的目标出发

从利润最大化方面考虑，就应该考虑出口商品的单件利润和出口数量，追求两者的最优组合。

6. 从政策因素考虑

从国内政策方面来看，出口商品应该是我国政府政策鼓励出口的商品，如政府补贴力度大的商品和出口退税率高的商品；从国外政策方面来看，出口商品应该是出口目的国政府设置贸易壁垒少，鼓励进口的商品，如进口关税低或免税的商品或享受优惠待遇的商品。

在以上的诸多因素中，最需要注意的就是选择的出口目标商品要有广阔的国际需求，并且我国对该商品的出口要在国际上富有竞争力。我国出口的商品中遭到他国反倾销、反补贴、特保调查的产品往往是我国在国际市场上相对有竞争力的产品，选择这类商品出口相对有利；同时，我国对他国输入我国的进口商品实行反倾销、反补贴、特保调查的产品往往是我国在国际市场上缺乏竞争力的产品，选择这些商品作为出口商品在国际市场上就缺乏优势。中国贸易救济信息网公布他国对我国出口商品中实行反倾销、反补贴、保障措施与特保的商品及我国对输入我国的进口商品实行反倾销、反补贴、保障措施与特保商品，选择出口商品时要回避正在遭受出口目标国实施反倾销措施的商品。

四、出口目标商品国内市场调研

确定了出口目标商品后，就应该着手开始对出口商品的国内市场调研，主要考虑出口目标商品的货源供应问题。本部分内容是针对没有工厂的外贸公司而言的。下文中为方便陈述,用“我方”代指“外贸公司”。

（一）寻找货源

调查清楚选定的出口商品在国内有哪些主要生产厂商,可以通过行业协会、《中国企业名录》、电子商务网站(B2B)如阿里巴巴网站等手段来寻找供应商。比如,做纺织业的外贸企业可以通过中国纺织品商业协会或者购买纺织品制造业相关企业名录等手段寻找纺织品生产企业。在电子商务方面,目前,阿里巴巴网站作为全球最大的网上交易市场和商务交流社区之一,汇集了大量国内外中小企业会员,其旗下的阿里巴巴网络——中国站提供了公司黄页服务,可以轻松地查询到供应商信息,不过查询时要注意分辨供应商是中间商还是直接生产商。直接生产商可以报出商品的出厂价,是最好的供应商。企业也可以在B2B平台上发布求购信息,供应商会主动联系。在我国,除阿里巴巴网站外,中国制造网、慧聪网等也是著名的国际贸易电子商务平台。另外,也可以通过国内外知名展会来获得供应商信息。例如,广交会作为我国层次最高、规模最大、商品种类最全的综合性国际贸易展会,参展企业除了外贸公司外,还有生产企业。展览时,同一行业是在一个展区,可以利用这个时机搜集参展的生产企业信息,或通过广交会官网提供的“参展商电子名录”来获取参展的生产企业信息,这些参展的生产企业一般都是实力雄厚的大企业,是可以作为很好的备选供应商的。

（二）评估供应商

寻找到一些供应商,初步接洽后要从质量、价格、生产能力、交货速度、协调及配合程度、研发能力等方面对选定的供应商进行评估:

(1) 质量方面,考虑供应商的产品质量是否能满足我方采购需求,产品质量是否稳定,产品合格率怎样。

(2) 价格方面,考虑供应商的产品报价在行业内处于什么样的价格水平,其报价是否在我方设定的利润区间内,其报价是否包含到港口运费等,若供应商报价不含运费且其位置距离港口较远,则运费也会对国内采购成本造成不小影响。

(3) 生产能力方面,主要考虑供应商的机器设备、生产技术、人员配备等生产要素能够保证多大的稳定供货量,供应商的最大生产能力及对我方的最大供货能力是多少。

(4) 交货速度方面,主要考虑供货商的生产能力能否保证按时交货。有一点要注意的是,如果供应商的最大生产能力和我方的采购需求基本相当的话,则一般要放弃这样的供应商,因为供应商不会只为一个买家生产,当其为多个买家的订单生产赶进度时,由于其生产能力不足,就往往会造成拖延交货的问题,所以供应商的最大生产能力必须要在一定程度上高于我方的采购需求。

(5) 协调及配合程度方面,主要考虑供应商的配合程度和灵活应变能力,即供应商能否严格按照我方采购要求进行生产,对于一些特殊的质量、技术要求能否通过变通实现,能否为保证按时交货而作出特殊努力。

(6) 研发能力方面,主要考虑供应商的研发能力能否保证对我方新产品的批量供给,即我方将国外客户新的产品要求或国外客户的新产品样品交给供应商时,其能否根据新产品需求生产出或根据新产品样品仿制出能满足要求的产品并能迅速规模化生产。

好的供应商至少应在以上六个方面的评估中满足企业的采购要求。另外，在选择供应商时，要注意货源供应即供应商的多元化，这样可以在和供应商的谈判中占有信息优势，还可以避免单一供应商可能带来的经营风险。

第二节　选择出口目标市场

选定出口目标商品后，就要开始着手选择出口目标市场。首先要对我国主要商品国际市场分布有所了解，了解选定的出口目标商品可能的主要出口地区；然后对选定的出口目标市场进行市场调研，同时要了解普惠制和自由贸易区，充分利用普惠制和自由贸易区的优惠关税扩大出口。

一、我国主要出口商品国际市场分布

在本章第一节中列举了几类我国主要的出口商品，下面简要介绍以下八类商品的主要出口国际市场分布。

(一) 机电产品

我国机电产品主要出口市场集中在北美洲、欧洲以及亚洲的东盟国家，此外是拉丁美洲、非洲和大洋洲，主要出口国家和地区为美国、欧盟、日本、东盟和韩国。

(二) 服装(包括针织和非针织服装)

欧盟和美国一直是我国纺织品服装出口的重要市场，此外是日本和韩国，俄罗斯近年也逐渐发展为我国纺织品出口的主要市场之一。

(三) 钢材

韩国、美国和欧盟是我国钢铁产品出口的主要市场，占到了出口总量的一半左右，此外是东盟地区。

(四) 家具

发达国家是家具的主要进口国，美国是我国家具最大的出口市场，此外是欧盟、日本和韩国，俄罗斯和中东地区也逐渐发展为我国重要的家具出口市场。

(五) 塑料及其制品

美国、欧盟和日本为我国塑料及其制品的主要出口市场，对这三个国家和地区的出口量占到我国塑料制品总出口量的一半以上。

(六) 鞋类

美国是我国鞋类产品的第一大出口市场，占到了我国鞋类出口总量的近 1/4，此外是欧盟、日本和俄罗斯。

(七) 玩具

我国玩具的世界占有率为近 70%，中国制造的玩具产品远销几乎世界所有国家，其中美国、欧盟和日本是我国玩具出口的三大主要国际市场。

（八）船舶

我国主要以加工贸易方式出口船舶，主要出口至欧盟、东盟和中国香港地区。

转口贸易在我国香港地区的出口贸易中占有相当大的比重，内地地区有很多商品通过香港转口贸易到其他国家，所以我国的香港地区也是以上八类主要出口商品的重点出口地区。

了解所经营出口产品的主要出口国际市场分布，有助于外贸企业有针对性地对主要出口市场开展业务，同时尝试一下开展新兴市场业务，外贸企业可以通过查询《中国海关统计年鉴》了解其经营的出口商品在我国对外贸易中的主要出口国际市场分布。

《中国海关统计年鉴》由中华人民共和国海关总署编制，按年度发表中国对外贸易最详细的统计资料，《中国海关统计年鉴》统计了我国每一类出口商品的出口目的地国及对出口目的地国的出口数量和出口总价值，查询《中国海关统计年鉴》是了解出口商品国际市场分布的有效途径。

二、不同国家和地区对特殊商品的需求

不同国家和地区由于自然地理位置、社会文化和政治经济状况的差异，其往往会产生对一些特殊商品的需求，主要从以下六个方面分析不同国家和地区对特殊商品的需求。

（一）地理位置、自然气候引致的对特殊商品的需求

比如俄罗斯和北欧国家由于气候寒冷对毛皮制品需求旺盛。

（二）稀缺资源引致的对特殊商品的需求

比如日本由于自然资源缺乏对矿产品进口需求很大，2008 年对矿产品的进口额达到约 2 971 亿美元。

（三）风俗习惯、特殊节日引致的对特殊商品的需求

比如阿拉伯国家使用的头巾，阿拉伯长袍，西方人使用的餐具如刀叉等，西方国家圣诞节使用的圣诞树及相关节日用品等。

（四）特殊文化偏好或意识引致的对特殊商品的需求

比如近年来，西欧发达国家居民对环保商品的需求日益旺盛。

（五）特别重大事件或重大灾难引致的对特殊商品的需求

比如 2008 年奥运会刺激了中国体育器材、运动装备等体育用品需求的增长。2011 年 3 月 11 日，日本发生强震和海啸，受灾地区造成了毁灭性的破坏，几十万灾民安置产生了对食品、帐篷、汽油等救灾物资的巨大需求。

（六）经济发展程度对产品质量、价格的需求

比如西方发达国家一般对产品质量和环保要求比较高，出口往西欧、北美的产品往往需要高标准的质量和环保认证；相比之下，亚洲、非洲、拉丁美洲发展中国家往往更注重产品价格和实用性。

在做外贸出口业务时，要充分了解出口目标国或地区对特殊商品的需求，出口商品应尽

量满足其特殊需求，避免与其特殊需求相冲突。

三、国际市场调研的方法

（一）国际市场调查的内容

一个外贸公司往往主要做一个国家或地区的出口业务，比如可能主要针对北美或欧洲的业务，同时兼顾其他国家或地区的业务。选定了出口目标商品和出口目标市场后，在开展出口业务前需要先进行国际市场调研，调研的内容主要有：

(1) 我方出口商品（下文简称该商品）在出口目标国或地区有多大市场。

(2) 出口目标国或地区当地对该商品的生产能力如何，当地生产的该产品价格、质量怎样。

(3) 出口目标国或地区对该商品的贸易依存度如何，其进口需求有多大，进口的该商品主要处于什么样的价格、质量等级。

(4) 出口目标国或地区对该商品的进口来源除了我国主要来自其他哪些国家，即竞争对手是谁，竞争对手产品的价格、质量怎样。

(5) 出口目标国或地区未来对该商品的需求有怎样的变化趋势，我方对其出口的商品能否满足其变化趋势。

(6) 出口目标国或地区的政治经济局势对进口该商品有何影响。

(7) 出口目标国或地区对进口该商品的关税政策如何，是否存在配额、高关税等贸易壁垒或者是否对该商品的进口有优惠待遇。

(8) 出口目标国或地区的外汇政策如何，汇率是否稳定，是否能保证安全结汇。

(9) 出口目标国或地区同我国在该商品上的贸易额是多少，我方公司每年对出口目标国或地区的出口额是多少，据此设定未来对该国家或地区的出口额目标。

(10) 出口目标国或地区的港口状况怎样，从我国到出口目标国或地区的运输状况怎样，运费大概是多少，运输周期大概是多久。

（二）国际市场调查的方法

确定好国际市场调研的内容后就要正式的开始调研工作，国际市场调研一般不采用实地调研的方法，实地调研成本太高，并且在一个完全陌生的环境中进行调查研究对业务员的个人能力是一个很大的挑战。在互联网飞速发展的今天，通过网络可以轻松、快捷地获得海外信息，在国内搜集信息、材料并加以合理分析同样可以做好国际市场调研工作。针对确定好的国际市场调查的内容，可以通过以下方式搜集信息、材料：

(1) 查阅出口目标国或地区相关行业统计年鉴和经济年鉴，了解其行业内我方出口商品的生产及消费状况。另外，海关统计年鉴记录了一国所有进出口商品的详细状况，通过出口目标国海关统计年鉴，可以查询到该国对我方出口商品的进口总量、进口总额及其他进口来源国。有实力的外贸企业也可以向相关贸易资讯服务商购买出口目标市场的贸易情报数据，贸易资讯服务商提供的贸易情报数据信息比起官方统计年鉴更加具有针对性和时效性。

(2) 查询我国对外经贸部门的对外贸易统计资料，比如我国商务部综合司主办的国别数据网的国别贸易报告统计了我国和各国的年度双边贸易概况，各国主要进口商品的进口来源国别或地区，各国对我国出口和自我国进口的主要商品构成和各国自我国进口的十大类商品及其国别或地区构成，通过这些资料也可以查询到出口目标国或地区对我方出口商品的进口总量、进口总额及其他进口来源国。

(3) 通过我国商务部网站或出口目标国政府网站，查询其对我方出口商品的关税政策。

(4) 通过新闻报道、经济统计数据关注出口目标国或地区政治局势、经济发展状况，进而分析其政治经济局势对我方出口商品进口的影响。

(5) 可以通过公司在出口目标国或地区关系可靠的合作伙伴协助进行国际市场调查。

(6) 从我国驻各国大使馆的经济商务参赞处获取出口目标国相关市场信息。

(7) 同国内同行加强交流与合作，共享一些关于出口目标国或地区的信息。

(8) 通过船公司了解出口目标国或地区到我国的航线状况及运费等相关问题。

在诸多调查方式中，委托出口目标国或地区的合作伙伴协助调查，实际上相当于是合作伙伴帮助做的一次实地调查，是国际间商业合作的良好体现。采用这种方法不仅可以获得翔实有效的市场信息，而且可以加深合作双方的协作关系，有利于维持长久而良好的业务关系。

国际市场调研的方法有多种多样，只要是能实现市场调研目标的方法就是最好的方法，重在灵活运用，重在不断创新。

四、自由贸易区和普惠制

在选择出口目标市场时，要充分利用我国已经取得的自由贸易成果，优先考虑选择在货物进出口贸易中给予我国商品关税优惠待遇的国家或地区作为出口目标市场。在我国出口贸易中，主要可以在以下两方面利用自由贸易带来的关税优惠待遇：自由贸易区和普惠制。

(一) 自由贸易区

自由贸易区(free tade area，FTA)是指两个以上的主权国家或单独关税区通过签署协定，在世贸组织最惠国待遇基础上，相互进一步开放市场，分阶段取消绝大部分货物的关税和非关税壁垒，改善服务和投资的市场准入条件，从而形成实现贸易和投资自由化的特定区域。

截至 2011 年 3 月，我国已与东盟、智利、巴基斯坦、新西兰、新加坡、秘鲁、哥斯达黎加签订了自贸协定，同时我国也是《亚太贸易协定》成员国，并且正与澳大利亚、海湾合作委员会(包括沙特阿拉伯、科威特、阿联酋、阿曼、卡塔尔和巴林等 6 国)、冰岛、挪威、南部非洲关税同盟等国家和地区进行自由贸易区谈判。

在自贸区货物贸易领域，我国和自由贸易伙伴国的绝大部分产品，在符合原产地要求的前提下，将相互实行零关税或优惠关税，比如中国—东盟自由贸易区于 2010 年 1 月 1 日正式全面启动，中国与东盟双方约有 7 000 种产品开始享受零关税待遇，实现货物贸易自由化，相关的零关税和优惠关税商品目录及自贸区优惠关税可通过商务部中国自由贸易区服务网查询。这样，我国出口到自由贸易伙伴国的商品不仅获得关税减免待遇，而且可以获得通关便利，降低贸易成本，使我国出口商品更具价格竞争力，有助于我国出口企业开拓国外市场并扩大在自由贸易伙伴国的市场份额。

出口到自由贸易区伙伴国的商品享受关税减免优惠待遇必须提交“自贸区优惠原产地证书”，比如中国—巴基斯坦自贸区原产地证书、中国—东盟自贸区 FORM E 原产地证书、中国—智利自贸区 FORM F 原产地证书、亚太贸易协定原产地证书等。

（二）普惠制

普惠制全称普遍优惠制(generalized system of preferences，GSP)，是指发达国家(给惠国)对从发展中国家或地区(受惠国或地区)输入的商品，特别是制成品和半制成品，给予普遍的、非歧视的和非互惠的关税优惠待遇，是在最惠国税率基础上进一步减税或全部免税的优惠待遇。

普惠制原产地证书是由联合国贸发会议规定统一格式，根据普惠制给惠国的原产地规则和有关要求，普惠制受惠国官方机构出具的具有法律效力的受惠国的出口产品在给惠国享受在最惠国税率基础上进一步减免进口关税的官方凭证，是普遍的、非歧视的、非互惠的。

在我国出口贸易中，自贸区优惠原产地证书和普惠制原产地证书格式 A 都由国家质量监督检验检疫总局下设在各地出入境检验检疫机构负责签发。出口企业申请原产地证书时，必须向当地商检机构提交相关《原产地证书申请书》，填制正确清楚的相关原产地证书和出口商品的商业发票副本，以及必要的其他证件。含有进口成分的产品，还必须交《含进口成分受惠商品成本明细单》。

在普惠制方面，随着我国经济的发展，发达国家给惠国给予我国的优惠商品范围与优惠幅度会越来越小，我国从普惠制中的受益也会逐渐减少，出口企业应抓紧利用。在自由贸易区方面，我国正在与越来越多的国家和地区进行自贸区谈判，我国的自贸区伙伴国将会越来越多，我国的出口商品将在更为广阔的国际商场上享受关税减免优惠待遇。出口企业应充分了解并利用与自由贸易区相关的关税减免优惠政策，开拓、扩展我国自贸区伙伴国的市场。

第三节　寻找客户的途径

找到客户(即交易对象)是一切国际贸易发生的前提，所以寻找客户是开展国际贸易工作的首要环节，迅速地找到资信良好、贸易量大的客户，是外贸企业、生产企业外贸部门以及外贸业务员打开国际市场的捷径。本节将介绍五种寻找客户的途径：国际性博览会和展览会、我国商务部驻外经济商务机构、其他国家或地区驻我国大使馆或领事馆及驻别国商务机构、网络和专业书籍，最后介绍一下老客户维护的方法。

一、国际性博览会和展览会

（一）广交会

1. 广交会简介

中国进出口商品交易会又称广交会，创办于 1957 年春季，每年春秋两季在广州举办，迄今已有逾五十多年历史，是中国目前历史最久、层次最高、规模最大、商品种类最全、国别地区最广、到会客商最多、成交效果最好、信誉最佳的综合性国际贸易盛会，被誉为“中国第一展”。广交会有数千家资信良好、实力雄厚的外贸公司、生产企业、科研院所、外商投资/独资企业、私营企业参展，贸易方式灵活多样，除传统的看样成交外，还举办网上交易会。广交会以出口贸易为主，也做进口生意，还可以开展多种形式的经济技术合作与交流，以及商检、保险、运输、广告、咨询等业务活动。

2. 广交会参展展品范围

第109届广交会参展展品范围如表7－2所示。

表7－2　　第109届广交会参展展品范围（2011年春季）

第一期 4月15～19日	电子及家电类	电子消费品、电子电气产品
		计算机及通讯产品、家用电器
	照明类	照明产品
	车辆及配件类	自行车、摩托车、汽车配件、车辆（露天户外）
	机械类	小型机械、大型机械及设备、工程机械
	五金工具类	五金、工具
	建材类	建筑及装饰材料、卫浴设备
	化工产品类	化工产品
	进口展区	机械设备、电子及家电、建材及五金、工业原材料
第二期 4月23～27日	日用消费品类	餐厨用具、日用陶瓷、家居用品
		个人护理用具、浴室用品
	礼品类	钟表眼镜、玩具、礼品及赠品
		节日用品、土特产品
	家居装饰品类	工艺陶瓷、玻璃工艺品、编织及藤铁工艺品
		家居装饰品、园林用品、铁石制品（户外）、家具
第三期 5月1～5日	纺织服装类	男女装、童装、内衣、运动服及休闲服
		裘、革、皮、羽绒及制品，服装饰物及配件
		家用纺织品、纺织原料面料、地毯及挂毯
	鞋类	鞋
	办公、箱包及休闲用品类	办公文具、箱包、体育及旅游休闲用品
	医药及医疗保健类	医药及保健品，医疗器械、耗材、敷料
	食品及土特产品类	食品
	进口展区	食品及农产品、医疗保健及美容护理产品
		礼品及装饰品

参考网站：http：//www.cantonfair.org.cn。

3. 广交会参展企业资质标准

广交会作为我国层次最高的综合性国际贸易展会，其对参展企业的资质标准要求是很高的，对参展企业资格的基本要求有以下三方面：

(1) 依法取得法人营业执照和外贸经营者备案登记证明，并已办理进出口企业代码。

(2) 具有与所申请参展展区对应、负责该展区管理的相关商(协)会会员资格。

(3) 上一年度广交会统计口径出口额[即上年度中国海关统计的一般贸易和进料加工贸易出口额中，扣除非看样成交产品(即指大米、大豆、原油、成品油、煤炭、焦炭、金属及非金属矿产品、烟草等)后的出口额]须达到如表 7-3 所示标准。

表 7-3　广交会参展企业最低出口金额要求

地　　区	企业类型	金额(万美元)
沿海	流通型	150
	非流通型	75
中部及东北	流通型	75
	非流通型	40
西部	流通型	40
	非流通型	20

注：流通型企业指专门从事物资和商品交换活动的商业企业以及与之相关联的金融企业，此表中的“流通型企业”主要指外贸公司，“非流通型企业”主要指生产企业。

属下列情况之一的企业禁止参展：

(1) 商务部向社会公告的违规违法企业，在公告期内禁止参展。

(2) 国家工商、海关、税务、质检、外汇、环保、药监等部门通报的违规违法企业，在处罚期限内禁止参展。

(3) 被司法机关、仲裁机关或知识产权行政管理机关认定侵权的企业。

(4) 违规转让或转租(卖)广交会展位且在处罚期限内的企业。

4. 广交会参展流程

各省、自治区、直辖市、计划单列市和部分省府城市商务主管部门负责组织本地区企业以地方交易团形式参展，凡符合广交会参展资质标准的企业可在规定时限内通过广交会“参展易捷通”(http://exhibitor.cantonfair.org.cn)在线填报《参展申请表》，打印盖章后连同评审材料(如上年度出口额、行业自律、研发创新和自主知识产权、国际通行认证、境外商标注册、品牌荣誉、高新技术企业等)一并提交给所在行政区域或系统交易团参展组团单位，参展申请正式生效。

参展申请审核通过的企业可以获得展位，参展企业参展简易流程图如图 7-1 所示。

广交会参展企业资质标准相当高，许多中小企业因为达不到参展标准而无法通过正规途径申请到广交会展位，于是每年都有许多中小企业通过中介公司高价购买拥有展位的企业转卖的展位参展，称为“广交会展位调剂”。通过这种违规转租或转卖的展位参展风险很大，容易上当受骗，并且一旦被发现将会立即被封摊驱逐，所以中小企业最好不采用这样的方法参加广交会。中小企业可以与有资格参展的企业以“联营参展”的方式参加广交会，这种方式是允许的，另外，中小企业也可以通过参加“网上广交会”来利用广交会的品牌优势和客商数据库资源。

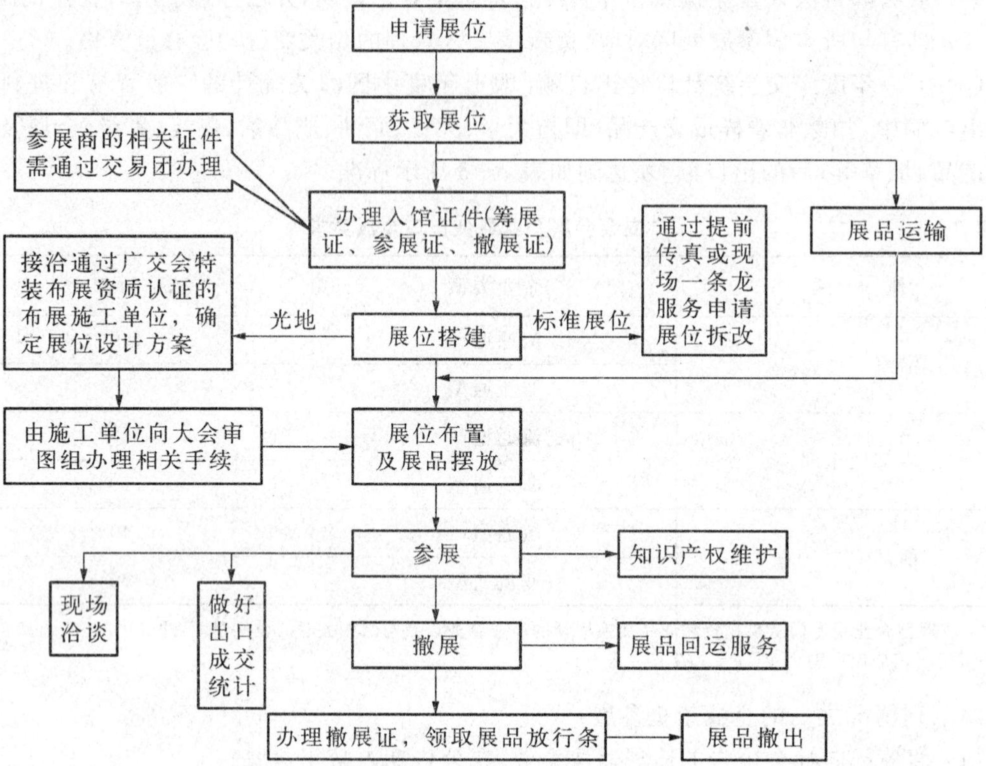

图 7-1　广交会参展流程图

5. 网上广交会

网上广交会(http://e.cantonfair.org.cn)是广交会承办机构——中国对外贸易中心建立的广交会官方电子商务洽谈平台。网上广交会创建以来，通过与现场广交会业务的紧密结合，实现"网上洽谈，现场成交"的目的，成为每届广交会现场成交的有力补充。据统计，超过75%以上的到会客商通过广交会网站获知展会资讯，并提前查询关注的企业及产品信息。到目前为止，网上广交会已成功吸引了来自211个国家和地区的11万家国际买家会员和4万多家中国供应商会员，所以参加网上广交会对中小企业来说也是一个很好的开拓国际市场的机会。依法取得法人营业执照的国内贸易公司与生产企业及接受网上广交会相关条款的并具有合法经营证明的境外企业均可申请网上广交会会员，经核准后可加入"网上广交会"并成为其会员。网上广交会会员享有在线查询行业国际买家数据资源、"贸易撮合"实时询盘推荐、"行业精选产品"电子杂志宣传、企业网上展厅、增值行业报告等服务。

6. 参加广交会的意义

作为层次最高、规模最大、到会客商最多、成交效果最好的综合性国际贸易展会，参加广交会无论对企业还是对外贸业务员都意义重大。

(1) 广交会是出口企业寻找客户和开拓国际市场的最佳途径。对外贸企业和生产性企业来说，广交会汇集了来自全球200多个国家近20万的客商前来采购，为参展企业提供了数量巨大的潜在客户，参展企业除了可以在广交会现场和与会采购商洽谈获得采购商数据资料外，网上广交会会员还可以在线全面查询行业内与会采购商的详细联系方式和采购意向，广交会是参展企业掌握世界各地采购商信息，快速地拓展国际市场的最佳途径。

(2) 企业可以通过广交会认识国内优秀厂商。由于广交会参展企业资质标准相当高，与会的生产性企业都是各地十分优秀的企业，对于外贸企业来说，广交会也是认识和了解生产经营同类产品的国内生产企业的好时机，这些生产企业是可以作为优质的备选供货商的。在广交会官网首页，即有“广交会参展商电子名录”，按行业分类收录了参展企业的详细联系方式，旨在方便与会采购商了解参展商信息，外贸企业也可以通过此途径联系行业内生产性企业作为其供应商。

(3) 广交会给企业的业务人员提供了一次学习和锻炼的机会。对于外贸业务员来说，参加广交会不仅可以广泛地认识来自世界各地的采购商，开阔眼界，而且可以在展会期间和同行业的业务员相互交流、学习，检验和提升个人业务能力，广交会是业务员稳定老客户、发展新客户的有效途径。

(二) 中国—东盟博览会

1. 中国—东盟博览会简介

中国—东盟博览会是由中国和东盟 10 国经贸主管部门及东盟秘书处共同主办，广西壮族自治区人民政府承办的国家级、国际性经贸交流盛会，自 2004 年 11 月起每年在广西南宁举办。中国—东盟博览会以“促进中国—东盟自由贸易区建设、共享合作与发展机遇”为宗旨，涵盖商品贸易、投资合作和服务贸易三大内容，以展览为中心，同时开展多领域、多层次的交流活动，搭建了中国与东盟交流合作的平台。

2. 中国—东盟博览会展示内容

2010 年第七届中国—东盟博览会展示内容如表 7-4 所示。

表 7-4　　2010 年第七届中国—东盟博览会展示内容

商品贸易专题	工程机械及运输车辆展	工程机械、建筑机械、矿山机械、运输车辆
	食品加工与包装机械展	食品加工机械、食品包装机械
	电力与新能源设备展	电力设备、新能源设备
	电子电器展	信息通讯、家用电器
	建筑材料展	建筑材料、建材设备
	珠宝首饰展	珠宝首饰、彩宝玉石、珍珠、自然瑰宝
	农业展	农用生产资料、花果苗木、包装食品
	东盟商品专区	品牌展品、食品农产品、家具家居、工艺品及珠宝饰品
		日用消费品、服务业产品
投资合作专题	国际经济合作展	国际工程承包、劳务合作、能源开发、园区招商、信息通信、基础设施建设等
	投资促进活动	东盟 10 国推介会、国内重点省市推介会、投融资项目对接会、项目信息发布会等

（续表）

先进技术专题	农业先进技术展	农业种养殖、农产品深加工、现代农业装备、农业生物肥料、农村民生科技等
	高新技术展	节能环保技术、机电一体化、高新材料等
服务贸易专题	金融服务展	个人理财、公司金融、金融信息咨询等
	物流服务展 、	仓储、运输、搬运等服务和物流园区开发与合作
	文化教育服务展	国际教育合作、职业培训、留学咨询等
“魅力之城”专题	第七届博览会重点主题为“自贸区与新机遇”。11国将选择在自贸区建设中具有巨大商机的城市作为本国“魅力之城”，将综合展示其在旅游、文化、教育等方面的发展和商机，并在会期举办相关主题活动	

注：第八届中国—东盟博览会将于2011年10月21～26日在南宁举行，参考网站：http：//www.caexpo.org。

3．中国—东盟博览会参展要求

（1）参展企业须在注册国（地区）拥有合法的经营资格，其中，中国大陆企业须具备进出口经营资格，或注册资金不低于人民币100万元。

（2）中国大陆企业申请参展须如实提供进出口企业代码（外贸企业），或当地工商部门核发的有效营业执照正本复印件（非外贸企业）。

（3）参展企业名称须与报名及楣板名称相符，不得转售、倒卖展位；严禁在博览会上展示假冒伪劣商品，不得侵犯知识产权；不得在现场零售展品。

（4）参展商品须符合《第六届中国—东盟博览会参展参会有关事项的公告》规定的要求。企业可自愿提供本企业或产品的有效资料和所获荣誉证明。秘书处将优先安排优质企业、名牌产品参展。

4．中国—东盟博览会参展流程

中国—东盟博览会参展流程如下：报名缴费、筹展、布展、现场洽谈、撤展。

2010年1月1日，中国—东盟自由贸易区正式全面启动，中国和东盟老成员国的绝大多数产品关税降为零，中国—东盟博览会以中国—东盟自贸区为依托，进一步促进了中国和东盟的经贸交流。

（三）其他国际性博览会和展览会

国际性著名展览会和博览会汇聚了行业内世界范围的众多采购商参展，参加展会可以和采购商直接交流，获取第一手参展商资料，是获取新客户信息和达成交易的很好途径。同时，企业参加国际性博览会和展览会也可以了解世界范围内供应商的信息，了解自己的产品质量和价格在世界市场上的竞争力情况以及行业发展趋势等，企业可通过各进出口商会网站获取行业内展会信息。下面以我国六大进出口商会为行业分类依据（见表7-5），对每个商会所属行业各列举三个国际性展览会或博览会。

（四）出口企业了解行业展会信息的途径

出口企业全面了解行业内展会信息，参加展览会或博览会，主要有以下三种途径：

表 7－5　　世界知名国际性展览会或博览会

进出口商会	国际性展览会或博览会
中国机电产品进出口商会	德国汉诺威工业博览会
	法国巴黎国际汽车工业展览会
	美国拉斯维加斯国际消费类电子产品展览会
中国纺织品进出口商会	美国拉斯维加斯国际服装及面料辅料展览会
	德国杜塞尔多夫国际服装服饰和面料博览会
	德国法兰克福国际家用纺织品展览会
中国轻工工艺进出口商会	美国拉斯维加斯国际鞋展
	德国法兰克福国际时尚消费品展览会
	日本东京国际礼品展
中国食品土畜进出口商会	德国科隆世界食品博览会
	德国科隆国际糖果及休闲食品展
	比利时布鲁塞尔欧洲水产品及水产技术展
中国医药保健品进出口商会	德国杜塞尔多夫国际医院设备展览会
	巴西国际医院设备展
	欧洲食品配料展
中国五矿化工进出口商会	德国科隆国际五金博览会
	日本国际住宅和建筑材料展览会
	欧洲精细化工展览会

（1）查询我国商务部主办的“环球商展网”，其提供全球范围内展会、展馆信息，我国各展览公司也在该网站上发布组团参展信息和相关展会服务信息，欲参展企业可以和发布展会信息的展览公司联系商洽参展事宜。

（2）查询各进出口商会、各贸促机构网站，其提供行业内年度全球知名展会信息并负责组织企业组团参展工作，欲参展企业可以和其行业所属商会或贸促机构联系咨询参展事宜，我国六大进出口商会网址见本节上文，各贸促机构及其网址链接见商务部网站。

（3）查询知名展览公司网站，其网站提供国内外展会信息，各展览公司也经营展位代订业务，欲参展企业可以和展览公司联系商洽参展事宜或者直接向展会主办方咨询参展事项，我国展览公司名录及其网址可以查阅商务部主办的“环球商展网”。

（五）我国政府对企业参加国际展会的支持政策

为促进我国出口发展和鼓励我国企业参与国际市场竞争，我国中央和地方都对出口企业参加展会提供扶持，主要有以下两方面：

第一，提供中小企业国际市场开拓资金。该项市场开拓资金是中央财政用于支持中小企业开拓国际市场各项业务与活动的政府性基金和地方财政自行安排的专项资金。在展会项目方面，该项市场开拓资金对符合条件的中小企业参加境外展览会的展位费和公共布展费提供补贴。

符合下列条件的中小企业可以提出企业项目国际市场开拓资金申请：

(1) 具有企业法人资格，拥有进出口经营权或对外经济合作经营资格，上年度海关统计出口额在1 500万美元以下。

(2) 近两年在外经贸业务管理、财务管理、税收管理、外汇管理、海关管理等方面无违法行为。

(3) 具有从事国际市场开拓的专业人员，对开拓国际市场有明确的工作安排和市场开拓计划。

第二，各地方商务主管部门对企业参展的展会费用补贴。各省、直辖市商务厅、对外贸易经济合作厅、经济贸易委员会对于其负责组团参加的部分国内外展会提供参展费用补贴，出口企业可以关注以上机构网站及时了解相关信息，各省、直辖市商务主管部门及其网址链接可查询商务部网站。

二、我国商务部驻外经济商务机构

(一) 我国商务部驻外机构可提供的信息

我国商务部驻外经济商务机构主要有驻外国大使馆经济商务参赞处、驻外国主要地区领事馆经济商务室和驻我国香港、澳门特别行政区联络办公室经济部贸易处，以上各机构均有在其所驻国家或地区进行市场调研，收集经贸信息，为我国企业拓展国际市场提供咨询和服务，促进我国企业对其所驻国家或地区出口的职责。就我国商品的出口而言，以上机构主要提供以下七方面信息和服务：

(1) 介绍其所驻国家或地区贸易概况、贸易政策及关于商品进出口的相关法律法规。

(2) 提供其所驻国家或地区经贸新闻或相关信息。

(3) 提供其所驻国家或地区经贸机构及主要商会或协会网站信息和联系方式。

(4) 提供其所驻国家或地区企业名录网站和进口商名录网站信息。

(5) 面向其所驻国家或地区宣传我国展览会、博览会信息，协助招商、招展活动；另外，提供其所驻国家或地区展览会、博览会信息，协助我国企业参展。

(6) 在面向其所驻国家或地区的网站上提供我国企业供求信息的网站链接，相关网站主要有中国商品网、供求信息网、世界买家网。

(7) 积极协助中国出口企业解决对外贸易纠纷。

(二) 通过我国商务部驻外机构寻找贸易信息

就寻找客户而言，可以利用上述机构提供的以下三方面信息和服务：

(1) 其提供的所驻国家或地区的经贸机构及主要商会或协会的网站信息和联系方式，可以通过主要商会或协会的网站查询其会员信息，进而即可以获得当地进口商、分销商、批发零售商信息。

(2) 其提供的所驻国家或地区的企业名录网站和进口商名录网站信息，只需登录相关网站，然后筛选出进口商、分销商、批发零售商即可。

(3) 其面向所驻国家或地区的网站上我国企业供求信息的网站链接，出口企业可以在这些网站上查询到国外企业采购信息及其地址和联系方式;出口企业也可以在这些网站上免费注册为用户,然后即可免费在这些网站上发布供应信息,等候有意向客户的询盘。

三、其他国家或地区驻我国大使馆或领事馆及驻别国商务机构

(一) 外国驻我国大使馆或领事馆可提供的信息

在经济方面,一国驻他国大使馆或领事馆有促进其本国和东道国充分的经济交流的职责,这一职责不仅包括为促进其本国对东道国出口而向东道国提供其本国供应信息和搜集东道国需求信息,还包括为满足其本国进口需求而搜集东道国供给信息。所以,他国驻我国大使馆也是我国出口企业寻找国际需求信息的途径,具体而言,可以通过他国驻我国大使馆或领事馆查询到以下几方面对我国出口有所帮助的信息:

(1) 该国与我国双边贸易状况简述和该国海关法规的网址链接。

(2) 该国商务或贸易主管部门的网址链接或联系方式和该国驻我国的商务或贸易部门联系方式(若该国在我国有驻外商务机构的话)。

(3) 该国主要商会、协会网址链接或联系方式和该国驻我国商会、协会联系方式(若该国在我国有驻外商会、协会的话)。

(4) 该国主要的展览会、博览会简介和展会组织管理部门联系方式。

(5) 该国国际贸易供求信息的相关网址链接。

(6) 办理赴该国商务签证的条件及步骤。

(二) 利用外国驻我国或其他国家大使馆或领事馆寻找贸易信息

就寻找客户而言,可以在以下两方面利用他国驻我国大使馆或领事馆提供的信息:

(1) 通过其提供的该国商务或贸易机构网站或直接与该国驻我国商务机构联系,获取该国进口需求信息和进出口企业相关信息。

(2) 通过其提供的该国国际贸易供求信息的相关网址链接寻找该国进口需求信息,同时在相关网站上发布我方企业供应信息。

每一个国家的驻外经济商务机构和驻外大使馆、领事馆都肩负为促进其本国出口而在其所驻国家或地区进行市场调研,搜集经贸信息的职责,所以除了利用我国商务部驻外经济商务机构和其他国家驻我国大使馆或领事馆寻找客户信息外,还可以利用其他国家驻他国或地区(指我国以外的别国)经济商务机构寻找客户信息,即可以通过查询其他国家驻他国或地区(指我国以外的别国)经济商务机构的官方网站来获得其所驻国家或地区的市场和客户信息。比如,美国作为世界经济强国,其商务部驻外机构遍布世界各地,可以利用美国商务部驻世界各地机构了解贸易信息。

四、网络

在互联网迅速发展的今天,通过网络发布、搜集信息日益变得简便、快捷。在这样的时代背景下,网络已成为外贸业务员寻找客户必不可少的工具,通过网络寻找客户比较普遍的途径有:国际贸易 B2B 网站、搜索引擎、出口目标国行业商会等。下面简要介绍以上通过网络寻找客户的三种途径。

(一) 国际贸易B2B网站

国际贸易B2B网上交易平台可以通过网络同时发布供应商和采购商信息，成为两者达成交易的桥梁和纽带。就国际贸易而言，阿里巴巴(www. alibaba. com)、环球资源网(www. globalsources. com)、中国制造网(www. made-in-china. com)、TRADEKEY(www1. tradekey. com)、EC21(www. ec21. com)等都是目前比较著名的国际贸易B2B网站。下面简要介绍如何通过这些网站寻找买家。

1. 主动寻找并联系买家

B2B平台提供了一个网上交易市场，供应商通过B2B平台发布供应信息，同时采购商也通过B2B平台发布需求信息。作为B2B网站的付费供应商会员可以看到采购商的需求信息和详细联系方式，然后就可以通过电子邮件、传真或电话的方式和采购商联系，向其发盘，表达建立业务关系的愿望。另外，有些网站，如阿里巴巴、TRADEKEY、EC21提供在线洽谈服务，可以在线向采购商发盘，洽谈产品信息、价格、支付方式等。希望做免费推广的中小企业可以同时注册多家B2B网站的免费会员，但免费会员一般看不到采购商详细联系方式或只能在采购信息发布若干天后才能看到其联系方式。

2. 发布产品信息，等候有意向的采购商询盘

例如，在环球资源网上，作为供应商会员是看不到采购商询盘信息的，供应商会员在该网站上发布详细的产品信息等候感兴趣的客户询盘而不能主动联系客户。同时，由于网络上信息更新的速度飞快，为避免自己的产品信息淹没的汹涌的信息流中，在这样的网站上发布产品信息就要注意经常不断地更新，保持自己的产品信息处在最新发布的供应信息中，提高被关注率。除了发布产品信息，还要注意简要介绍一下公司信息，留下公司网站和联系方式，以表明自己的公司及发布的产品信息真实可靠。

(二) 搜索引擎

可以利用国际知名搜索引擎如谷歌(www. google. com)、雅虎(www. yahoo. com)的关键词搜索功能寻找采购商信息，比如在Google搜索中输入“mobile＋importers/buyers”，就可以搜到世界范围内许多关于mobile的询盘信息，使用这种方法搜索到的询盘信息大多数还是来源于B2B网站，只不过这种方法搜索到的是更大范围B2B网站的信息。另外，除了谷歌、雅虎这些国际知名搜索引擎外，每个国家都有其本土的知名搜索引擎，如我国国内第一大搜索引擎就是百度(www. baidu. com)，使用出口目标市场国本土的知名搜索引擎往往可以搜索到更多的内容。使用关键词搜索时，综合使用多种搜索引擎可以搜集到尽可能多的采购商信息，扩大信息筛选范围。

(三) 出口目标国行业商会

如同可以通过国内的各大商会寻找到该商会会员详细信息(如商会会员的网站、主营产品、联系方式等)一样，出口商也可以通过出口目标市场国的行业商会寻找到该国各行业商会会员的详细信息。比如，美国电子协会(American Electronics Association，AEA)，进入其官方网站，点击其会员名录，即可通过产品名称查询到经营该类商品的企业名称，然后在查询到的企业中筛选进口商和批发零售商作为目标客户。

以上三种是比较普遍的通过网络寻找客户的途径。另外，每一个优秀的外贸业务员都会有自己独特的寻找客户的方法、途径，经常和其他业务员的互相交流、学习可以掌握更多的寻找客户的途径，如目前我国人气最高的“福步外贸论坛”(http：//bbs. fobshanghai. com/)汇集了大量外贸从业人员的外贸经验和心得体会，是外贸业务员交流、学习很好的平台。

五、专业书籍

在国际贸易中，通过专业书籍寻找客户主要指的是通过名录(即进出口商名录和国际采购商名录)查找客户信息。专业书籍名录的传统形式是纸质书籍名录，现在随着互联网的发展，专业书籍名录更多的是以 e-book 形式出现的电子名录，并且 e-book 形式的电子名录日益成为当代专业书籍名录的主流。

(一) 纸质名录

《美国、加拿大、英国、法国、德国、意大利 80 000 家进出口商、投资商、制造商名录总览》一书收录 8 个国家的共计 81 500 家企业，其中美国 30 950 家、加拿大 2 577 家、英国 4 395 家、法国 6 093 家、德国 27 941 家、意大利 3 306 家、荷兰 3 689 家、西班牙 2 549 家企业。

《38 000 家进出口商、投资商、制造商名录总览》一书资料的收录截至 1992 年 11 月，内容包括日本、韩国、(中国)台湾、(中国)香港、(中国)澳门、越南、老挝、泰国、马来西亚、新加坡、印度尼西亚、菲律宾等国家和地区的进出口商、投资商、制造商的通信地址、资本、职工人数、经理、商标、产品名称等。

(二) 电子名录

我国商务部主办的“世界买家网”(http：//win. mofcom. gov. cn/)提供“世界进口商名录数据库”服务，其内容包括 210 个国家及地区的 57 万多家进口商的基本数据(公司名称、地址、电话、进口商品)和辅助数据(负责人及职务、联系人及职务、成立时间、职员人数、进口额、传真、进口国家或地区、公司类型、资本额、因特网域名、电子邮件、银行、公司特点、对华贸易、驻华机构、更新时间等)，进口商数据每 12 个月更新一次，并且该数据库由政府资助，社会公众可以免费使用。

为方便参加展会的采购商获得与会参展商信息，国际展会官方网站提供参展商电子名录，可以免费在线查阅。行业内的上游企业可以通过这些国际展会官方网站提供的参展商名录寻找下游参展企业信息来寻找目标客户，比如经营皮革的企业可以通过广交会网站提供的参展商名录寻找参加广交会的鞋子、箱包、服装等皮革制品生产商作为目标客户。

除了以上介绍的覆盖所有行业的综合性名录，还有许多具体某一行业的行业性名录，如世界机械设备进口商名录、全球纺织品进口商名录、全球模型玩具进口商名录、全球化工产品进口商名录等。行业性名录针对性强，对业务范围相对较窄的中小企业来说具有更强的实用性。

传统纸质名录信息更新速度慢，易产生信息陈旧问题；电子名录依托互联网的优势则可以克服这一缺点，且电子名录使用起来简单、方便、价格适中，所以现在电子名录日益成为当代专业书籍名录的主流。大多数电子名录是由专门的公司以商业性目的制作，但也是可以在网上搜索到一些免费的电子名录，如通过政府网站、贸易促进机构、商会、外贸论坛等途径。

六、老客户维护的方法

开拓新的国际市场、开发新客户的同时,也要注意维护老客户,“结识新朋友,不忘老朋友”,才能逐步扩大客户群,拓展国际市场。由于对交易对手信息(主要是资信状况)掌握得不充分,开发新客户往往需要很长时间的沟通、调查来了解交易对手,初次达成交易后双方也会谨慎小心地采取相对安全、相对复杂的支付方式。相对于开发新客户,和老客户达成交易更加容易些,多次的业务往来使双方都彼此熟悉,然后基于彼此了解的信任可以使交易双方在有交易需求时迅速地达成交易,并采取更加有效率、更加节约成本、操作更加简单的支付方式。所以,做好老客户维护工作是外贸企业和外贸业务员稳定并扩大业务量的重要途径。可以通过以下六个方面做好老客户维护。

1. 严格按照合同履约,建立信任关系

在国际交往中,交易双方远隔万水千山,因此信用显得尤为重要和珍贵,交易双方彼此的信任是达成交易的前提。因此,要通过严格执行合同、履行合约来和交易对手建立起信任关系,让交易对手对我方的履约能力满怀信心,进而建立起长期合作关系。

2. 给予老客户优惠待遇

例如,对有经常业务往来、交易量大、信用良好的老客户可以给予一些价格优惠或折扣;付款方式上,也可以在风险可控的范围内通融一些。

3. 加强与老客户沟通联系

可以通过电子邮件、电话等方式了解老客户对我方产品的意见,有问题及时解决,有争议友好协商。另外,要及时了解其需求变动情况,产品市场价格波动时,及时告知其价格变动信息。

4. 询问客户新的产品需求并向老客户推荐新产品

交易的达成源于对客户需求的满足,不断满足客户新的产品需求自然能不断地从客户那里得到订单,和客户建立起长久的良好合作关系。另外,除了根据客户的需求提供产品外,也可以向客户展示我方新产品或对客户而言的新产品来引导客户产生对新产品的需求,从而使双方的合作领域不断地扩大和延伸。

5. 向客户展示我方公司实力,介绍我方公司新的、积极的发展动态

例如,参加国际大型展会时向老客户发邀请函,邀请其去我方展位参观、洽谈。首先,能参加国际性大型展会本身就是实力的体现,如果客户应邀参加展会并来我方展位参观,则可以通过当面交谈和客户交流一下我方公司的新产品、公司发展的新动态,向客户传递我方是有实力的不断积极发展的企业的信息,增强客户对我方信心;同时,当面交流也可以增进双方的相互了解,增进感情。其次,即使客户没有应邀参加展会,向客户发邀请函也向其传递了我方是有实力参加国际大型展会公司的信息。

6. 注重和客户的感情交流,增进好感,增进友谊

如在客户国家的重大节日、重大庆典活动时,通过邮件、电话等方式向其致以祝贺,赠送

贺卡或小纪念品等。此外，客户来我国时也可以邀请其来我方公司参观，客户在中国有办事处的话也可以定期拜访一下。

总之，对于老客户要经常联系，多多沟通，深层交流。首先，要严守信用，让其感觉和我方交易安全可靠。其次，要给予老客户看得见、摸得着的优惠，让其感觉和我方交易有利可图；同时还要注意增进感情与友谊，通过达成交易来增进感情，建立友谊，通过建立友谊来使双方的合作不断延续。

第四节　国际贸易谈判与合同的订立

本节中提及《联合国国际货物销售合同公约》处均简称为《公约》。

一、国际贸易谈判的形式

从我国企业的角度来讲，国际贸易谈判是指拥有进出口经营权的企业同国外客户以达成交易为目的，就交易商品的各项交易条件进行磋商、洽谈的过程。

国际贸易谈判的内容主要包括商品名称、品质、数量、包装、价格、运输和支付七个必要交易条件，以及检验、保险、不可抗力、索赔和仲裁五个一般交易条件。在外贸实践中，为了提高谈判效率，谈判时往往会直接援引事先拟就的一般交易条件，谈判双方对此存有异议则不作为谈判内容。

国际贸易谈判可以分为口头谈判和书面谈判两种形式。

（一）口头谈判

口头谈判主要指以下四种情形：① 与来访的国外客户面谈。② 随我国政府商务部门或商会、贸促会组织的贸易团赴国外同客户面谈。③ 在展览会、博览会等各种交易会上同与会采购商面谈。④ 和国外客户电话商谈。

口头谈判有以下三方面优点：

(1) 谈判效率高，便于成交。在口头谈判时，谈判双方可以当面就各自的交易条件作详细说明，对有异议的交易条件也可以当场协商解决。

(2) 可以当场了解谈判对手的特性，及时调整谈判策略。

(3) 利于谈判双方感情交流。通过感情交流促成交易，通过达成交易增进感情，使双方建立长期的良好业务关系。

（二）书面谈判

目前，书面谈判主要指通过传真、电子邮件、信函等通讯方式进行的国际贸易谈判，其中，传真方式应用最为广泛。书面谈判有利于谈判双方深思熟虑后谨慎决策，且所需费用较口头谈判要低很多，因此在当今外贸实践中应用最为广泛。

二、国际贸易谈判的步骤

国际贸易谈判一般包括以下四个步骤：询盘、发盘、还盘、接受，其中，发盘和接受是达成交易、订立合同必不可少的两个法定步骤。

(一) 询盘

询盘(enquiry)是指买方欲购买或卖方欲销售某项商品而向对方询问有关交易条件、表达交易愿望的行为。询盘内容可以是一项、数项或所有交易条件,也可以是希望对方向自己发盘的邀请。

询盘对询盘方和被询盘方均无法律上的约束力,询盘方发出询盘后无须受询盘约束而必须接受对方发盘,被询盘方也无须一定要在接到询盘后向对方发盘。另外,询盘也并非达成交易的必经步骤,一笔交易可以以询盘为起点,也可以越过询盘直接进入发盘阶段。

(二) 发盘

发盘(offer)是指卖方向买方提出销售某项商品的各项交易条件或买方向卖方提出购买某项商品的各项交易条件,并愿意按其提出的所有交易条件与对方达成交易、订立合同的行为。

发盘一般由卖方发出,称为售货发盘(sell offer);买方发盘则称为购货发盘(buy offer),习惯上称为递盘(bid)。发盘是达成交易的必经法律步骤,对发盘人(offeror)具有法律约束力,即在发盘有效期内发盘人不得随意撤销或修改发盘,而且发盘一经受盘人(offeree)接受,发盘人将承担按照发盘中交易条件与对方达成交易、订立合同的责任。

1. 构成发盘的条件

(1) 向一个或以上特定的人发出。特定的人指发盘必须指明受盘人名称,受盘人可以是法人或自然人。若受盘人是笼统地泛指,则不能构成发盘,如面向社会公众的商业广告。

(2) 内容十分确定。根据《公约》规定,一项订约建议只要列明货物、数量和价格三项交易条件即可被认为内容十分确定而构成发盘。在外贸实践中,为避免交易条件过于简单带来的合同履行的困难和可能引起的争议,往往要将品名、品质、数量、包装、价格、运输、支付等主要交易条件一一列明,其他一般交易条件责任可以援引每笔交易中惯用的条款。

(3) 表明发盘人在发盘得到接受时承受约束的意旨。“承受约束的意旨”是指发盘人在发盘中明示或默示的表明,发盘一经受盘人接受,其即按照发盘中交易条件与受盘人订立合同。若发盘中附有保留或限制性条款,如“以我方最后确认为准”(subject to our final confirmation)、“不受约束”(without engagement),仅供参考(for reference only)等,则不能构成发盘。

2. 发盘的生效

发盘于送达受盘人时生效,口头发盘自受盘人了解发盘内容时生效。

3. 发盘的有效期

在国际货物买卖中,凡是发盘都会规定有效期,发盘自送达受盘人时生效至发盘规定的有效期届满为止丧失效力。但是没有规定有效期的发盘不影响发盘的效力。无有效期的发盘在合理时间内有效,如《公约》和我国《合同法》都规定,采用口头发盘的,除非发盘人发盘时另有声明,受盘人当场接受有效。

在外贸实践中,对外发盘时应明确规定有效期。发盘有效期主要有以下两种规定方法:

(1) 规定接受最迟到达的时间。例如,限 2011 年 6 月 8 日复到(Offer subject to reply

reaching us June 8,2011)。

(2) 规定一段接受的期限。例如,发盘有效期7天(Offer valid for seven days),发盘限7日内回复(Offer subject to reply within seven days)。“一段接受的期限”自发盘送达受盘人时起算,期间的正式假日或非营业日应计算在内;若由于期限的最后一天在发盘人营业地是正式假日或非营业日而致使接受未能送达的,接受的期限应顺延至下一个营业日。

4. 发盘的撤回

发盘的撤回(withdrawal)是指发盘人在发盘送达受盘人之前将其撤回,以阻止其生效。《公约》第十五条第(2)款规定:“一项发盘,即使是不可撤销的,得予撤回,如果撤回通知于发盘送达被发盘人之前或同时,送达被发盘人。”在当今外贸实践中,普遍采用传真、电子邮件、电话发盘,发盘信息即刻即能送达受盘人,所以就不存在发盘撤回的可能性。

5. 发盘的撤销

发盘的撤销(revocation)是指发盘送达受盘人后,即发盘生效后,将其取消以使其失效。《公约》第十六条规定:“(1) 在未订立合同之前,发盘得予撤销,如果撤销通知于被发盘人发出接受通知之前送达被发盘人。(2) 但在下列情况下,发盘不得撤销:① 发盘写明接受发盘的期限或以其他方式表示发盘是不可撤销的;② 被发盘人有理由信赖该项发盘是不可撤销的,而且被发盘人已本着对该项发盘的信赖行事。”

在国际货物买卖中,凡是发盘都规定有有效期,所以参照《公约》中发盘不可撤销的两种情况可知,在一般情况下,发盘是不可撤销的。因此,在对外发盘时应认真对待,谨防差错。

6. 发盘的终止

发盘的终止(termination of offer)也称发盘的失效,是指发盘法律效力的消灭,即发盘人不再受发盘约束,受盘人也失去了接受发盘的权利。发盘终止主要有以下五种原因:

(1) 发盘有效期届满,受盘人未作出接受。

(2) 发盘被发盘人依法撤销。

(3) 发盘被受盘人拒绝或还盘。

(4) 在发盘被接受前,发盘人或受盘人丧失行为能力,如死亡、精神失常等;或发盘人被宣布破产并将其破产通知送达受盘人。

(5) 发生了不可抗力事件,如发盘中特定标的物遭遇灭毁、所在国政府对发盘中商品或所需外汇发布禁令等。

(三) 还盘

还盘(counter offer)又称还价,是指受盘人不同意或不完全同意发盘交易条件而对其提出的修改、限制或变更建议。还盘可以对价格,也可以对其他交易条件提出不同意见。

还盘是受盘人对原发盘的拒绝,将导致原发盘失效。还盘也是受盘人以发盘人身份提出的一项新的发盘,对其自身同样具有发盘的约束力,即若原发盘人对还盘表示接受,则还盘人即承担按照还盘中的变更条件和原发盘的其他交易条件与之订立合同的责任。

还盘并非每笔交易的必经步骤,一笔交易有时不经过还盘即可达成,有时却要经过还盘甚至往返多次还盘才能达成。

(四) 接受

接受(acceptance)是指受盘人在发盘有效期内无条件地同意发盘人在发盘中提出的全部交易条件，并愿意按照这些交易条件与之达成交易、订立合同的意愿表示。

接受是达成交易的必经法律步骤，其法律后果是：发盘一经接受，交易即告达成，合同即告成立，发盘中的各项交易条件对发盘人和受盘人都具有法律上的约束力。

1. 构成接受的条件

(1) 接受必须由指定的受盘人作出。只有发盘中指定的受盘人才能对发盘作出接受，任何第三方作出的接受不能视为有效的接受，而只能视为是发给发盘人的，与发盘人的发盘内容完全相同的一项新的发盘。

(2) 接受必须是受盘人无条件的同意发盘中的全部交易条件。若受盘人在接受时对发盘中的交易条件附有添加、限制或变更的答复，则要判定其是否在实质上变更了发盘条件。《公约》第十九条第(3)款规定："有关货物价格、付款、货物质量和数量、交货地点和时间、一方当事人对另一方当事人的赔偿责任范围或解决争端等的添加或不同条件，均视为在实质上变更发盘的条件。"若接受其中附加的条款实质上变更了发盘条件则构成还盘，若属非实质性变更，如要求增加商检证书、产地证书等单据，增加某些单据的份数、提供样品、在包装上刷上指定的标志等，除非发盘人及时通知受盘人其反对意见，则其仍构成有效地接受，使合同得以成立，并且合同的内容以发盘的条件以及在接受中所载的更改为准。

(3) 接受必须以声明或行为表示出来。声明包括口头和书面两种形式；行为通常是指卖方发运货物和买方支付价款，如汇付货款或开立信用证。缄默或不行动本身不等于接受。我国政府在批准加入《公约》时对书面以外形式订立合同的规定作了保留，因此在我国对外贸易实践中应以书面形式表示接受。

(4) 接受必须在发盘的有效期内作出。以声明作出的接受必须于发盘的有效期内将接受通知送达发盘人；以行为作出的接受必须于发盘有效期内作出该项行为。如发盘没有规定有效期，则受盘人应在合理时间内将接受通知送达发盘人。

2. 接受的生效

接受发盘于表示接受的通知送达发盘人时生效；以行为作出的接受于该项行为作出时生效。

3. 逾期接受

逾期接受是指超出发盘有效期作出的接受。逾期接受是无效的，它只能被视为是一项新的发盘，除非发盘人毫不迟延地通知受盘人其接受仍然有效。

4. 接受的撤回

《联合国国际货物销售合同公约》第二十二条规定："接受得予撤回，如果撤回通知于接受原应生效之前或同时，送达发盘人。"

接受不可撤销，受盘人撤销接受的行为既是毁约，应负法律责任。

三、国际贸易谈判应注意的问题

在我国外贸实践中，国际贸易谈判的谈判对象大多来自其他国家，由于国家间政治、经济、文化、社会风俗习惯等的差异，谈判对象在许多方面都会和我国存在差异，在国际贸易谈判中要了解和适应这些差异。本节简要列出以下四方面在国际贸易谈判中需要注意的问题。

(一) 做好谈判前的准备工作

(1) 全面详尽地制定好我方在谈判中将要提出的各项交易条件，并确保我方可按此交易条件履行合约。

(2) 备齐在谈判中可能用到的各种资料，如产品的各种技术数据及产品图片、可能用到的样品等。

(二) 全面搜集谈判对手信息

无论是在谈判前还是在谈判中，只要有机会就应该全面、详尽地搜集、掌握谈判对手信息，以在谈判中占据信息优势。主要应搜集谈判对手以下四方面信息：

(1) 谈判对手处在国际贸易中哪个环节。即谈判对手是直接的进口商还是中间贸易商，以及谈判对手的实力和知名度。

(2) 谈判对手的资信状况。确保谈判对手拥有合法谈判资格和良好的资本信用和履约能力。

(3) 谈判对手所在国的政治经济现状、法律制度、商业习惯、宗教信仰和社会习俗等。

(4) 谈判对手所属国家、地区人们的谈判礼仪和谈判风格。

(三) 注意维护良好的企业形象和商业信誉

在国际贸易谈判中，应迅速及时地回复对方的询盘或发盘，谈判过程中如遇市场突变而变更了交易条件，也应迅速及时地将变更后的交易条件通知对方，谈判用语应礼貌、规范、得体。我方发盘被对方接受时，要严格按照我方发盘中提出的各项交易条件履行合约；一旦接受对方发盘，也应承担相应的订立合同与履约义务。

(四) 应在谈判中明确规定不可抗力、索赔和仲裁条款

在国际贸易中，买卖双方来自不同的国家，政治法律制度和商业习惯存在着诸多差异，有时对于同一项交易条件双方可能会有不同的理解，或者由于商业习惯的差异可能会采取不同的做法，因此产生贸易纠纷是十分正常的。在谈判中，明确规定不可抗力、索赔和仲裁条款，可以为以后可能产生贸易纠纷提供法律依据；同时，一旦将来对方违约给我方造成了重大损失，也可以据此向对方提起法律诉讼。

四、合同的订立

在国际贸易谈判中，一方发盘一旦被对方接受，合同即告成立，双方即受合同约束。我国《合同法》规定，依法成立的合同，自成立时生效，对当事人具有法律约束力，并受法律保护。

(一) 合同成立的时间和地点

1. 合同成立的时间

《公约》和我国《合同法》均规定，合同于对发盘的接受生效时成立，因此，接受生效的时间就是合同成立的时间。我国《合同法》还进一步规定，当事人采用合同书形式订立合同的，

在双方当事人签字或盖章时合同成立；当事人采用信件、数据电文等形式订立合同的，可以在合同成立之前要求签订确认书，签订确认书时合同成立。

在实际业务中，有时双方当事人在洽商交易时约定，合同成立的时间以签约时合同上所写明的日期为准，或以收到对方确认的合同日期为准，在这两种情况下，双方的合同关系即在签订正式书面合同时成立。

此外，根据我国法律和行政法规规定，应当办理批准、登记手续生效的合同，在合同获得批准或办理登记手续后，合同方成立。

2. 合同成立的地点

关于合同成立地点，我国《合同法》规定，接受生效的地点为合同成立的地点。当事人采用合同书形式订立合同的，双方当事人签字或盖章的地点是合同成立的地点。除当事人另有约定外，采用数据电文形式订立合同的，收件人的主营业地为合同成立的地点；没有主营业地的，其经常居住地为合同成立的地点。

（二）合同的形式

我国政府批准加入《公约》时，对《公约》的第十一条及与该条款内容相关的规定提出了保留，认为订立、更改或终止国际货物买卖合同应当采取书面形式。因此，我国企业在同国外客户订立买卖合同时应当采取书面形式。书面形式是指合同书、信件和数据电文（包括传真、电子邮件和电子数据交换）等可以有形地表现所载内容的形式。

（三）签订书面合同的意义

签订书面合同有以下三方面意义：

(1) 作为合同成立的证据。根据法律要求，合同的成立必须能得到证明。无论交易是以口头、书面还是以其他谈判形式达成，签订书面合同都可以简易地举证合同的成立。

(2) 作为履行合同的依据。国际货物买卖合同的履行涉及诸多部门，经历多个环节，口头磋商内容如不以书面形式订立合同将很难得到履行；即使是以书面形式达成的交易，将分散于多份往来函电中的交易条件归纳汇集到一份书面合同中，也能进一步地明确双方的权利和义务，便于合同的履行。

(3) 有时还作为合同生效的条件。交易双方在发盘或接受时，如声明以签订一定格式的书面合同为准，则在正式签订书面合同时合同成立。

在国际贸易中，关于货物买卖书面合同的名称和形式均无特别的限制，有合同（contract）、确认书（confirmation）、协议（agreement）、备忘录（memorandum）、订单（bill）等形式。在我国对外贸易实践中，主要使用合同（contract）和确认书（confirmation）两种形式，如售货合同（sales contract）和销售确认书（sales confirmation）。

五、合同的内容

在国际货物买卖中，书面合同的内容通常包括约首、本文和约尾三个部分。

（一）约首

约首一般包括合同名称、合同编号、订约双方名称和地址、电话、传真或电子邮件号码、合同签订的日期和地点等内容，通常还写明双方订立合同的意愿和履行合同的保证。

（二）本文

本文又称合同的基本条款，是合同的主要组成部分，是对各项交易条件的具体规定，包括品名、品质、数量、包装、价格、运输、保险、支付、检验、不可抗力、索赔和仲裁等条款。

（三）约尾

约尾部分一般包括合同使用的文字及其效力、合同的份数、附件及其效力、订约双方当事人的签字等内容。

在签订书面合同时，应做到内容完整、条款明确、文字严谨、前后一贯，且与谈判内容相一致，以有利于合同的履行和避免争议的发生。

本章小结

本章主要介绍了我国主要出口商品分类、主要出口市场分布、选择出口商品的方法、选择出口市场及进行国际市场调研的方法、寻找客户的途径、国际贸易谈判的程序和国际货物买卖合同的签订，其中，寻找客户并达成交易是国际贸易的关键。要重点掌握寻找客户的途径，同时充分利用国家和地方政府对企业开拓国际市场的支持政策，如“中小企业国际市场开拓资金”等。与国外企业达成交易后，要注意订立书面合同以使确买卖双方的谈判约定有据可依，便利合同的履行。

思考与练习

一、选择题

1. 根据《联合国国际货物销售合同公约》规定，构成一项有效发盘的条件是（　　）。

A. 向一个或一个以上特定的人提出

B. 表明发盘人在得到接受时承受约束的旨意

C. 发盘的内容十分确定

D. 必须传达到受盘人

2. 按照《联合国国际货物销售合同公约》规定，一项发盘的内容必须十分肯定，只有同时具备（　　）内容，才算是十分肯定。

A. 标明货物的名称

B. 明示或默示的规定货物的数量或规定数量的方法

C. 明示或默示的规定货物的价格或规定价格的方法

D. 规定交货时间、地点及支付条件

3. 可造成发盘的失效的情况有（　　）。

A. 受盘人做出还盘

B. 发盘人撤回发盘

C. 发盘中规定的有效期届满

D. 人力不可抗拒的意外事故造成发盘的失效，如政府禁令或限制措施

4. 合同洽商的一般程序中最重要的环节是（　　）。

A. 询盘　　B. 发盘　　C. 还盘　　D. 接受

5. 在国际货物买卖中，书面合同的内容通常包括（　　）。

A. 约首　　B. 本文　　C. 约尾　　D. 不可抗力条款

二、思考题

我方A公司向美国洛杉矶的B公司发盘：某商品200公吨，每公吨2 400美元CIF洛杉矶，收到信用证3个月内交货，以信用证支付，限3天内答复。第二天收到B公司回电称：接受你方发盘，立即装运。A公司未作答复。又过2天，B公司从洛杉矶花旗银行开来即期信用证注明：立即装运。当时该货国际市场价格上涨20%，A公司拒绝交货，并立即退回信用证。

要求：试问这种做法有无道理？有何依据？

第八章 国际货物买卖合同的履行

学习目标

1. 掌握出口合同履行的流程。
2. 掌握进口合同履行的流程。

第一节 出口合同的履行

在国际贸易中，货物买卖合同一旦签订并生效，买卖双方就必须严格执行并履行各自的义务。履行合同既是经济行为，又是法律行为。由于买卖双方所处的地位不同，国际货物买卖合同分为出口合同和进口合同，本章分别对两类合同的履行进行阐述。

我国出口合同大多采用 CIF 或 CIP 术语和不可撤销即期信用证支付方式签订合同，大宗货物贸易有时采用 FOB 或 FCA 术语成交。签订合同后，作为出口方，要严格按照合同规定，做好出口合同的履行工作，同时要加强对出口合同的科学管理。

一、加强对出口合同的科学管理

(一) 对出口合同的管理

为规范我国外经贸企业合同的管理，提高企业的经营管理水平，1999 年 11 月，原对外贸易经济合作部颁布《外经贸企业合同管理指导意见》(以下简称《指导意见》)。该《指导意见》对合同的签订、合同的履行、合同的评审及统计、合同档案的管理、合同管理的责任和对外经贸企业的合同管理提出了指导性意见。

1. 合同的签订管理

(1) 建立完善的客户管理制度。同新客户签订合同时，应对新客户的注册、资信及经营能力等情况进行调查，以便根据交易的金额、付款方式及期限等条款所涉风险的大小，决定是否签订合同。同时，企业也要加强对重点客户档案资料信息的保护工作，防止员工离职造成重要客户流失。

(2) 制定标准合同格式。外经贸企业应对经常性交易制定标准合同格式，标准合同格式应由企业法律人员或法律顾问及有关业务人员共同参与制定。标准合同格式可参照有关国际公认的标准合同，其条款应齐备，特别应订入法律适用、违约责任和争议解决方式等内容。业务人员在签订合同时，如需对标准合同格式中有关重要条款进行修改，须在充分征求法律人员意见的基础上，由企业主管领导批准。

(3) 建立分级授权签字制度。企业的法定代表人有权代表本企业签订合同。按照我国有关法律规定，签订经济合同者也可以是企业法定代表人的授权人。外经贸企业应根据合同种类、金额、付款方式及期限的不同，分别制定分级授权签字制度。同时，外经贸企业应建立合同中重要条款的审批制度，对于合同中的一些重要条款(如赊销、寄售等)，应送交企业主管人员审批同意后再对外签约。

2. 合同的履行

(1) 建立多人负责制保证合同履行的连续性。为保证经济合同的履行具有连续性，企业应就合同履行的每一环节(包括联系货源、商检、洽定运输工具、报关、结汇等)安排主要负责人和助理共同负责，在正常情况下，合同履行的每一环节都由该环节的主要负责人负责，当主要负责人因故无法履行完成该环节任务时，由助理负责人代为履行职责。

(2) 建立合同履行监督制度。企业应指定专门部门负责编制合同摘要，并负责合同履行进程的监督工作，形成以履约监督部门为主，商检、运输、报关、保险、财务、法律等职能部门相互配合的履约全过程管理制度。

(3) 加强合同争议解决管理。企业签订的经济合同中必须订有合同适用法律、违约责任及争议解决方式等条款，以确保合同争议的顺利解决。

3. 合同的后续管理

(1) 建立合同评审、统计及归档管理制度。企业应成立由企业领导及有关部门负责人组成的合同评审小组，依据企业有关经济合同管理规章制度，定期对每笔履行完毕的经济合同进行评审，评审内容主要包括合同的签订、审核、履行、争议解决等方面，以总结经验为以后工作借鉴。

(2) 制定合同档案管理制度。合同档案管理应包括档案生成、归档、保管和销毁等方面。每笔合同从签订时起即应由主管业务员建立合同档案。企业应规定必须归档的单证种类，如合同、信用证、重要往来函电，包括发票、运输单据、商检证书在内的结汇单据及有关履约质量标签等。根据合同履行期限、金额、质量保质期及索赔期等因素规定不同合同档案的保管期限。合同档案分短期、长期和永久保存。过期档案进行销毁时，要注意保密性问题。

(二) 掌握出口合同执行情况

为了保证出口合同的顺利履行，各外经贸企业必须建立反映出口合同执行情况的进程管理制度和采取相应的措施，做好以合同为中心的“四排”和“三平衡”工作。

1. “四排”

“四排”是指以成交待运合同为对象，根据进程卡片反映的情况，对每一份出口待运合同有关信用证是否开到、货源是否落实等情况进行分析排队，并归纳为四类，即有证有货、有证无货、无证有货和无证无货。通过“四排”，可以发现合同履行过程中的薄弱环节和存在的问题，做到心中有数，以便根据不同情况采取相应措施，及时解决问题。

2. “三平衡”

“三平衡”是指以信用证为对象，根据信用证所规定的货物装船期和信用证有效期的远近，并结合货源情况和运输能力，依据轻重缓急，力求做到证、货、船（运输工具）三方面的衔接和综合平衡，以保证出口合同的顺利履行。

二、出口合同履行的环节

出口合同的履行包括六个环节：备货与报验；催证、审证和改证；租船订舱、报关、投保和装运；制单结汇；出口收汇核销和出口退税；违约与对违约的处理。

（一）备货与报验

1. 备货

备货指卖方根据合同和信用证的规定，按时、按质、按量地准备好应交货物，并进行必要的包装等工作。

在备货时，出口企业应注意以下几方面问题：

(1) 备货时间应结合信用证规定和船期安排，做到船、货互相衔接。

(2) 货物的品质、规格应与合同和信用证规定相一致，并符合同类商品的一般用途。

(3) 货物的数量必须符合信用证的要求，并应适当留有余地，以备运输、仓储过程中可能发生货损货差时补货使用，有时还要考虑按合同溢短装条款的溢装之用。

(4) 货物的包装和唛头必须符合合同规定的包装和运输要求。在备货过程中，要求对货物的内外包装和装潢（包括商标、标签等）进行认真核对，如发现有包装不良或破损的情况，应及时进行调整或换装，以免在装运时产生不清洁提单，造成收汇损失。货物包装的标志也应按照合同的规定制作，并考虑进口国的当地法律、风俗习惯等特殊要求。标注刷制部位、文字大小要适当，图案字迹应清晰可辨。

(5) 备货时间要与合同或信用证规定的交货时间相符，结合船期安排，以利于货、证、船三要素的有机衔接。同时，在时间上也应留有余地，以免发生延误装运期限的违约事件，造成不必要的纠纷和经济损失。

2. 报验

凡属于国家法定检验的商品或合同规定必须经国家出入境检验检疫机构出证的商品，在货物备齐后向国家出入境检验检疫机构申请检验。只有取得国家出入境检验检疫机构发给的合格的检验证书，海关才给放行。凡检验不合格的货物，一律不得出口。

商检流程如下：

(1) 出口企业安装商检局指定的电子报验系统，进入系统后，按照系统要求和出口产品信息填写相关资料，向商检局提交需要报检货物的信息。

(2) 准备报检需要的资料，并将全套报检材料交商检局相关负责商检抽样部门，请其安排商检。商检需要的单据一般为：报检单（原件，出口企业自己报检则盖出口企业公章，若委托代理企业报检则盖代理报检企业章）；工厂检验报告（原件，盖工厂检验章）；该批货物外包装生产厂提供的出口包装证（由商检局签发，复印件即可；若出口包装为纸箱，则还需纸箱厂向商检局申请办理《出境货物运输包装性能检验结果单》,办好后需将原件交商检局根据此批货物所用纸箱数进行相应的核销);出口合同(复印件或传真件);出口形式发票(复印件或传真件);出口装箱单(复印件或传真件)。

(3) 商检局安排人员进行实地抽样商检,检验合格后签发检验证书、放行单或者在出口货物报关单上加盖检验印章,出口企业在检验证书有效期内将货物出运。

(二) 催证、审证和改证

1. 催证

在出口合同中,买卖双方如果约定采用信用证方式付款,买方应严格按照合同规定的时间开立信用证。在实际业务中,下列情况下,需要催促买方开立信用证:

(1) 如果合同规定的装运期限较长,而买方应在卖方装运期前的一定期限内开证,则卖方应通知买方预计的装运时间并催促买方及时开立信用证。

(2) 买方未在合同规定的时间期限内开立信用证,卖方有权利向买方要求损害赔偿。在这之前,卖方仍可催促买方开证。

(3) 如果卖方根据备货情况和承运船舶的情况可以提前装运,则可以与买方商议提前开证。

(4) 在合同规定的开证日期前,市场情况有所变化或掌握了买方资信不佳的信息时,特别是针对大宗商品或应买方要求特殊定制的商品时,应结合备货情况及时催证。

2. 审证

信用证是依据买卖合同开立的,信用证内容应该与买卖合同条款相一致。但是在实践中,由于种种原因,如工作的疏忽、电文传递错误、贸易习惯不同、市场行情的变化或进口商有意利用开证的主动权利在信用证中添加对其有利的条款等原因,或者买方故意制造“信用证软条款”并将其添加到信用证中,往往会出现买方开立的信用证与合同规定不相符合的情况,所以应该依据买卖合同对买方开立的信用证认真核对和审查,以保证收汇安全和合同的顺利执行。

有关信用证审核的内容,一般应包括以下几方面:

(1) 政策上审核。来证各项内容应符合我国对外方针政策,不得有歧视性或错误性的内容;否则,应根据不同情况向开证行交涉,予以退回或修改等。

(2) 开证行资信的审查。应对开证行所在国家的政治、经济状况、开证行的资信、经营作风等进行审查。对于资信不佳的银行,应酌情采取适当措施(如要求另一银行加以保兑、加列电汇索偿条款、分批装运,分批收汇等),以确保安全收汇。

(3) 信用证不可撤销性的审核。根据 UCP600,跟单信用证均为不可撤销信用证。值得注意的是,有的来证虽然表明为“不可撤销”,但是开证银行对其应负责任单方面附加了一些与“不可撤销”性相矛盾的条款。例如,“信用证项下的付款要在货物清关后才支付”、“开证行须在货物到达时没有接到海关禁止进口的通知才承兑汇票”、“货物在到达目的地并经主管当局检验合格方可支付”等,这些条款背离了信用证凭单付款的原则,尽管受益人完全做到了单证一致,还是得不到收款的保障,使“不可撤销”名不副实。对这些加列的条款,一般不能接受,应要求修改。

(4) 开证行付款责任的审查。有些来证在证内对开证行付款责任方面加列“限制性”条款或“保留”条件的条款,受益人对此必须特别注意。如来证注明“以领到进口许可证后通知时方能生效”、“以得到开证行的通知后方能生效”,还有在信用证上规定有诸如“承运船只由买方指定,船名以信用证修改书的方式告知,交单时必须提交信用证修改书”、“须提交开证申请人的代表所签发的检验证书”、“货物样品径寄开证申请人认可,认可传真作为单据之一”等单据条款,凡是有这类软条款的信用证,受益人必须提交这些证明或单据;否则,收不到信用证项下的货款。因此,一旦发现有类似这种“软条款”的信用证,应当提高警惕,认真对待,如可能是开证申请人故意设置陷阱,则必须及时向对方提出要求取消或修改,以免事后被动,造成损失。

(5) 审核开证人和受益人。要仔细审核开证申请人的名称和地址,以防错发错运。受益人的名称和地址也必须正确无误,而且要前后一致。

(6) 信用证金额与货币的审查。信用证金额应与合同金额相一致。信用证金额的大小写必须一致,来证所采用的货币也应与合同规定一致。信用证金额是银行承担付款责任的最高金额。因此,发票和汇票金额不能超过信用证规定的金额,否则将被拒付,如合同中订有溢短装条款,信用证金额也应按溢短装幅度增加或规定相应的机动条款。

(7) 有关商品的质量、数量、包装等条款的审查。信用证中有关商品名称、质量规格、数量、包装、单价等项内容必须与合同规定相符,特别是要注意有无加注的特殊条款,应结合合同内容认真审核。

(8) 信用证规定的装运期、到期日、交单期和到期地点的审查。信用证规定的装运期(time of shipment)或最迟装运日(latest date for shipment)是指卖方将全部货物装上运输工具或交付给承运人接管的期限或最迟日期。卖方必须在信用证规定的期限内装运货物,即运输单据的出单日期不能迟于信用证所规定的装运期。

未规定到期日(expiry date)的信用证是无效信用证,不能使用。凡迟于到期日提交的单据,银行有权拒收。信用证的到期日还涉及信用证的到期地点,即受益人最迟应在何地向银行交单。信用证的到期地点可以在出口地、进口地或第三国。在我国的出口业务中,原则上应争取在我国或我国装运口岸到期,以便在交货后能及时办理交单结汇。

信用证除规定一个交单到期日外,还应规定一个运输单据出单日期后必须向信用证指定的银行提交单据要求付款、承兑或议付的特定期限,即交单期(date for presentation of documents),如“单据必须在提单日后15天内提交”。如信用证未规定交单期,无论如何,单据不得迟于信用证到期日提交。据此,受益人必须在信用证的到期日和交单期内向银行提交单据;否则,将遭到拒付。

信用证的到期日与最迟装运期应有一定的间隔,以便出口方装运货物后能有足够时间办理制单、交单议付等工作。在我国出口业务中,通常要求信用证的议付到期日规定在装运期限后15天。有时来证规定的最迟装运期和议付到期日为同一天,或未规定装运期限,在实践中,称作双到期。在这种情况下,应在信用证到期日前提早几天将货物装上运输工具或交给承运人,以便留出足够时间制备单据向银行交单办理议付或支款手续。

(9) 分批装运和转运条款的审核。信用证的分批装运和转运条款必须与合同规定相符。按UCP600规定,信用证如未规定“不准分批装运”和“不准转运”,则可以视为“允许分批装运”和“允许转运”。如果信用证规定在指定时期内分批定量装运，则其中任何一期未按规定装运，信用证对该期和以后各期均告失效。

(10) 单据和其他特殊条款的审核。对于来证中要求提供的单据种类和份数及填制方法等，要进行仔细审核，如发现有不正常规定，如要求商业发票或产地证明须由国外第三者签字和提单上的目的港后面加上“指定码头”等字样，都应慎重对待。对于指定船公司、船籍、船龄、船级等条款，或不准在某个港口转船等，一般不应接受，但若相关条款易于办到且没有对我方不利之处，则可以酌情考虑。

3. 改证

对信用证进行全面细致的审核后，如果发现问题，应区别问题的性质，妥善恰当处理。凡是属于不符合我国对外贸易政策、影响合同执行和安全收汇的情况，必须要求国外客户通过开证行进行修改，并坚持在收到银行修改通知书后才能发货，以免发生发货后却未收到信用证修改通知书，造成经济上的损失。

修改信用证时应注意以下几方面问题：

(1) 在同一张信用证中，如有多处地方需要修改，应做到一次向国外客户提出，尽量避免由于疏忽或考虑不周而多次向客户提出修改信用证要求。因为，每次修改信用证，客户都要向开证行缴纳一定的手续费，同时出口企业也要向通知行缴纳一定的通知费，不仅会增加双方的手续和费用，而且影响及时履约。

(2) 对于开证行根据客户申请发出的修改通知的内容，也要认真审核，如发现修改后的内容仍不能接受时，应及时向客户声明表示拒绝，并再次提出申请。

(3) 根据 UCP600 规定，未经开证行、保兑行(如果有的话)和受益人同意，不可撤销信用证既不能修改也不能撤销。如果国外客户开立信用证后，又主动要求修改信用证内容，而我方对修改内容不接受时，可以拒绝，并立即发出拒绝接受修改的通知。

(4) 根据 UCP600 规定，对同一修改的内容不允许部分接受，部分接受将被视为拒绝修改的通知。所以，开证行发来的修改通知中包含两项或两项以上的内容时，受益人要么全部接受，要么全部拒绝，不能只接受其中一部分，而拒绝另一部分。

案例

上海某公司出口黑龙江大豆 5 000 吨至朝鲜，双方约定采用信用证方式结算。朝鲜客商要求朝鲜外贸银行开出不可撤销信用证一份，可自由议付，信用证有效期为 2010 年 5 月 30 日，货物装运期为 2010 年 5 月 15 日。

2010 年 4 月，朝鲜客商通过朝鲜外贸银行发来修改电一份，要求货物分两批分别于 5 月 15 日、5 月 30 日装运，信用证的有效期展延至 2010 年 6 月 15 日，中国银行在第一时间将信用证修改通知了受益人。

2010 年 5 月 30 日，该公司将 5 000 吨黑龙江大豆装船出运，在备齐了所有信用证所要求的单据后，于 6 月 3 日向中国银行要求议付。中国银行审单后拒绝对其议付，拒绝议付理由为：该公司于 5 月 30 日装运，6 月 3 日交单，表明其接受了对原信用证装运期和有效期的修改。根据UCP600对信用证修改的规定，受益人必须对信用证的修改部分全部接受，不允许接受一部分而拒绝另一部分。因此，该公司必须同时接受对原信用证分批装运的修改。该公司没有按照修改后的信用证规定分批装运，构成明显的单证不符，因此中国银行拒绝对其议付。

（三）租船订舱、报关、投保和装运

1. 租船订舱

在CIF或CFR术语下，租船订舱是卖方的责任之一。如果出口货物数量较大，需要租船载运时，则要对外办理租船手续；对于出口量不大，不需要整船装运的，则安排班轮或租订部分舱位运输。

有关订舱工作的基本程序大致如下：

(1) 出口企业填写托运单(booking note, B/N)作为订舱依据。船方根据托运单的内容，并结合船舶的航线挂靠港、船期和舱位等条件考虑，认为合适后即接受这一托运，并在托运单上签章，留存一份，退回托运人一份。至此，订舱手续即告完成，运输合同成立。

(2) 船公司或其代理人在接受托运人的托运单证后，寄发给托运人装货单(shipping order, S/O)。

(3) 货物装船完毕后，由船长或大副签发收货单，即大副收据(mate's receipt)作为货物已装船的临时收据。托运人凭收货单向船公司或其代理人交付运费并换取正式提单。

(4) 货物装运完毕后，应立即发出装运通知，以使买方了解装运情况，并做好收获前准备以及办理保险手续。

2. 报关

报关是指出口货物装船出运前，向海关申报的手续。按照《中华人民共和国海关法》规定，凡是进出口国境的货物，必须经设有海关的港口、车站、国际航空站进出，并由货物所有人向海关申报，经海关放行后，货物才可提取或者装运出口。

报关流程如下：

(1) 出口申报。出口报关时，出口货物的发货人或其代理人应向海关申报交验有关单据、证件申请验关并办理货物报关出境手续。

出口货物向海关报关时，需要提交以下单证：① 出口货物报关单。货物出口后需国内退税的，应另填退税专用报关单。② 报关委托书。如果委托货运代理代为报关的话，需要报关委托书。③ 货物发票。④ 海运出口的装货单。海关在审单和验货后，在正本货运单上签章放行退还报关单，凭此装运货物。⑤ 货物装箱单。⑥ 出口收汇核销单。⑦ 海关认为必要时，还应交验贸易合同、货物产地证书等。⑧ 其他有关单证。

(2) 缴纳出口税。准许出口、按规定应当缴纳出口税的货物，由海关根据我国《关税条例》和《海关税则》规定的税率征收出口税。目前，我国大部分商品出口实行出口退税政策。

(3) 出口查验。出口查验是指海关以出口报关单为依据，在海关监管区域内对出口货物进行实际的检查和核对。在查验过程中，海关检查出口货物的名称、品质规格、包装情况、数量重量、生产或贸易国别等事项是否与出口报关单和其他证件相符，以防止非法出口、走私及透漏关税等。海关查验货物时，报关单位应派人员到现场提供协助，并应海关要求，随时提供相关单证、文件及必要的材料。

(4) 出口放行。出口放行是海关对出口货物进行监管的最后一项业务程序。出口货物在申报人按照海关规定办妥申报手续，经海关审核单证和查验报关货物、办理纳税手续后，海关解除货物监管准予出境。在放行前，海关派专人负责审查该货物的全部报关单证及查验货物记录，并签署认可，然后在装货单或运单上加盖放行章，货物签收，货方方可把货物装运出境。

3. 投保

凡是按照 CIF 价格成交的合同，卖方在装船前必须及时向保险公司办理投保手续，填制投保单。出口商品的投保手续一般都是逐笔办理。投保人投保时，应将货物名称、保额、运输路线、运输工具、开航日期、投保险别等逐条列明。保险公司接受投保后，即签发保险单或保险凭证。

4. 装运

集装箱堆场收到出口企业的集装箱货物后，核实所收到的货物(在整箱货情况下，只核实集装箱数量，而箱内货物件数和货物状况由装箱人负责)，如货物或包装表面状况良好，则签发场站收据正本，交托运人或货代公司。场站收据(dock receipt)是承运人委托集装箱堆场在收到货物后，签发给托运人的，证明已收到货物，托运人可凭以换取提单的收据。场站收据上如有关于货物及包装不良批注的，则该项不良批注将转注在提单上，该提单则成为不清洁提单。

承运船舶抵港后，船方凭盖有海关放行章的装货单装运集装箱货物。货物装船完毕，集装箱堆场将场站收据副本(即大副联)交与船上的大副，作为随船凭证。托运人或货代公司凭正本场站收据向承运人交付运费并换取提单(在装船前，可换取收妥待运提单；装船后，换取已装船提单)。

在件杂货(即可以以件计量的货物)和散装货运输下，货物装船完毕后，船长或大副根据装货实际情况签发收货单(即大副收据)。收货单是船方签发给托运人的表明货物已装船的临时收据。托运人凭收货单向承运人交付运费并换取已将装船提单。

货物装运后，出口企业应及时向国外买方发出"装运通知"(shipping advice)，以便对方做好付款、接货等各项准备工作。

(四) 制单结汇

货物装运后，出口企业即应按照信用证的规定，正确缮制各种单据，并在信用证规定的到期日和交单期内，向指定的银行提交单据，办理付款、承兑或议付和结汇手续。

1. 对出口单据的要求

UCP600 规定，银行必须审核信用证规定的单据，以确定其是否表面上与信用证条款相符，如单据表面上与信用证条款不符，银行可以拒绝接受。因此，正确缮制各种单据，对安全迅速收汇有着特别重要的意义。

对于出口单据的制作，要求做到“正确、完整、及时、简明、整洁”。

(1) 正确。受益人提交的单据应做到“单内一致”、“单证一致”和“单单一致”，即单据各项内容无矛盾，单据与信用证一致、单据与单据之间一致。此外，单据与货物也应一致。这样，单据才能真实地代表货物。

(2) 完整。必须按信用证的规定提供各项单据，包括单据的种类、每种单据的份数和单据本身的项目，不能短缺或漏列。

(3) 及时。必须及时制作单据，并应在信用证的到期日和交单期限内送交银行办理付款、承兑或议付手续，争取早日收汇。在可能情况下，最好在货物装运前，先将有关单据送银行预审，以便有较充裕的时间检查和改正单据中可能出现的差错，如发现重大问题，也可及早与开证申请人联系修改信用证，避免在货物出口后，因单证不符不能收汇，造成被动和损失。

(4) 简明。单据的内容应按信用证要求和国际惯例填写，力求简明。

(5) 整洁。单据布局要美观、大方，缮写或打印的字迹要清楚，表面要洁净，更改的地方要加盖校对章，文字要规范。有些重要单据，如提单、发票、汇票等的金额、数量、件数、重量等主要项目，不宜更改。

2. 常用的出口单据

出口单据的种类很多，出口人提交单据的种类、内容、份数和制作方法，应视不同的交易和信用证规定而定。以下介绍几种常用的出口单据及其使用和制作时应注意的一些问题。

(1) 汇票。严格说来，汇票不是单据，而是一种票据。在出口贸易中，通常使用的是随附单据的“跟单汇票”。在实际业务中，均把汇票当做单据的一部分，所以就这个意义上说，汇票也是一种单据。在缮制汇票时，应注意以下问题：

其一，付款人。采用信用证支付方式时，汇票的付款人应按信用证的规定填写，通常为开证行或其指定的付款行，如来证没有具体规定付款人，可理解为付款人是开证行。在托收方式下，汇票的付款人一般为国外进口人。

其二，收款人。在信用证方式下，汇票的收款人通常为议付行或出口人的往来银行；在托收方式下，汇票的收款人应为托收行。在我国出口业务中，通常采用指示性抬头，如“付给A银行或其指定人”(Pay to the order of A bank)。

其三，开具汇票的依据。即汇票的“出票条款”(drawn clause)，这是信用证方式下汇票的主要项目之一。如信用证有规定，应按照来证规定的文句填写。如信用证内没有规定具体文句，应在汇票上注明开证行名称、信用证号码及开证日期。例如：“凭花旗银行2011年4月1日第109号不可撤销信用证开立”(Drawn under City Bank irrevocable L/C No. 109 dated April 1,2011)。如采用托收方式收款，汇票上应注明有关买卖合同号码。

除非信用证另有规定外，汇票的金额和币种应与发票上的金额和币种一致；汇票的出票人通常为信用证的受益人；汇票一般一式两份，两份具有同等效力，其中一份付讫，另一份自动失效。

(2) 商业发票(commercial invoice)简称发票，是进出口贸易的最主要依据之一，是卖方向买方开立的，对所装运货物作全面、详细的说明，并凭以向买方收款的货款价目总清单。

进口商凭发票核对了解货物的内在品质、规格、品种、价值等情况，它是进口商记账与核算的依据，在没有汇票的情况下，出口商可以凭发票向进口商收款。

(3) 装箱单(packing list or packing specification)也称包装单、花色码单，是用于说明货物包装细节的清单。除散装货物和裸装货物外，卖方一般都向买方提供装箱单，作为发票的补充，以便在货物到达目的港后，供海关验货和收货人核对货物。装箱单主要列明货物装箱的详细情况，包括所装货物的名称、规格、数量、花色搭配等。有时装箱单也和重量单以联合形式出具。

(4) 装货单(shipping order)是由船公司或其代理人接受托运人提出的托运申请后，向托运人签发的、凭以命令船长收货的装运凭据。在我国，船公司在接受托运申请，确定出口货物装配的船舶和受载期后，根据托运单签发收货单，并在托运单上注明装载船舶的名称、装货单顺序序号，递交托运人，托运人凭其连同有关货物的其他单证到海关办理出口报关手续，海关审查单证和查验货物后，在装货单上加盖放行章交换托运人，托运人凭以装运货物。

(5) 海运提单(bill of lading)是承运人接收货物后据以交付货物的证明。提单是运输的证明，它表明承运人应就提单所列明的货物及条款向托运人承担按照提单中所列明条款，将货物运至指定目的港。

(6) 保险单(insurance policy)是保险人与被保险人之间订立的保险合同的凭证，是被保险人索赔、保险人理赔的依据。在CIF或CIP合同中，出口商在向银行或进口商收款时，必须提交符合信用证规定的保险单。

(7) 原产地证书(certificate of origin)又称产地证，是证明货物产地或制造地的文件。原产地证书的主要作用在与证明货物的原产国，从而根据国别的不同实行差别税、分配和控制进口配额，或者其他进口管制政策。

(8) 普惠制单据(generalized system of preferences certificate)。至2011年，全球共有40个给惠国，其中对我国出口的制成品、半制成品给予普惠制关税待遇的给惠国有39个，它们分别为欧盟27国(法国、德国、意大利、荷兰、比利时、卢森堡、英国、丹麦、爱尔兰、希腊、葡萄牙、西班牙、奥地利、瑞典、芬兰、马耳他、塞浦路斯、波兰、匈牙利、捷克、斯洛伐克、斯洛文尼亚、爱沙尼亚、拉脱维亚、立陶宛、罗马尼亚、保加利亚)、瑞士、挪威、日本、新西兰、澳大利亚、加拿大、俄罗斯、白俄罗斯、乌克兰、哈萨克斯坦、土耳其和列支敦士登公国。美国是普惠制给惠国，但未给予我国普惠制关税优惠待遇。原产于受惠国的制成品、半制成品出口到给惠国享受减免关税优惠待遇必须提交有效的原产地证明文件，即普惠制原产地证书格式A(GSP Certificate of Origin FORM A)，作为进口国海关减免关税的依据。对各种普惠制单据内容的填写，应符合各个项目的要求，一旦填错将可能失去享受普惠制待遇的机会。

(9) 检验证书(inspection certificate)是检验机构对出口商品检验检疫后，根据检验检疫结果，结合出口合同和信用证要求，对外签发的证书。检验证书是检验检疫机构作为官方机构对外签发的具有法律效率的凭证，是出口商凭以向银行或进口人收取货款的一种单据。应注意：检验证书的名称及所列项目或检验结果应与合同及信用证规定相同。

3. 交单、结汇

采用信用证支付方式，受益人(出口人)在信用证规定的到期日和交单期内向指定的银行提交符合信用证规定的汇票及单据，要求付款、承兑或议付。指定银行对汇票及单据审核确认无误后，根据信用证的规定办理付款、承兑或议付。

(1) 交单。交单是指出口人在信用证规定的交单日期前和交单期限内向指定银行提交符合信用证规定的单据。这些单据经银行审核，根据信用证条款的不同方式，由银行办理结汇。由于银行的付款、承兑或议付均以受益人提交的单据完全符合信用证条款的规定为条件，所以，交付单据应严格做到完整、明确、及时。

交单应注意三点：一是单据的种类和分数与信用证的规定相符合；二是单据内容正确，包括所用文字与信用证一致；三是交单时间必须在信用证规定的交单期和有效期内。

交单的方式有两种：一种是两次交单或称为预审交单。在运输单据签发前，先将已备妥的单据交银行预审，发现问题及时更正，待收到运输单据后，可以当天议付并对外寄单。另一种是一次交单。即在全套单据收齐后一次性送交银行。银行审单后若发现需要退单修改，容易造成逾期而影响收汇安全。因而，出口商应与银行密切配合，采用两次交单的方式，加速收汇。

(2) 结汇。议付银行在收到单据后应立即按照信用证规定进行审核，如审核无误，应立即向信用证的开证行或被指定的其他付款银行寄单索偿，同时按照与出口人约定的方法进行结汇。

在我国出口业务中，使用信用证方式收款，结汇的做法主要有买单结汇、收妥结汇和定期结汇。

其一，买单结汇。买单结汇又称出口押汇，即国际上银行界通常采用的“议付”做法，是指议付行在审单无误的情况下，按信用证条款买入受益人(出口企业)的汇票和单据，根据票面金额扣除从议付日到估计收到票款之日的利息，将余额按议付日外汇牌价折成人民币，付给受益人。议付行向受益人垫付资金、买入跟单汇票后，即成为汇票持有人，可凭汇票和单据向付款行(开证行或指定付款行)索偿。银行作出口押汇，是向出口企业提供资金融通，有利于出口人的资金周转。

其二，收妥结汇。收妥结汇又称收妥付款、先收后结，是指议付行收到受益人的单据和汇票后，经审查无误，将单据和汇票寄交国外付款行索取货款，待收到付款行将货款拨入议付行账户的贷记通知书(credit note)时，即按当日外汇牌价，折成人民币记入受益人账户。

其三，定期结汇。定期结汇是指议付行根据向国外付款行索偿所需时间，预先确定一个固定的结汇日期，并与出口企业约定该期限到期后，无论是否收到国外付款行的货款，都主动将票款金额折成人民币拨交出口企业。

在实际业务中，按信用证方式达成的交易，因各种原因，发生单证不符的情况是难以避免的。如果时间充足，应及时改证或改单，做到单证相符，可以确保安全收汇。但是，如果因时间限制，不能及时改证或改单，无法在信用证到期日和交单期限内做到单证相符，则可根据实际情况灵活处理：

其一，采用担保议付。当议付行审单发现不符点时，如情况不很严重，在征得进口商同意后，出口商可向议付行出具担保书(letter of indemnity)，要求凭担保议付。担保书声明，如开证行拒付，由受益人自负风险。议付行向开证行寄单时，在随附单据的表盖(covering schedule)上注明单证不符点和“凭保议付”字样。此种做法称为表盖提出(简称“表提”)或担保议付。

其二,采用"电提"方式征求意见。当出口商所交单据与信用证的规定存在不符,此时可由议付行先用电讯方式向开证行列明不符点,征求其意见,待开证行确认接受后,再将单据寄出。"电提"的目的是在尽可能短的时间内了解开证行及进口人对单证不符的态度。

其三,改为证下托收。当出现单证不符情况,而议付行又不愿采用"电提"或"凭保议付"的做法,出口商只能采用托收方式,委托银行寄单收款。由于此项托收与原信用证有关,为了使进口商易于了解该项托收业务的来由,托收行仍以原信用征的开证行作为代收行,请其代为收款。

必须指出的是,以上三种单证不符的处理办法,实际上已将银行信用改为商业信用,开证行不再承担信用证项下的付款责任。

(五) 出口收汇核销和出口退税

1. 出口收汇核销

出口收汇核销就是出口收汇核销监管,是指外汇局在海关、外汇指定银行、税务、外经贸管理等部门的配合、协助下,对出口单位的货物实施跟踪监管直到货款收回进行核销的一种事后监管制度。直观地讲,出口收汇核销就是以外汇局发出的出口收汇核销单为主线,凭海关的报关单跟踪货物出口,凭外汇指定银行出具的结汇水单/收账通知核销收汇的一种经常项目下的符合国际惯例的管理制度。

外汇管理部门在办理核销时,主要审核以下几点:

(1) 该核销单项下的应收外汇是否已全额收汇。

(2) 核销单项下的收汇是否为正常收汇。

(3) 该笔收汇是否按规定收汇。

(4) 是否按规定支付有关费用。

(5) 收汇差额是否合理。

2. 出口退税

出口货物退税(export rebates)简称出口退税,是指对出口货物退还其在国内生产和流通环节实际缴纳的产品税、增值税、营业税和特别消费税。

为增强我国出口产品的竞争力,根据国际惯例,我国对出口产品实行退税制度。为加强出口退税的管理,我国实行出口退税与出口核销挂钩的政策,即出口单位申请出口退税时,应向国家税务机关提交出口货物报关单、出口销售发票、出口购货发票、银行出具的结汇水单以及出口收汇核销单(出口退税专用联),经国家税务机关审核无误后才予办理。

(六) 违约与对违约的处理

在实际业务中,一方当事人不履行合同或者履行合同不符合约定的,在法律上构成违约。各国法律及《公约》规定,违约一方应承担继续履行、采取补救措施或者赔偿损失等违约责任,即受损害一方有权按照惯例和法律采取一定的措施,使自己的利益得到补偿。

出口合同履行中的违约主要针对买方违约而言,当买方不支付货款、不收取货物或不完全按照合同的规定支付货款、收取货物时,卖方可以采取的补救方法有:要求损害赔偿、实际履行、推迟履行、支付利息或宣告合同无效等。

在众多的补救措施中，要求损害赔偿是最重要也是最常用的一种措施。当受损害一方因另一方违反合同而采取任何一种补救措施时，都不影响其要求损害赔偿的权利。损害赔偿金额的确定原则是：损害赔偿额应与受损害一方所遭受的包括利润在内的损失额相等；赔偿金额应以违约方在订立合同时可预料到的合理损失为限；由于受损害一方未采取合理措施导致有可能减轻而未减轻的损失，应在赔偿金额中扣除。

第二节　进口合同的履行

在进口贸易中，进口方也应严格按照合同履行义务和责任，建立起良好的商业信用。我国进口合同大多以 FOB 术语成交，以信用证方式结算货款。按此方式订立的合同，其履行程序是：开立信用证，租船订舱，办理保险，审单付款，报关，验货与提货，进口索赔等。下面介绍进口合同履行的主要环节及其相关工作内容。

一、开立信用证

在进口合同签订后，进口方应按照合同规定填写开证申请书向银行办理开证手续。开证申请书是银行开立信用证的依据，也是申请人和银行之间契约关系的法律证明。

开证申请书包括以下两部分内容：

(1) 信用证的内容，包括受益人的名称和地址，信用证的性质、金额、汇票内容，货物描述，运输条件，所需单据种类等，以及信用证的交单期、到期日、地点、信用证通知方式等。

(2) 申请人对开证行的声明，主要是明确开证人与开证行双方的责任，其内容通常是印制在申请书上，包括：申请人保证向开证银行提供偿付信用证项下的货款、手续费、其他费用及利息等费用，在申请人付款赎单前，单据及货物所有权属银行所有；承认开证行有权接受"表面上合格"的单据；承认电讯传递中如有错误、遗漏或单据邮递遗失等，银行不负责任等条款。

开征申请人申请开立信用证、填写信用证时应注意以下几点：

(1) 按照合同规定的信用证种类，按时开立信用证。如果合同只规定了最迟装运日期，则应该在合理时间内开证，一般为交货前 1 个月或 2 个月，以给卖方留足备货及出口单证处理时间。

(2) 完整正确地记载所有必要事项，其内容不能互相矛盾。为防止混淆和误解，不应在信用证中规定过多细节，但是开立信用证的指示、信用证本身必须完整明确。开证申请书的内容要前后一致，避免出现相互矛盾的条款。

(3) 开证申请书的内容不得违反贸易合同的条件。信用证的内容应严格以合同为依据，货物的名称、规格、数量、包装、价格、交货期、装运条件、付款期限等各种交易条件，所有内容都应与合同条款相一致。

开立信用证之后，如发现其与开证申请书不符，或与合同内容有出入，或者其他特殊原因，需要对信用证进行修改的，应立即向开证行提出修改申请，办理改证手续。信用证的修改可以由开证申请人提出，也可以由受益人提出。由于修改信用证会涉及各个当事人(开证申请人、开证行、保兑行、受益人)的权益，因此，信用证尤其是不可撤销的信用证在修改时需征得有关当事人的同意才能生效。

信用证的修改应注意以下几方面问题：

（1）申请人或受益人对需要修改的内容原则上应该一次提出，一是因为改证费用较高，二是因为多次改证有可能会延误了货物的装运。

（2）如果信用证加了保兑，信用证修改后保兑行有权对修改不保兑，但必须毫不延误的通知开证行和受益人。

（3）原信用证条款在受益人告知通知行接受修改前，仍对受益人具有约束力。

二、租船订舱

履行 FOB 合同时，买方负责租船订舱。应按照合同规定，卖方在交货前一定期限内将预计装船日期通知买方，买方接到上述通知后及时向承运人办理租船订舱手续。办妥租船订舱手续后，应按照规定的期限将船名、船期及时通知卖方，以方便卖方备货装船。同时，为了防止船货脱节或卖方备货迟缓而延误装船的情况，买方还应及时了解和掌握卖方装船前的准备工作情况，注意催促对方按时装船。对数量大或重要物资的进口，如有必要，也可以派人前往出口地点敦促监督卖方转船。

三、办理保险

按 FOB 或其他需要买方投保的术语成交时，进口商向保险公司办理进口货物保险一般有两种做法：一种是逐笔投保方式，另一种是预约投保方式。

逐笔投保方式是收货人在接到国外出口商发来的装船通知后，直接向保险公司填写投保单，办理投保手续。保险公司出具投保单，投保人交付保险费后，保险合同即告生效。

预约投保方式是进口商或收货人同保险公司签订预约保险合同，其中对各种货物的投保险别、保险费率、适用条款及赔偿的支付办法等都作了具体规定，因此投保手续比较简单。按照预约保险合同的规定，所有预约保险合同项下的按 FOB、CFR 术语进口的货物，都由该保险公司承保。因此，每笔进口货物在收到国外装船通知后，应立即将装船通知寄到保险公司或者填制国际运输预约保险启运通知书，将船名、提单号、开船日期、商品名称、数量、装运港、目的港等项内容通知保险公司，作为投保凭证，保险公司则对该批货物自动承担承保责任。

四、审单付款

国外卖方交货后，按信用证规定将汇票和全套单据提交开证行或保兑行（如有的话）或其他指定银行。银行必须合理谨慎地审核信用证的所有单据，以确定单据表面是否与信用证条款相符。如单据与信用证条款完全相符，开证行或保兑行或其他指定银行就必须按信用证规定进行即期付款、承担延期付款责任、承兑受益人开立的汇票或议付。开证行或保兑行经审单无误付款后对受益人没有追索权。如果单据表面上与信用证不相符，开证行可以与进口方联系，进口方可以接受不符点并指示开证行对外付款，也可以指示开证行对外提出异议，表示拒绝，或由国外银行书面担保后付款，或改为货到经检验后付款。开证行在审单无误对外付款的同时，即通知进口方向开证行付款赎单，进口企业在单据严格符合信用证规定的情况下向开证行付款赎单。

五、报关、验货与提货

（一）报关

船舶到达卸货港后，承运人或货代公司向收货人发出到货通知，收货人持正本提单和到货通知书到承运人或货代公司换取提货单，随后，向海关办理进口报关手续。进口报关是指进口货物的收货人或其委托的报关企业向海关交验有关单证，办理进口货物申报手续的法律行为。进口货物的收货人或其委托的报关企业在货物抵达卸货港或到达站（即货物的进境地）后，应立即填具"进口货物报关单"向海关申报。法定申报时限为自运输工具申报进境之日起 14 天内，超过期限申报的，海关按日征收进口货物 CIF（或 CIP）价格的 0.5%的滞报金。超过 3 个月未向海关申报的，由海关提取依法变卖处理。在报关时，还需交验提货单、发票、包装清单、进口货物许可证和国家规定的其他批准文件，以及海关认为有必要提供的进口合同、厂家发票、产地证明和其他文件。

海关根据申报人的申报，依法进行查验。如货物符合国家的进口规定，即签章放行。放行又称结关，是指进口货物在办完向海关申报、接受查验、缴纳关税后，由海关在提货单上签字或盖章放行。收货人或其代理人必须持海关签章放行的提货单提取进口货物。未经海关放行的货物，任何单位或个人不得提取。

（二）验货

进口货物运达目的港后，港务局要进行卸货核对。如发现短缺，应及时填制"短缺报告"交由船方签认，并根据短缺情况向船方提出保留索赔权的书面声明。卸货时如发现残损，货物应存放于海关指定仓库，待保险公司会同商品检验检疫机构检验后作出处理，对于法定检验的进口货物，必须向卸货地或到达地的商品检验检疫机构报验，未经检验的货物不准投产、销售或使用。如进口货物经商品检验检疫机构检验，发现有残损短缺，应凭商品检验检疫机构出具的证书对外索赔。对于合同规定的卸货港检验的货物，或已发现残损短缺有异状的货物，或合同规定的索赔期限即将期满的货物等，都需要在港口进行检验。

（三）提货

收货人或其代理人办完通关手续后，凭海关签章放行的提货单向承运人或货代公司提取货物。在代理进口业务中，如订货或用货单位在卸货港所在地，进口企业则就地拨交货物；如订货或用货单位不在卸货地区，则委托运输机构将货物转运内地并交付给订货或用货单位。有关进口关税和运往内地的费用，由运输机构向进口企业结算后，进口企业再向订货或用货单位结算。

六、进口索赔

（一）进口索赔的对象

1. *向卖方索赔*

凡属下列情况者，均可向卖方索赔：货物数量不足；货物的品质、规格与合同规定不符；包装不良致使货物受损；未按期交货或拒不交货等。

2. 向轮船公司索赔

凡属下列情况者，均可向轮船公司索赔：货物数量少于提单所载数量；提单是清洁提单，而货物有残缺情况，且属于船方过失所致；货物所受的损失，根据租船合约有关款应由船方负责等。

3. 向保险公司索赔

凡属下列情况者，均可向保险公司索赔：由于自然灾害、意外事故或运输中其他事故的发生致使货物受损，并且属于承保险别范围以内的；凡轮船公司不予赔偿或赔偿金额不足抵补损失的部分，并且属于承保范围内的。

(二) 进口索赔注意事项

1. 索赔证据

对外提出索赔需要提供证据，首先，应制备索赔清单，随附商检局签发的检验证书、发票、装箱单等。其次，对不同的索赔对象还要另附有关证件。向卖方索赔时，应在索赔证件中提出确切根据和理由，如属于FOB或CFR合同，尚须随附保险单一份；向轮船公司索赔时，须另附由船长及港务局理货员签证的理货报告、船长签证短卸或残损证明；向保险公司索赔时，须另附保险公司与买方的联合检验报告等。

2. 索赔金额

索赔金额，除受损商品的价值外，有关的费用也可提出。如商品检验费、装卸费、银行手续费、仓租、利息等，都可包括在索赔金额内。至于具体包括哪些项目，应根据具体情况确定。

3. 索赔期限

对外索赔必须在合同规定的索赔有效期限内提出，过期无效。如果商检工作可能需要更长的时间，可向对方要求延长索赔期限。

4. 卖方的理赔责任

进口货物发生了损失，除属于轮船公司及保险公司的赔偿责任外，如属卖方必须直接承担的职责，应直接向卖方要求赔偿，防止卖方制造借口向其他方面推卸理赔责任。

5. 索赔时买方的责任

凡是货物的风险由卖方转移到买方时所存在的任何与合同不符情形，卖方都负有责任，买方应以事实为依据向卖方要求赔偿。但是，在卖方同意赔偿前，买方必须保持货物的原状并妥为保管。根据国际公约及国际惯例，如果买方未能按实际收到货物的原状归还货物，就丧失宣告合同无效或要求卖方交付替代货物的权利。买方还必须按情况采取合理措施，以保全货物。

6. 卖方违约的补救

如卖方未按合同规定交付货物，或卖方所交货物的质量、数量、包装不符合合同规定，卖方应根据不同的违约情况，承担不同的法律责任。买方除表示拒收货物并要求损害赔偿或只要求损害赔偿外，还可以要求卖方采取补救办法。例如，货物不符合合同已构成根本违反合同，买方可以要求卖方交付替代货物。除此之外，买方可以要求卖方对货物进行修理，或者要求减低价格，也可以规定一段合理的额外期限，让卖方继续履行其义务。

目前，在进口索赔工作中，属于船方和保险公司责任的，由外运公司代办；属于卖方责任的，由进出口公司直接办理。为了做好索赔工作，要求进出口公司、外运公司、订货部门、商检局等各有关单位密切协作，做到检验结果正确，证据属实，理由充实，赔偿责任明确，并要及时向有关方面提出，力争货物所受到的损失如数取得补偿。

本章小结

本章重点介绍了进出口贸易合同履行的流程，就我国对外贸易实际而言，主要是要掌握出口贸易合同履行的流程及各环节需要注意的问题。其中，需要特别注意的是，在信用证结算方式下要加强对买方开立的信用证的审核，保证信用证条款和买卖合同相一致，如发现信用证条款与买卖合同不符之处或发现信用证软条款，则要及时通知买方修改信用证以保证合同顺利履行和收汇安全。还需要注意的是，卖方在向指定银行交单议付时，要严格做到所提交的议付单据与信用证条款完全相符，保证“单证相符、单单一致”，以避免因单证不符出现不符点而影响收汇或被迫采用托收等方式结算。

思考与练习

一、选择题

1. 信用证规定的到期日为5月31日，而未规定最迟装运期，则按通常的业务习惯可理解为(　　)。

A. 最迟装运期为5月10日　　B. 最迟装运期为5月16日

C. 最迟装运期为5月31日　　D. 该信用证无效

2. 按CIF术语成交的合同，卖方交货后办理交单议付，必须提交的单据包括(　　)。

A. 商业发票　　B. 保险单　　C. 提单　　D. 商检证书

3. 进口货物报关时限应自运输工具进境之日起(　　)日内办理申报。

A. 7　　B. 10　　C. 14　　D. 15

4. 对进口关税征收的税额是以(　　)价为基数计算的。

A. FOB　　B. CIF　　C. CFR　　D. CIP

5. 某公司按CIF条件出口货物一批，共计1 000箱，允许卖方有5%的溢短装，该公司实际装货1 000箱，提单上也在载明1 000箱，货到目的港后，买方来电反映仅收到948箱，并已取得船公司签发的短量证明，向该公司索赔，该公司合理的答复应是(　　)。

A. 同意补装52箱货

B. 同意退还52箱货的货款

C. 请买方与船公司或保险公司联系索赔事宜

D. 符合合同规定，不予赔偿

二、思考题

国外一家贸易公司与我国某进出口公司订立合同，购买小麦500吨。合同规定，2011年1月30日前开出信用证，2月5日前装船。1月28日，买方开来信用证，有效期至2月10

日。由于卖方按期装船发生困难，故通知买方将装船期延至2月17日，并将信用证有效期延长至2月20日，买方回复表示同意，但未通知开证银行。2月17日，货物装船后，卖方到银行议付时，遭到拒绝。

要求：回答以下问题：

(1) 银行是否有权拒付货款？为什么？

(2) 作为卖方，应当如何处理此事？

第九章　国际贸易方式

学习目标

1. 了解国际贸易方式的种类。
2. 掌握各种贸易方式的基本知识。
3. 熟悉各种贸易方式在国际贸易中的具体做法。

第一节　经销与代理

一、经销

(一) 经销的含义

经销(distributorship)又称分销，是指出口企业与国外进口商达成书面协议，规定进口商在特定地区和一定期限内，经营销售出口企业的某些商品并至少达到一定销售额的贸易方式。

(二) 经销的类型

经销可以分为一般经销和独家经销两类。

1. 一般经销

一般经销是指出口企业不授予国外进口商独家经销权，出口企业与国外进口商签订经销协议后，还可以与该地区其他进口商签订经销协议。在这种方式下，经销商与国外供货商之间的关系同一般进口商与国外出口商之间的关系并无本质区别，即都是买卖关系。所不同的是，在经销方式下，经销商和供货商之间确立了相对长期和稳固的构效关系。而在一般的进出口贸易中，进口商与出口商之间往往是逐笔售定的关系，当一笔交易结束后，双方就不存在法律上的关系。

2. 独家经销

(1) 独家经销的含义。独家经销(exclusive distributorship)也称包销，是指出口企业授予国外进口商在规定地区和期限内独家经销权。出口企业与进口商签订独家经销书面协议后，就不得再与该地区其他进口商签订经销协议，即独家经销享有排他性的经营权。

(2) 独家经销协议。独家经销协议(exclusive sales agreement)是确定出口商与独家经销商之间权利和义务及法律关系的契约。独家经销协议一般只规定交易条件作为将来个别买卖合同的基础,也可以明确规定买方购买一定数量或金额的商品,卖方分批、分期或凭买方通知交货。独家经销协议主要包括以下内容:

其一,经销协议的名称、双方当事人的名称、签约日期和地点。在条款中要以文字的形式明白无误地说明经销协议的名称、双方当事人的名称、签约日期和地点。其中,双方当事人名称包括全称和简称。简称可以使用供货方、经销方或甲方、乙方指代,主要作用在与方便后面的文字叙述,行文简洁、规范。双方当事人的办公地点等联系方式也要一并列明,以方便互相联络。

其二,双方当事人的法律关系。通常要在独家经销协议中写明供货方授予经销方在一定时间内享有对某类商品在一定地区的独家经销权,一方面表示协议的性质是经销协议而非其他性质,另一方面表示双方当事人之间是买卖关系。

其三,独家经销的地区范围。独家经销商行使专营权的地理范围应根据商品的不同特点、出口方的经营意图、市场差异、经销商规模、经营能力、资信度等因素确定,在确定经销协议后,出口商不得在经销区域内再指定其他经销商经营同类商品。

其四,独家经销的商品名称。签订独家经销协议时,应明确商品的品名、规格、质量标准等,同时还要注意包销商品范围的确定,一般而言,卖方提供给经销商的商品只是其商品系列的部分品种,协议通常附有货单予以明确。为了促进销售,协议可规定:如经销商超额完成经销协议规定的包销量,则可以增加独家经销的商品种类。

其五,独家经销权。卖方在授予经销商独家经销权时,应就相关产品及相互义务作出规定:禁止经销商经营竞争性产品,同时禁止出口商(卖方)向经销商区域内直接或间接销售商品,为了适应特殊的交易需要,维护传统贸易关系,有时可以在经销协议中规定:对经销区域内某些特定客户和特殊交易,卖方保留直接交易的权利;规定当经销区域内的客户直接向卖方(出口商)询价时,卖方应将询价转给经销商。

其六,最低购买数量和金额。为防止独家经销商包而不销,协议中通常规定经销商在一定期限内(半年或1年)应向卖方购买的最低数量和金额,同时也是供货商保证供应的金额。独家经销商如果在协议期内没有达到最低购买金额,供货商有行使相应措施的权利,如卖方有权撤销独家经销合同,但应向经销方发出及时通知。

其七,协议的有效期。独家经销协议的有效期可长可短,如对独家经销商的资信和经营能力不太了解,协议期可适当缩短,对经销商比较熟悉的情况下,可以适当延长经销期限。除了明确规定具体的期限外,协议还可规定期满后续约或终止的办法,如规定一方当事人在未接到对方通知之前,协议保持有效,或规定协议届满前一定期限内,若当事人一方没有明确向对方表示终止协议,则协议自动展期。

其八,作价方法。经销的商品可以在规定的期限内一次作价,即不论包销商品市场价格的涨跌与否,均以协议规定价格为准。也可以在规定的包销期限内分批作价,分批作价特别适合期限较长的协议,它因为能适应国际市场价格变化而被广泛使用。

(3) 独家经销的作用。在出口贸易中,使用独家经销的方式对出口商较为有利,通过独家经销协议,确定了在一定期限内的稳定购销关系,双方当事人之间既相互协作又相互制约。在确定的期限内，买卖双方有着共同的目标、一致的利益，在平等权利的基础上容易形成同舟共济的良好合作关系。对出口商了来说，独家经销协议促进出口的作用主要表现在：

其一，经销商被授予专营权后，可减少在货源供应上的多头竞争，一般都能积极开展宣传推广活动及售后服务，有利于扩大出口。

其二，独家经销可以避免出口商品在同一市场多头经营以致恶性竞争，还可使经销商集中力量对付其他竞争商品。

其三，独家经销把计划供销和市场需求有效地结合起来，有利于出口商有计划的安排生产、组织货源，根据市场需求建立营销网络，改进产品的不足，争取较好的经济效益。

(三) 经销方式应注意的问题

1. 对经销方式的选择

与一般的经销方式相比，采用独家代理方式给出口方带来一定时期内稳定的销售量，同时也方便出口方安排生产和组织货源。但是独家代理对出口方也存在着一定的风险，如独家经销商经营能力有限、资信不佳，就有可能完不成经销协议规定的最低销售金额或最低销售量，出现“包而不销”的情况。某些经销商因其经销能力过强，则可能会凭借专营权向出口方压价，操纵市场价格，从而使出口方蒙受损失。

2. 对经销商的选择

如果经销商选择得当，对方信誉佳、重合同、守信用，经销能力强，在经销地区有着重要的市场影响力，则市场会越做越大，对供销双方都有利；反之，如果经销商选择不当，经销商信誉不佳或经营能力不强，则无法完成协议规定的销售计划。所以，在选择经销商，尤其是独家经销商时，一定要对对方的资信状况进行事先的调查，充分了解其商业信誉和经营能力，防患于未然。

3. 对经销商品的种类、经销地区和经销数量或金额的确定

在经销协议中，商品种类的多少，经销地区规模的大小，要同经销商的经营能力、资信状况及出口企业自身的经营意图相适应。在一般情况下，独家经销的商品种类不易太多，地区的大小应由经销商的经营能力确定。经销数量或金额的大小则要参考出口商的货源可能和市场的容量及出口商自身的经营策略。

4. 注意订立好出口协议

经销协议是确定供货人和经销人之间在经销方式下的权利和义务的法律文件，对双方均有约束力，相关的经销协议内容都要具体列明，并且要写明商品检验、不可抗力、索赔、仲裁条款及协议终止条款，以在发生可能的纠纷时有据可依。

二、代理

(一) 代理的含义

代理(agency)是指出口方通过签订代理协议，将商品委托给国外客户(代理人)，委托其在一定地区和一段时间内为出口方代理销售产品、招揽生意或处理有关事宜的一种贸易方式。

(二) 代理的类型

根据委托人授权的大小,代理可以分为一般代理、独家代理和总代理三类。

1. 一般代理

一般代理(agent)又称佣金代理(commission agent),是指不享有专营权的代理。委托人可在同一地区和期限内,选定一家或几家客户为其代理商,也可直接向其他买主出售代理商品。

2. 独家代理

独家代理(exclusive agent)是指委托人给予代理商在规定区域和一定期限内享有规定产品专营权的代理。只要在一定区域和规定的期限内做成该项货物贸易,无论是代理商做成的交易,还是出口商自己做成的交易,代理商都享有佣金的权利。

独家代理与独家经销的区别如下:

其一,当事人之间的关系不同。在独家代理方式下,委托人与代理人是委托与被委托的关系,代理人只为委托人提供服务,一般不以自己的名义和代理商品的买主订立合同;而在独家经销方式下,卖方与独家代理商是买卖关系,独家代理商要以自己的名义买入商品,然后再转售给买主。

其二,承担的风险不同。在独家代理方式下,代理人只为委托人推销商品,无须垫付资金,不负盈亏、不承担经营风险;而在独家经销方式下,独家经销商要自筹资金购买商品再转售,在经营中要自担风险、自负盈亏。

其三,承担的责任不同。在独家代理方式下,代理人只将买主介绍给委托人,对委托人是否对买主履约不负责任;而在独家经销方式下,独家经销商自购自销商品,必须对卖方履约,承担支付货款、接收货物的责任。

其四,取得报酬的本质不同。在独家代理方式下,代理人为委托人提供服务,收取佣金;而在独家经销方式下,独家经销商则通过对包销商品的差价贸易来赚取商业利润。

3. 总代理

总代理(general agent)是委托人在指定区域的全权代表,他既可以代表委托人进行商业活动,也可代表委托人从事一些非商业活动。在商业活动中,代理商代表委托人签订合同、处理货物等,但总代理不享有代理商品的所有权,不承担经营中的风险,不得擅自改变委托人规定的交易条件。

(三) 代理协议

代理协议是明确代理人和委托人之间有关代理权利和义务的契约。其主要内容有以下几方面:

(1) 代理协议的名称、当事人名称、协议签订的时间和地点。

(2) 代理权限,即代理协议双方之间的法律关系、授权范围和代理人的职权范围,确定代理关系是独家代理、一般代理还是总代理,以及它们的经营权利与经营范围。

(3) 代理商品的名称、规格。在代理协议中,应明确规定代理商品的名称及规格。

(4) 代理地区,即指代理地区的地理范围。一般而言,代理地区不宜过大,应根据代理业务的发展情况逐步扩大。

(5) 代理期限，一般为1～3年，也可以不限定期限，但应该规定一方不履约时，另一方有权终止协议。在协议中，也可以规定代理协议期满后续约或终止的办法。

(6) 代理的数量和金额，这既是代理商应代销的数量和金额，也是卖方应供应的数量和金额，对双方都有同等的约束力。

(7) 代理佣金。在代理业务中，佣金是委托人给代理人推销货物的报酬。代理协议中应对佣金率、佣金的计算方法、佣金的支付时间和支付方法作出具体规定。

(8) 非竞争性条款，即指代理人在代理协议有效期内无权提供、购买与委托人商品相竞争的商品。

(9) 广告宣传和商标保护。在代理协议中，应明确规定，代理人在协议的有效期内有义务定期向委托人提供市场趋势、海关规定和本国有关进口的规定等材料，还应在委托人的指令下组织广告宣传工作，有义务对推销商品的商标予以保护。

(四) 采取代理方式应注意的问题

(1) 对代理方式的选用。卖方应根据目标市场的特点、代理商经营能力状况选择合适的代理方式。

(2) 对代理商的选择。要注意代理商的资信状况、经营能力及在代理地区的商业地位。

(3) 对代理商品的种类、代理地区和代理数量或金额的确定。商品种类的多少、地区范围的大小，要和自己的经营意图和客户的资信能力相适应。

(4) 对代理协议终止条款和索赔仲裁条款的规定。为防止独家代理商垄断市场或经销不力的情况发生，在协议中应明确规定代理协议终止条款和索赔仲裁条款。

第二节 招标与投标

一、招标与投标的含义

招标(invitation to tender)是指招标人(买方或发包方)在规定的时间、地点，通过招标机构发布招标公告，提出准备购买商品的种类、数量和有关购买条件，或提出发包工程的具体要求，邀请投标人(卖方或承包商)参加投标并按照规定程序从中选择交易对象的一种交易行为。

投标(submission of tender)是指投标人应招标人的邀请，根据招标公告的规定条件和要求，在规定的时间内向招标人报出愿意成交的交易条件的行为。它是对招标人招标活动的一种响应。

二、招标与投标方式的特点

同其他贸易方式相比，招标与投标方式具有以下特点。

(一) 招标与投标的组织性

招标与投标是一种有固定组织机构、固定招标场所、固定招标时间、固定招标程序和规则的贸易方式。

(二) 招标与投标的公开性

招标的目的是在尽可能大的范围内寻找合乎要求的中标者,这就要求招标人要在指定或选定的报刊或其他媒体上刊登招标通告,邀请有兴趣、有能力的投标人参加招标。另外,招标机构还要向投标人说明交易规则和条件,以及招标的最终后果。这样招标活动就完全在公开的社会监督之下开展,防止了不正当交易的发生。

(三) 招标与投标的公平性

公平、客观、公正和择优选择是招标的基本属性和首要条件。在招标公告发出后,任何有能力履约的合同投标者都可参加投标,招标机构在最后取舍投标人时,要完全按照预定的招标规则进行,以保证招标工作的公平性。

(四) 投标的一次性

在招标与投标中,投标人只能应邀做一次性投标,不能多次投标报价。标书在投递之后,一般不得撤回或修改。贸易的主动权掌握在招标人手中,招标机构对最后中标人的选择是通过对所有投标人的报价筛选的。所以,投标人在报价后是否能够同招标机构达成交易完全取决于其递交的标书的质量和可信程度。

三、招标的类型

目前,国际上采用的招标方式归纳起来有以下三种。

(一) 国际竞争性招标

国际竞争性招标(international competitive bidding, ICB)是指招标人邀请几个乃至几十个投标人参加投标,通过多数投标人竞争,从中选择对招标人最有利的投标人达成交易。国际竞争性招标通常有两种做法:一种是公开招标(open bidding),即招标人在国内外主要媒体上发布招标广告,凡对该项招标内容有兴趣的人均有机会进行投标,是一种无限竞争性招标(unlimited competitive bidding);另一种是选择性招标(selected bidding),又称邀请招标,是指招标人不在公开媒体上发布招标公告,而是根据自己具体的业务关系和情报资料对相应企业进行资格预审,预审合格后,才能进行投标,是有限竞争性投标(limited competitive bidding)。政府采购物资,为了公开公正,大部分采用竞争性的公开招标办法。

(二) 谈判招标

谈判招标(negotiated bidding)又称议标,是一种非公开的、非竞争性的招标,招标人选定几家企业直接进行合同谈判,实现采购需求。

(三) 两段招标

两段招标(two-stage bidding)是指无限竞争性招标和有限竞争性招标的综合方式,采用这种方式时,先公开招标,再采用选择性招标分两段进行。

四、招标与投标业务的基本程序

招标与投标业务的基本程序包括招标前的准备工作、投标、开标、评标、决标和中标签约等环节。

(一) 招标前准备工作

(1) 发布招标通告,招标人通过各种方式途径发布招标通知,将招标项目的内容、要求条件和投标须知等公之于众。

(2) 进行资格预审,包括由招标人对投标人的基本情况、财务状况、供应与生产能力、经营作风及信誉等进行全面的预先审查,预审合格才能取得投标资格。

(3) 编制招标文件。招标文件又称标书,主要列明招标商品或工程的各种交易条件和投标须知,如投标人资格、投标日期和地点、开标日期、寄送投标单的方法及投保人缴纳投标保证金及履约保证金的条款等。

(二) 投标

这主要包括投标前的准备工作,如编制投标资格审查表、分析招标文件、寻找投标担保单位等;编制投标文件和提供银行保函;递送投标文件。

(三) 开标、评标、决标

开标有公开开标和不公开开标两种方式。公开开标是指招标人在规定的时间和地点当众启封投标书,宣读内容,投标人可派代表监督开标。不公开开标是指开标人自行开标和评标,选定中标人,投标人不能派代表参加开标。开标后,招标人进行权衡比较,择优选择中标人。

当出现下列情况之一时,可以拒绝全部投标:

(1) 最低报价大大超过国际市场价格水平。

(2) 所有标书的内容都与招标要求不符合。

(3) 投标人太少,缺乏竞争性。

(四) 中标签约

招标人选定中标人后,要向其发出中标通知书,约定双方签约的时间和地点。中标人签约时要提交履约保证金或保函,用以担保中标人将遵照合同履行义务。

第三节 寄售与拍卖

一、寄售

(一) 寄售的含义和性质

寄售(consignment)是一种委托代售的贸易方式,是指寄售人(出口商)和代销人(国外中间商)签订寄售协议后,由寄售人先将货物运往寄售地,交给代销人在其当地市场上代为销售。商品出售后,代销人把所得货款扣除其应得佣金以及其他费用后,交付给寄售人。

寄售是国际贸易中常用的一种贸易方式,寄售按照双方签订的协议进行,寄售人与代理人之间不是买卖关系,而是委托与受托关系。寄售协议属于信托合同性质。代销人也是一个赚取佣金的受托人,其权利和义务与代理人相似,但又有区别,最主要的区别是代理人在从事授权范围内的事务时,可以用委托人的名义,也可以用自己的名义,但代销人只能用自己的名义处理信托合同中规定的事务,而且受托人同第三方从事的法律行为不能直接对委托人发生效力。因此,寄售既不同于经销,又与一般的代理业务有区别。

(二) 寄售的特点

(1) 寄售人与代理人是委托代销关系而非买卖关系。代销人只是根据寄售人的指示代为处置货物,在受托人授权范围内可以以自己的名义出售货物、收取货款并履行与买主订立的合同,从中收取佣金。代销人有义务尽力推销商品,但对商品是否售出并不负责;寄售期满时有权退回未售出的商品,经营的盈亏也都由寄售人自己负担。

(2) 寄售是由寄售人先将货物运至寄售地,再经代销商向买主销售,因此它是凭实物进行买卖的现货交易。

(3) 寄售货物的所有权在售出之前仍属于寄售人。寄售货物出售之前,包括运输途中和到达寄售地后的一切风险和费用均由寄售人承担。

(三) 寄售协议的主要内容

寄售协议是寄售人与代销人之间就双方的权利和义务及寄售业务中的有关问题签订的法律文件。寄售协议一般应包括下列内容:协议性质、寄售地区、寄售商品名称、规格、数量、作价方法、佣金的支付、货款的收付,以及保险责任、费用的负担及代销人的其他义务等。在签订寄售协议时,一定要注意以下几个条款:

(1) 寄售商品的作价方法。在寄售协议中,关于寄售商品的作价方法通常有四种方法,即:最低售价、随行就市、规定结算价格和销售前征得寄售人同意,其中最后一种方法是最常用的。

(2) 货款的收付。在寄售方式下,货款是在货物售后收回。寄售人和代销人之间通常采用记账的方法,定期或不定期地结算,由代销人扣除佣金及代垫费用后汇付给寄售人,或由寄售人用托收的方式向代销人收款。为保证收汇的及时性和安全性,在寄售协议中一般可加订"保证收取货款协议"或"保证收取货款条款",由代销人提供一定担保。

(3) 佣金问题。代销商一般以收取寄售人付给的佣金作为报酬。佣金结算的基础一般是发票净售价,通常解释为毛售价减去有关费用(如已包含在售价内),如销售税、货物税、增值税、关税、包装税、保险费、仓储费、商业和数量折扣、退货的货款和延期付款的利息等。

(四) 采用寄售方式应注意的问题

1. 慎选寄售地点

要充分了解寄售地点的各方面情况,包括市场动态、供求状况、销售渠道、消费习惯、当地政府的外汇管理制度、税收办法等。

2. 选择合适的代销人

为确保寄售业务的顺利开展并达到预期效果,应选择资信好、有经营销售能力的客户作为代销人。

3. 选择适销对路的商品作为寄售商品

寄售商品的选择是成败的关键,一般应选择当地市场有销路而又难以凭样成交的商品,或者选择一些名优商品与小商品。

4. 确定好寄售商品的数量

寄售商品数量的多少，应根据销售情况和市场容量大小而定，一般来说，寄售数量不宜过多，以免由于销售不出去而被迫削价出售，或转移到其他市场而增加费用和承担过多风险。

5. 要注意收汇安全

开展寄售业务时，为确保收汇安全，不宜选择那些外汇管制严格或外汇匮乏的国家和地区作为寄售地，同时要要求代销人提供银行保函。

6. 订好寄售协议

寄售协议是寄售人和代销人之间为了明确双方的权利和义务而签订的契约。因此，在寄售协议中，对价格、货款、佣金给付和费用的负担等事项，均应作出明确合理的规定，以利于日后寄售协议的执行。

二、拍卖

（一）拍卖的含义

拍卖(auction)是由拍卖人或拍卖机构接受货主的委托，在限定的时间和场所，按照一定的章程和规则，由买主相互出价竞买，把货物卖给出价最高的买主的一种贸易方式。

（二）拍卖的特点

1. 拍卖是一种公开竞买的现货交易

拍卖开始前，买主可以查看货物。拍卖开始后，买主当场出价，公开竞买，拍卖主持人代表货主选择交易对象。成交后，买方即可付款提货。

2. 拍卖是在一定的机构内有组织的进行

拍卖一般都是由拍卖行定期组织，集中在一定时间和地点买卖某种特定商品。

3. 拍卖具有自己独特的法律和规章

拍卖不同于一般的进出口交易，在交易磋商的程序和方式、合同的成立和履行等问题上，都有其特殊的规定。此外，各拍卖行也都形成了自己的规章和规则供拍卖时采用。

（三）拍卖的种类

按照出价方法的不同，拍卖可以分为以下三类。

1. 增价拍卖

增价拍卖又称买方叫价拍卖，是最常用的，即由拍卖人宣布预定的最低价，然后由买者相继叫价，竞相加价，有时规定每次加价的金额额度，直到拍卖人认为无人再出更高的价格时，拍卖人击锤表示成交，将这批货物给出价最高的买主的拍卖方式。在拍卖人击锤前，竞拍者可以撤销出价。如果竞买者的出价都低于拍卖人宣布的最低价格，卖方有权撤回商品，拒绝出售。

2. 减价拍卖

减价拍卖又称卖方叫价拍卖，即由拍卖人叫出最高价格，然后逐渐降低叫价，直到有竞买者认为已经低到可以接受的价格，表示买进为止的拍卖方式。这种方法成交迅速，常用于拍卖鲜活商品、水果和蔬菜等。

3. 密封递价拍卖

密封递价拍卖又称招标式拍卖，首先由拍卖人事先公布商品的具体情况和拍卖条件，然后由竞买者在规定的时间内将密封投标书递交给拍卖人，拍卖人比较后将货物卖给最适合的买主的拍卖方式。这种方法不是公开竞买，拍卖人有时候要考虑价格以外的其他因素。一些国家的政府或国际组织处理没收货物或组织出售物资时常采用这种拍卖方法。

(四) 拍卖的程序

拍卖业务一般程序分为以下三个阶段。

1. 准备阶段

参加拍卖的货主先要把货物运到拍卖的地点，委托拍卖行进行挑选和分批，编印目录并招揽买主。参加拍卖的买主可以在规定的时间内到仓库查看货物，了解商品的品质，拟定自己的出价标准，做好拍卖前的准备工作。拍卖行一般还提供各种书面材料，进行宣传以扩大影响。

2. 正式拍卖

正式拍卖是在规定的时间和地点，按照拍卖目录规定的次序，逐笔叫价成交，拍卖人作为货主的代理人掌握拍卖的进程。货主对于要拍卖的货物可以提出保留价，也可以无保留价。对于无保留价的，拍卖主持人在拍卖前要予以说明；对于有保留价的，竞买人的最高价未达到保留价时，主持人要停止拍卖。

3. 成交与交货

拍卖以其特有的方式成交后，拍卖行的工作人员会及时交给买方一份成交确认书，由买方填写并签字，表明交易正式达成。在买方付清货款后，买方凭拍卖行开出的栈单或提货单到指定的仓库提货，提货必须在规定的期限内完成。

第四节 期货贸易

一、商品期货交易的含义及特点

(一) 期货交易的含义

期货交易(future trade)是指交易双方或由经纪人按照规定的交易程序和交易规则，在有组织的交易场所内，以公开的交易形式，例如，公开喊价或者电子交易系统，对由期货管理部门批准的、在将来某一特定时间、地点进行现货交割的、标准化合约的交易活动。

(二) 期货交易的特点

1. 以标准化合同作为交易标的

标准期货合同是各商品交易所指定的，商品的品质、规格、数量和其他交易条件都是统一拟定，买卖双方只需商定价格、交期和合同数目。交易的结清是通过对冲交易，双方关心的焦点是买进和卖出的差价。

2. 交易集中化

期货交易必须在期货交易所内进行。场外的广大客户要参与期货交易，只能委托期货经纪人公司代理。期货交易所负责制定并执行交易规则，解决交易过程中可能发生的争议，并向各交易方收取一定的手续费。这样从形式上可以保证期货交易的公开性、公平性和公正性。

3. 交易双方必须通过交易中介结算

场外交易者通过经纪公司在场内的出市代表进行交易，场内交易者可以直接在交易所内交易。但是他们的交易结果必须由结算所进行结算。期货交易的交易风险由交易中介——结算所承担，从而降低了交易成本和交易风险。

4. 逐日结算制和保证金制

结算所和经纪公司对交易者的交易头寸和价位进行每日结算，同时交易双方必须对自己的交易头寸缴纳规定的保证金。当期货市场价格走势不利于交易者的交易头寸，交易者的账面上亏损至规定的维持保证金幅度时，经纪公司将向交易者发出追加保证金通知，交易者必须在规定的时间内缴纳追加保证金，否则经纪公司有权将交易者的头寸平仓。所以，期货交易者实质上承担了每日价格波动风险和履约的责任。

5. 双向交易和对冲机制

双向交易是指期货交易者既可以买入期货合约作为期货交易的开端(称为买入建仓)，也可以卖出期货合约作为交易的开端(称为卖出建仓或买空)；与双向交易特点相联系的还有对冲机制，在期货交易中大多数交易者并不通过合约到期时进行实物交割来履行合约，而是通过与建仓时交易方向相反的交易来解除履约责任。期货交易的双向交易和对冲机制的特点，吸引了大量期货投机者参与交易，大大增加了期货市场的流动性。

二、期货交易的种类

商品交易所的期货交易，从性质上看分为两种类型：一种是利用期货合同作为筹码，通过买进卖出的手段，从价格涨落中赚取差额利润的纯投机活动；另一种称为套期保值，目的是为了配合现货交易，转移价格波动风险。

(一) 投机交易

投机交易的做法就是低价买入，高价卖出，以获取两次交易的差价。投机交易分为卖空和买空。卖空又称空头，是投机者在预计价格下跌时，先卖出期货合同，使自己处于空头部位，等价格下跌时再买进对冲。买空又称多头，是指行情看涨时买进期货合同，待价格上涨后抛出。由于投机者主要靠其对行情的预测来进行交易，因此他们需承担很多的价格风险。

（二）套期保值

套期保值(hedging)又称对冲交易，其做法就是在买进（或卖出）现货的同时或前后，在期货交易所卖出（或买进）相同数量的期货合同作为保值。由于同一种商品的现货市场价格和期货市场价格的走向基本上是一致的，同涨同落，在现实市场上的盈（亏），可从期货市场上的亏（盈）得以抵销或弥补。

套期保值分为卖期保值和买期保值两种。

1. 卖期保值

卖期保值(selling hedge)是套期保值者先在期货市场上卖出与其将要在现货市场上卖出的现货商品数量相等、交割日期也相同或相近的该商品的期货合约，当该套期保值者在现货市场上实际卖出该种现货商品的同时或前后，在期货市场上进行对冲，为其在现货市场上卖出的现货保值。由于从事保值者处于卖方地位，所以称为卖期保值。通常生产商或加工商采用卖期保值的做法。

2. 买期保值

买期保值(buying hedge)是套期保值者先在期货市场上以期货价格买入与其将在现货市场上买入的现货商品数量相等、交割日期相同或相近的该商品期货合约，以暂时替代将来买进现货的头寸，当未来在市场上买入现货商品的同时，在期货市场上卖出原来买进的期货合约，进而为其在现货市场上买进的现货商品进行保值。一般中间商在采购货源时运用这种方法来进行保值。

第五节 加工贸易

一、加工贸易概述

加工贸易是以加工为特征的贸易方式，也是以商品为载体的劳务出口。目前，我国常用的加工贸易主要有进料加工和对外加工装配业务两种。

进料加工(processing with imported materials)是指用自有外汇在国际市场购买原材料、元器件或零部件，自行加工装配成成品再行出口销往国外市场的加工贸易方式。例如，进口毛条加工成毛衫出口；进口橡胶加工成轮胎和胶鞋出口等。进料加工业务是国际贸易中的一种传统做法，在具体操作上，由于从国际市场购买原料配件和出口成品都是分别进行的，其具体做法与单边进口和单边出口无异。

对外加工装配业务是在国外厂商提供原材料或零配件、元器件和技术等基础上用国内劳动力和设备进行加工装配成成品出口，向国外厂商收取工缴费的一种把扩大出口与发展生产结合起来的加工贸易方式。开展对外加工装配业务也是把利用外资、引进技术、劳务出口结合在一起的一种投资少、风险小、见效快的综合性的贸易方式。工缴费是企业以原材料或半成品委托其他企业加工制造而支付的加工费用。

对外加工装配贸易在我国对外贸易中占的比重较大，本节主要介绍对外加工装配业务。

对外加工装配业务有来料加工、来件装配两种形式。来料加工（processing with customer's materials）是指一个国家或地区的企业（承接方）承接国外厂商（委托方）的原材料和包装物料，必要时还由委托方附带提供某些设备或技术，按照委托方的品质、规格、款式等要求进行加工生产，其成品按规定时间交给委托方的对外加工装配业务。如果委托方提供元部件、零配件，必要时也提供某些设备或技术，由承接方按照委托方的设计、工艺等要求进行装配后将其成品交给委托方的，就称为来件装配（assembling with customer's parts）。无论是来料加工，还是来件装配，承接方都只收取工缴费，不负责销售盈亏。

二、对外加工装配业务的特点和作用

（一）对外加工装配业务的特点

对外加工装配业务与通常的商品进出口贸易有所不同。其特点有：

（1）加工装配是有进有出、进出紧密结合的交易。

（2）承接方对来料、来件不拥有所有权而只有使用权。

（3）委托方承担接受全部加工装配的合格品和支付约定的工缴费。就加工方而言，对外加工装配业务的实质是以商品为载体的劳务输出。

（二）对外加工装配业务的作用

开展对外加工装配业务，无论是对国内承接方还是对外商，都有积极作用。

（1）对承接方来说，可以克服国内生产能力有余而原材料不足的矛盾，可以充分利用国内劳动力资源，增加就业机会，有利于扩大出口，增加外汇收入。

（2）对委托方来说，可降低其产品的成本，从而增强其产品在国际市场上的竞争力，有利于外商所在国的产业结构调整，这主要是指一些工业发达国家，通过委托加工贸易方式，将一些劳动密集型产品的生产转移到发展中国家。

三、加工装配业务合同的主要内容

对外加工装配业务在性质上不同于国际货物销售，因此，加工装配合同在内容上也与货物买卖合同有许多不同之处。一般来讲，加工装配合同中，应包括以下基本内容。

（一）约首部分

约首部分主要包括以下三项内容：

（1）订约人（委托方和承接方）的名称、地址、电话或传真号等。

（2）合同的序言，以简明的语言说明订约的宗旨。

（3）合同号码、订约时间。

（二）本文部分

本文部分是合同的核心部分，具体规定双方的权利和义务，主要包括以下条款。

1. 合同的标的

在这一条款中，要明确具体规定加工装配项目的内容及要求。有些项目中，为了保证成品质量，须由外商提供某些机器设备，我方以工缴费偿还。这一条款中，也要规定偿还的具体方式及期限。

2. 对来料来件的规定

合同中应具体规定外商送交料件的时间、地点，并且明确规定对原材料、零部件的质量、数量以及规格搭配的具体要求。为了明确责任，还应同时规定，如果料件在品质、数量方面不符合要求，或者外商未能按时提供料件的处理办法。

3. 对提交成品的规定

对外加工装配的产品要交给外商在国外市场销售，其质量好坏关系到销路，也影响到外商的利润。因此，外商对成品质量的要求都相当严格。在这一条款中，一般都要对成品的品质、规格以及数量和交货期作出明确规定，对于有特殊要求的产品，需要订立详细的技术条款，以及规定违约的处理办法。我方在规定这一条款时，应根据自己的技术水平和生产能力，实事求是地合理规定，做到既对双方有利，又切实可行。

4. 关于工缴费的规定

工缴费是加工装配业务中直接涉及合同双方当事人利益的核心问题，也往往是磋商签订加工装配合同时的焦点，因此必须慎重对待。在确定工缴费时，既要与实际生产成本相当，又要在国际市场上具有一定的竞争性，还要考虑到我国当前的劳动生产率及其与国外的差距。

加工装配工缴费的支付方法有两种：一是对来料、来件和成品均不计价格，由委托方按加工装配进度或成品交付进度支付；二是对来料、来件和成品均分别计价，两者之间的差额即属工缴费。对于后者，必须坚持先收后付的原则，也就是用成品出口的货款偿付来料、来件的款项，避免垫付外汇。

至于具体的支付方法，一般都采用以银行为中介的国际上通常使用的贸易外汇支付方式。例如，来料、来件和成品均不计价者，可采用即期不可撤销信用证、即期付款交单(D/P即期)或交货前若干天内汇付(信汇、电汇或票汇)。如来料、来件和成品均计价者，则可采用以下做法：

其一，来料、来件用远期信用证，成品出口用即期信用证付款，即对开信用证方式。

其二，来料、来件用远期托收中的承兑交单(D/A)，成品出口用即期信用证、即期付款交单或汇付。

为了避免垫付外汇，远期付款的期限要与加工周期加上成品收款所需时间相衔接并适当留有余地。我方开出的信用证或银行保证书内可订明需收到并通知认可对方开来的信用证后开始生效的条款。

5. 关于保险责任和保险费的规定

在对外加工装配业务中，加工装配使用的原材料、零配件，在整个加工装配过程中，其所有权是属于委托方的。承接方对原材料、零配件仅拥有使用权。至于未交付的成品，其保险的标的物则包括属于委托方所有的原材料、零配件的价格和应属承接方所得的工缴费。因此，承接方原则上只承担在加工装配过程中应得工缴费的投保责任，其余部分理应由委托方负责投保。但是，从实际业务进程看，包括来料、来件运输，到达后的保管使用，以及加工装配后的成品装运，均由承接方办理投保较为方便。保险费则可连同工缴费向委托方收取，或包括在工缴费内不另计收。

对外加工装配业务从来料、来件到加工装配为成品后交给外商，大致可分三个阶段，即从国外运进料、件；在国内加工装配；加工装配成成品装运出口。以上三个阶段的保险由何方负责投保，必须在合同中加以明确。如由承接方负责投保，则应明确规定保险费由委托方负担（如已将保险费计算在工缴费内则除外）。我国保险公司可以接受三个阶段的统一投保。

6. 关于预防性和约束性条款

对外加工装配业务是按外商提供的品质、规格、外形设计进行生产的，外商必须保证其所提供的品质、规格、外形设计或样品没有侵犯第三者的权益。如果使用外商指定的商标，则外商应持有该商标的所有权或使用权。倘若产品的生产或销售侵犯他人的商标权或专利权，应由外商承担一切责任。对此，应在合同中加以明确规定。

此外，对外加工装配合同还应订立不可抗力和仲裁等有关预防和解决争议的条款。

（三）约尾部分

合同的约尾部分一般包括下列几项内容：

(1) 缔约双方当事人签字。

(2) 说明本合同使用的文字及其效力。

(3) 合同的有效期限、终止及变更的办法。

(4) 合同附件的种类及其效力。

第六节　对销贸易与补偿贸易

一、对销贸易的含义、基本特征和作用

（一）对销贸易的含义

对销贸易(counter trade)在我国又被称为对等贸易，是指在互惠的前提下，由两个或两个以上的贸易方达成协议，规定一方的进口产品货款可以全部或部分以相应的出口产品来抵补。常见的对销贸易方式有：易货贸易、互购贸易、补偿贸易、抵销贸易和转手贸易等，本节重点介绍补偿贸易。

（二）对销贸易的基本特征

(1) 多为一次性交易，即双方订立的合同是短期的。

(2) 合同只涉及交易双方，而没有第三方的参与。

(3) 买卖双方在合同中明确规定所要交换产品的数量和规格。

(4) 履约期较短。

(5) 基本不发生外汇转移，即使双方在合同中规定某种货币或货币单位，也仅为方便账务处理，并不进行外汇收付。

由于对销贸易中直接交易的双方交易的货物必须是对方需要的，而且数量必须相等或基本相等，所以其交易有一定的局限性。目前，这种交易方式常见于边境贸易或缺乏外汇的发展中国家，交易金额较大的国际贸易已经较少采用。

(三) 对销贸易的作用

对销贸易一般是在成熟的市场经济国家和不太发达的市场体系间发生的贸易，在这种情况下，一般对销贸易有以下作用：

(1) 进行对销贸易有助于应对一个国家的外汇短缺，可以帮助有严重债务的国家继续进口商品。

(2) 对销贸易可以促进出口。在贸易保护主义盛行的当代，通过对销贸易，有助于打破西方国家的贸易壁垒，为本国产品，尤其是发展中国家的工业制成品打开国际市场。

(3) 对销贸易可用来减少出口收入方面的不确定性。

(4) 使用对销贸易可以避开国际价格协议，如石油输出国组织(OPEC)的价格协议。

二、补偿贸易

(一) 补偿贸易的含义

补偿贸易(compensation trade)是指一方在信贷的基础上进口技术设备，然后用商品或劳务返销所得价款，分期补偿进口技术设备价款和本息的一种贸易方式。

(二) 补偿贸易的特征

(1) 先进口方进口的一般是机器设备、零配件及技术等，进口方进口后利用自己的生产场所、本国的劳务、原材料等进行生产加工出成品，然后出口这些成品。

(2) 补偿贸易必须是在信贷的基础上进行的，这是构成补偿贸易的前提条件。信贷的提供可以体现为商品信贷，也可以是银行信贷或其他方式借来的贷款。

(3) 设备供应方(后进口方)必须承诺回购产品或劳务的义务，这是构成补偿贸易的必备条件，也是补偿贸易和延期付款的根本区别。

(三) 补偿贸易的方式

1. 直接补偿

直接补偿又称产品返销或工业补偿，即以进口的机器设备、技术等生产出来的产品支付进口价款的补偿贸易。这是补偿贸易最基本的一种方式，但运用这种方式有一定的局限性，它要求直接生产出来的产品必须严格符合设备或技术供应方的要求。

2. 间接补偿

间接补偿是指将信贷与对销贸易结合起来的一种做法。有时，补偿贸易双方所交易的设备并不生产物质产品，或生产出来的产品不为对方所接受，在这种情况下，就由双方商定的其他产品即间接产品或无关产品偿还设备价款。

3. 劳务补偿

劳务补偿是指将补偿贸易和来料加工、来件装配相结合的补偿方式。根据补偿协议，设备出口方向进口方提供生产线、相关技术和原材料，进口方则按要求进行生产以加工费用抵偿所欠款项。这类补偿贸易涉及的金额一般都不大，且期限较短。

在世界各国的补偿贸易实践中，上述三种做法还可以结合使用，即进行所谓综合补偿。

（四）开展补偿贸易应注意的问题

(1) 进口的设备应选择科技含量高，出口拉动大，有利于发挥本国资源和劳动力优势，增加外汇收入，技术上无污染、无公害的设备。

(2) 要争取以制成品抵偿。要注意补偿产品在全球的销售情况和出口前景。补偿产品不应与正常出口的同类产品相竞争。

(3) 客户的选择上，进口方应选择信誉好、履约能力强、销售渠道广、能够提供优惠信用条件的贸易对手。进口设备、技术劳务的价格要合理。

(4) 选择合适的支付条件。补偿贸易的双方未来确保对方履约，一般还是采用惯用的支付方式，通过银行进行结算。小型补偿贸易多采用对开信用证、对开银行担保或双托收的方式；大型补偿贸易则使用买方信贷或卖方信贷融通资金。

(5) 注意产品质量，保证及时交货。在补偿贸易中，设备的进口方通常又是返销商品的生产者，设备进口方保证生产产品的质量是贸易双方整个合同能够顺利履行的保证。

本章小结

本章主要介绍了常见的贸易方式：经销与代理、招标与投标、寄售与拍卖、期货交易、加工贸易和对销贸易。其中，加工贸易中的加工装配业务是把利用外资、引进技术、劳务出口结合在一起的一种投资少、风险小、见效快的综合性的贸易方式，这种贸易方式充分利用了我国劳动力资源丰富的优势，有效扩大了我国对外劳务出口的规模，解决了我国很大一部分的就业问题，同时也扩大了我国出口规模，在我国对外贸易中占据了重要地位。

思考与练习

一、选择题

1. 经销协议的核心条款是（　　）。

A. 协议的名称　　B. 是否有独家经销权

C. 经销商品地区和期限　　D. 经销数量或金额

2. 寄售协议属于（　　）。

A. 委托代理合同　　B. 买卖合同　　C. 信托合同　　D. 其他性质合同

3. 下列贸易方式中，在原材料运进和成品运出时，实际所有权没有发生转移的是（　　）。

A. 补偿贸易　　B. 进料加工　　C. 来料加工　　D. 传统的商品买卖

4. 下列对独家经销和独家代理说法中，正确的是（　　）。

A. 经销中的当事人之间是买卖关系，代理人和委托人之间是委托代理关系

B. 独家经销商赚的是商业利润，代理人赚取的是佣金

C. 两者的专营权完全是一样的

D. 两者都是逐笔售定的国际贸易方式

5. 下列对招标业务的描述中，正确的有（　　）。

A. 招标业务双方当事人之间为买卖关系

B. 招标、投标属于竞卖、竞买性质

C. 招标业务中一般没有还盘环节

D. 在招标过程中，投标人一般处于被动地位

二、思考题

试分析独家代理与独家经销的区别。

第十章　电子商务在国际贸易中的运用

学习目标

1. 掌握电子商务的特征、类别和发展趋势。
2. 明确电子商务与国际贸易的结合情况。
3. 了解电子商务在我国对外贸易中的应用情况。

第一节　电子商务概述

一、电子商务的含义和特征

(一) 电子商务的含义

目前,国际上对电子商务的含义没有统一的认识,不同国际组织、学者对电子商务的认识有所不同。电子商务(electronic commerce)可分广义和狭义两类。广义的电子商务不仅包括借助计算机网络进行的网上交易活动,而且还包括通过网络进行各种商务活动。狭义的电子商务是指借助计算机网络进行的网上交易活动。

(二) 电子商务的特征

1. 普遍性

电子商务作为一种新型的交易方式,将生产企业、流通企业、消费者和政府带入了一个网络经济、数字化生存的新时代。

2. 方便性

在电子商务环境中,人们不再受地域的限制,能以非常简捷的方式完成过去较为繁杂的商务活动,如通过网络银行能够全天候地存取资金账户、查询信息等,同时使得企业对客户的服务质量可以大大提高。

3. 高效性

电子数据交换的标准化促使商业文件的传递与处理实现了瞬时化和自动化,极大地缩短了交易时间,提高了商务活动的效率,克服了传统贸易模式费用高、易出错、处理速度慢等缺点。

4. 整体性

电子商务能够规范事务处理的工作流程，将人工操作和电子信息处理集成为一个不可分割的整体，这样不仅能提高人力和物力的利用，也可以提高系统运行的严密性。

5. 安全性

在电子商务中，安全性是一个至关重要的核心问题，它要求网络能提供一种端到端的安全解决方案，如加密机制、签名机制、安全管理、存取控制、防火墙、防病毒保护等，这与传统的商务活动有着很大的不同。

6. 协调性

商务活动本身是一种协调过程，它需要客户与公司内部、生产商、批发商、零售商间的协调，在电子商务环境中，它更要求银行、配送中心、通讯部门、技术服务等多个部门的通力协作，往往电子商务的全过程是一气呵成的。

7. 成本低

电子商务依托互联网进行营销，不需要实体店铺和大量的促销、管理、服务人员，也不需要大量的库存，从而极大地降低了企业运营成本。

二、电子商务的类别

按照交易对象的不同，电子商务可以分为以下三种类型。

(一) 企业对消费者的电子商务

企业对消费者的电子商务(business to customer, B2C)是指企业和消费者之间利用互联网直接建立起经济关系，而不再依赖传统的渠道和零售模式的电子商务模式。随着互联网的飞速发展，目前企业对消费者的电子商务模式发展迅速，在因特网上有许多各种类型的商店和虚拟企业，提供各种与商品销售有关的服务。所提供的商品几乎涵盖所有实体和大部分非实体消费品，同时也产生了新型的依托互联网的服务性商品，如在线医疗诊断、远程教育等。许多零售、生产企业也纷纷建立起自己的B2C平台，通过互联网直接面向终端消费者提供产品。

(二) 企业对企业的电子商务

企业对企业的电子商务(business to business, B2B)是指企业之间直接通过互联网建立起无形市场平台交换信息和交易商品的电子商务模式。电子商务依托互联网建立起来的无形市场以极小的成本汇集了众多企业的供给、需求和价格信息，加快商业信息传播的速度，拓宽了商业信息传播的广度，使企业可以更加方便快捷地掌握市场信息，更容易以最低的成本找到最佳的合作伙伴，比如，使卖家可以迅速找到更多买家的需求信息和同行业其他卖家的供给信息，扩大产品的销售量；使买家可以以较低的成本接触到数量最多的卖家来进行谈判，并以最好的价格成交，节约采购成本。同时，企业之间交易的全过程都可以通过电子商务完成，包括向供应商订货、签约、接收发票和信用证、托收等方式的付款，以及在国际贸易中发生问题的处理，如索赔、商品发运管理和运输跟踪等。

(三) 企业对政府的电子商务

企业对政府的电子商务(business to government, B2G)涵盖范围比较广泛,包括政府电子化采购、电子税收、电子商检、电子工商行政管理系统、中小企业电子服务等。政府在这种电子商务模式中扮演两种角色:一是使用电子商务进行购买活动,属于商业行为;二是政府通过网络对企业的行政事务实施管理,如进出口配额许可证的网上颁发,在网上进行税务登记、申报、海关报关手续的网上办理以及网上结汇等。

三、电子商务的发展现状和趋势

(一) 电子商务的发展现状

1. 电子商务是一种新的商业模式趋势

自20世纪末期电子商务刚刚出现开始,至现在十几年时间里,电子商务在全球商业领域已经取得了飞速的发展,成为一种新的商业模式趋势。从企业的角度来看,越来越多的企业加入电子商务的行列以寻求新的商业利润增长点;从消费者角度来看,电子商务的便利性、高效性极受欢迎,几乎已经达到网络普及的地方即有电子商务。

2. 电子商务覆盖的商品范围极为广泛

目前,电子商务提供的市场平台上几乎可以交易所有实体的和非实体的消费品和工业产品,电子商务已经和传统的有形市场一样渗透到了各个商业领域,覆盖了大多数的商品。

3. 电子商务已形成全球化市场

电子商务突破了有形市场的区域限制,使交易的发生不再受地理位置的束缚,远隔万里的企业之间或企业和消费者之间可以通过 B2B 或 B2C 市场进行商谈、达成交易、结算货款和进行货物运输跟踪。同时,大量的跨国 B2B、B2C 电子商务运营公司不断涌现,也使得电子商务全球化市场逐步形成。

4. 电子商务区域发展不平衡

电子商务由于完全依赖互联网建立,所以在互联网发展比较健全完善的国家和地区发展较快,而互联网建设相对落后的地区电子商务尚待发展。比如,美国是世界最早发展电子商务的国家,同时也是电子商务发展最为成熟的国家,一直引领全球电子商务的发展,是全球电子商务的成熟发达地区;欧盟电子商务的发展起步较美国晚,但发展速度快,成为全球电子商务较为领先的地区;亚洲作为电子商务发展的新兴市场,市场潜力较大,是全球电子商务的持续发展地区。

(二) 电子商务发展趋势

1. 全球化发展趋势

伴随着经济全球化发展趋势,国家或地区之间的合作将会更加紧密,电子商务由于其高效率、低成本的优点,将会推动经济全球化的进程,并伴随着经济全球化的趋势得到更为广泛的发展。

2. 服务领域将更为广泛

电子商务已经覆盖到了经济活动的各个领域，包括政府、企业、个人、国内贸易、国际贸易、制造业、服务业、金融业等，电子商务已成为经济活动不可或缺的一部分，伴随着经济发展的需要，电子商务将服务于更多、更广泛的领域。

3. 行业细分发展趋势

初期的电子商务主要是一种综合性的虚拟商品交易平台，综合了各行各业的多种商品，在电子商务参与者还不多的情况下满足了人们对信息和交易的需求。目前，越来越多的企业和消费者参与电子商务的领域，就对电子商务满足不同企业和消费者需求的能力有了更高的要求，行业细分能够为行业内用户提供更为专业和贴切的服务，因而行业市场细分成为电子商务发展的趋势。

4. 电子商务的安全、诚信、立法问题将逐步完善

电子商务的飞速发展也伴随着一些问题，如网上交易的安全问题、电子合同的法律有效性问题和网络诚信问题等，为解决这些问题，促进电子商务发展，相关法律、法规也都在逐步完善。

第二节　电子商务与国际贸易

一、电子商务与国际贸易概述

传统国际贸易活动的每一笔交易都要涉及卖方、买方、银行、运输、税务、海关、商检等部门，环节众多，业务运作过程十分复杂，效率低，周期长。电子商务能够通过互联网把交易涉及的各方连成一体，把其中部分或全部的业务过程转移到网络交易平台上，因而相比传统贸易具有优势。电子商务在国际贸易中主要有以下几方面功能。

（一）寻找贸易伙伴

企业可以通过互联网向全球市场发布信息和产品广告；可以通过建立自己的网站或借助有关国际贸易电子商务平台，向全球范围内的潜在客户提供有关产品和服务的信息和在线目录，吸引相关客户咨询洽谈贸易。企业也可以主动在网络上搜集各种经贸信息，在全球范围内寻找理想的贸易伙伴和更多的商机。

（二）贸易磋商

在电子商务方式下，买卖双方可以借助网络来了解市场和商品信息，通过电子邮件、即时通信工具等来洽谈交易或事项。

（三）电子合同、网上订购与支付

电子商务借助网站中的邮件交互传递网上的订购，通过签订电子合同的方式达成交易，并可以通过网上银行和信用卡公司的参与实现网上支付。

（四）贸易活动的管理

国际贸易的业务活动涉及海关、质检、金融、保险、运输等多个职能和配套服务部门，对

国际贸易过程的管理包括有关市场法规、税务证管、报关、交易纠纷仲裁等多个环节。电子商务可以使上述国际贸易的交易管理做到无纸化、网络化，使从事进出口业务的企业可直接通过网络办理与银行、保险、税务、运输等方面有关的电子票据和电子单证，完成部分或全部的结算和索赔工作，极大地节省了交易过程的时间和各项费用。

二、电子商务与 EDI

电子数据交换(electronic data interchange, EDI)是一种在公司之间传输订单、发票等作业文件的电子化手段。它通过计算机通信网络将贸易、运输、保险、银行和海关等行业信息，用一种国际公认的标准格式，实现各有关部门或公司与企业之间的数据交换与处理，并完成以贸易为中心的全部过程，它是 20 世纪 80 年代发展起来的一种新颖的电子化贸易工具，是计算机、通信和现代管理技术相结合的产物。由于使用 EDI 可以减少甚至消除贸易过程中的纸质文件，因此 EDI 又被人们通俗地称为无纸贸易。

作为电子商务基础的 EDI，是基于增值网的、成熟的、适合企业到企业(B2B)的电子商务方式和技术，已成为电子商务的核心技术，并成为企业实施电子商务的重要手段之一。EDI 方式的电子商务，其特征是数据交换通过网络来实现，即电子商务中各种标准格式的贸易单证、文件等的传送都是由 EDI 通过增值网或因特网来完成的。由于增值网与因特网地域分布的广泛性和 EDI 数据格式的规范性，这些都将大大促进电子商务的发展。

EDI 虽然与电子商务存在着相辅相成的关系，但 EDI 与电子商务还是存在一定的区别，这主要体现在以下几个方面。

1. 两者是两个不同范畴的概念

EDI 是将商业或行政事务处理按照一个公认的标准，形成具有一定格式的事务处理与消息报文，并采用计算机到计算机的数据传输方法，它是一种技术、方法和手段；而电子商务是以计算机网络为基础，包括了从销售、市场到信息管理的全过程，任何能利用计算机网络加快商务处理过程、减少商业成本、创造商业价值、开拓商业机会的商务活动都可以纳入电子商务的范畴。

2. 两者建立的技术基础不同

EDI 主要建立在企业与企业间的专用网上，只是目前正在向因特网上转移；而电子商务主要是基于因特网的一种贸易方式。

3. 两者功能不同

EDI 注重数据结构的标准化，以实现业务处理的自动化和信息从计算机到计算机的传输；而电子商务注重全局性的经济活动，重视经济活动的电子化和网络化，是信息化社会的商务模式和未来。

4. 两者应用的范围不同

EDI 的应用范围一般是在企业与企业之间，特别是在具有贸易合作伙伴关系的企业之间；而电子商务的应用范围则要广泛得多，它具有企业对企业、企业对个人、企业对政府等多种应用模式。

三、电子营销

(一) 电子营销的含义

电子营销(electronic marketing)又称网络营销,是以互联网络为媒体,以新的方式、方法和理念,通过一系列网络营销策划,制定和实施营销活动,更有效地促成个人和组织交易活动实现的新型营销模式。它是企业整体营销战略的一个组成部分,是为实现企业总体或者部分经营目标所进行的,以互联网为基本手段营造网上经营环境的各种活动。

(二) 电子营销与电子商务的关系

(1) 电子营销与电子商务研究的范围不同。电子商务的内涵很广,核心是电子化交易,电子营销注重的是以互联网为主要手段的营销活动。电子营销和电子商务的这种关系也表明,发生在电子交易过程中的网上支付和交易之后的商品配送等问题并不是网络营销所能包含的内容,同样,电子商务体系中涉及的安全、法律等问题也不适合全部包括在网络营销中。

(2) 电子营销与电子商务的关注重点不同。电子营销的重点在交易前阶段的宣传和推广,电子商务的标志之一则是实现了电子化交易。电子商务中的一个重要环节,尤其在交易发生之前,电子营销发挥着主要的信息传递作用。从这种意义上说,电子商务可以被看作是网络营销的高级阶段,一个企业在没有完全开展电子商务之前,同样可以开展不同层次的电子营销活动。

(3) 电子商务与电子营销实际上又是密切联系的,电子营销是电子商务的组成部分,实现电子商务一定是以开展电子营销为前提。

四、电子合同

(一) 电子合同的含义

电子合同是双方或多方当事人之间通过电子信息网络以电子文件的形式达成的设立、变更、终止财产性民事权利和义务关系的协议。通过上述定义可以看出,电子合同是以电子文件的方式订立的合同,其主要是指在网络条件下当事人为了实现一定的目的,通过数据电文、电子邮件等形式签订的明确双方权利和义务关系的一种电子协议。

(二) 电子合同的特征

1. 电子合同是一种民事法律行为

电子合同这种民事法律行为是双方或者是多方民事主体的法律行为,当事人之间以电子的方式设立、变更、终止财产性民事权利和义务为目的,当事人之间签订的这种合同是合同的电子化,是合同的新形式。根据《电子商务示范法》中有关规定,电子合同是以财产性为目的的协议,该示范法列举了大量商业性质的关系。

2. 交易主体的虚拟化和广泛化

电子合同订立的整个过程所采用的是电子形式,通过电子邮件、EDI 等方式进行电子合同的谈判、签订及履行等。这种合同方式大大地节约了交易成本,提高了经济效益。电子合同的交易主体可以是地球村的任何自然人和法人及其相关组织，这种交易方式当然需要提供一系列的配套措施，如建立信用制度，让交易的相对人在交易前知道对方的资信状况，在世界经济全球化的今天，信用权益必将成为一种无形的财产。

3. 技术化、标准化

电子合同是通过计算机网络进行的，它有别于传统的合同订立方式，电子合同的整个交易过程都需要一系列的国际、国内技术标准予以规范，如电子签名、电子认证等。这些具体的标准是电子合同存在的基础，如果没有相关的技术与标准，电子合同是无法实现和存在的。

4. 合同订立的电子化

我国《合同法》规定，合同的订立需要有要约和承诺这两个过程，电子合同同样也需要具备这些要件。传统的合同的要约和承诺采用的方式不同于电子合同，电子合同中的要约和承诺均可以用电子的形式完成，只要输入相关的信息符合预先设定的程序，计算机就可以自动作出相应的意思表示。

5. 电子合同中的意思表示电子化

意思表示电子化是指在合同订立的过程中，通过相关的电子方式表达自己的意愿的一种行为，这种行为的表现方式是通过电子化形式实现的。《电子商务示范法》中将电子化意思表示为数据电文。

（三）电子合同成立的时间和地点

电子合同的成立时间是指电子合同开始对当事人产生法律约束力的时间。电子合同生效的时间关系到买卖双方开始承担责任、义务和行使权利的时间。在一般情况下，电子合同的成立时间就是电子合同的生效时间，合同成立的时间是对双方当事人产生法律效力的时间。一般认为，收件人收到数据电文的时间即为电子合同到达生效的时间。如收件人为接收数据电文而指定了某一信息系统，该数据系统进入该特定系统的时间，视为收到时间。如收件人没有指定某一特定信息系统的，则数据电文进入收件人的任一信息系统的时间为收到时间。所谓进入，是指一项数据电文进入某一信息系统，其时间应是在该信息系统内可投入处理的时间，而不管收件人是否检查或者是否阅读传送的信息内容。

电子合同的成立地点是指电子合同成立的地方。确定电子合同成立的地点涉及发生合同纠纷后由哪一个地方、哪一级法院管辖及其适用法律问题。我国《合同法》第 34 条规定，承诺生效的地点为合同成立的地点，采用电子意思表示形式订立合同的收件人的主要营业地为合同成立的地点，没有主要营业地的，其经常居住地为合同成立的地点，当事人另有约定的从其约定。

第三节　电子商务在我国对外贸易中的运用

一、我国电子商务的发展情况

电子商务作为互联网应用发展的趋势，在我国互联网迅速普及的背景下得到了飞快的发展。

(一) 电子商务在我国对外贸易的诸多环节应用广泛

电子商务在我国对外贸易的诸多环节应用广泛,如出口企业通过电子商务进行电子营销、贸易谈判、签订合同、货款收付和相关贸易单据的处理等。

(二) 电子商务对我国国际贸易促进作用巨大

电子商务强大的信息发布功能使我国丰富的产品信息可以充分地展现给世界各国的采购商,增加了贸易机会。

(三) 电子商务使我国在国际贸易中与世界的联系更加紧密

电子商务市场在我国对外贸易中的繁荣发展,不仅使我国越来越多的企业从传统贸易方式向电子商务方式转变,而且也吸引了世界各国的贸易商不断加入,从而使我国与世界各国的贸易关系更加紧密。

(四) 与电子商务相关的法律有待完善

电子商务作为新兴商业模式,与其相关的法律法规尚不健全,如电子合同、电子单据、电子签名的法律效力等问题在法律上还没有得到充分全面的肯定,电子数据的安全问题也亟待解决。

二、电子商务在我国对外贸易中的运用

(一) 电子商务在进出口贸易中的应用

电子商务在进出口贸易中的应用主要包括交易前的准备、贸易磋商、签订合同与办理手续、货款支付几方面。

1. 交易前的准备

通过电子商务平台,供给方通过网络发布产品供应信息,需求方通过网络发布产品需求信息,双方共同实现商品信息的供求满足。

2. 贸易磋商

买卖双方通过电子商务 B2B 平台互相了解,询盘、发盘、还盘、接受都可以通过网络完成。

3. 签订合同与办理手续

交易达成后,关于交易商品的种类、数量、质量、包装、价格、交货期、交易方式、运输方式、违约和索赔条款等合同条款全部以电子合同的形式作出全面详细的规定,并通过认证机构获得密钥进行加密,如利用电子(或数字)签名、电子(或数字)日期确保文件的真实性和完整性。

4. 货款支付

在国际贸易中,货款的支付也可以通过电子商务完成,目前,各大银行都提供电子信用证服务,这种信用证不再是物理的单证,不仅在形式上发生了变化,而且传输利用电子数据方式,大大缩短了传统信用证的通知时间,便利了企业备货和履行合同。

（二）电子商务在国际运输中的应用

电子商务的运用也使国际运输产生了一些新变化，在 EDI 普及的情况下，国际贸易运输不再是单一方式的运输，而必须将仓储、运输、交通等密切结合起来，形成电子商务下的国际贸易综合物流。通过 EDI 对整个国际贸易运输过程进行管理，可以经济使用运输资源、减少贸易运输空间、降低运输成本、缩短运输时间，提高综合物流每一个环节的效率和服务水平。

（三）电子商务在进出口商品检验中的应用

商品检验是国际贸易业务的一个重要环节，商检过程中会涉及各种单据、信息的频繁交换和传递，而且传递时间长、手续复杂。EDI 的使用则可以克服传统纸质单据的诸多不足，它大大缩短了单据和信息处理的时间，极大地提高了单证准确率和单证处理效率。EDI 在商检中主要用来实现以 EDI 方式申报原产地证明书和办理 EDI 报检报验。

目前，EDI 在我国商检实践中主要是用于电子报检。电子报检是指报检人使用报检软件，通过检验检疫电子业务服务平台，将报检数据以电子方式传输给检验检疫机构，经检验检疫业务管理系统和检务人员处理后，将受理报检信息反馈报检人，实现远程办理出入境检验检疫报检的行为。目前，能够进行电子报检的业务包括出境货物报检、入境货物报检、产地证书报检和出境包装报检等。

（四）电子商务在海关监管中的应用

海关报关系统以互联网为基础，采用 EDI 服务，使广大进出口企业可以在企业电脑终端按照一定的格式向海关递交进出口货物的报关单，来料加工企业可以直接向主管海关申报来料加工合同、来料和出口成品的货物清单。同时，海关也利用电子化的报关手段加强管理，解决海关业务在安全和效率上的问题。

本章小结

本章主要介绍了电子商务以及电子商务在国际贸易中的实践和应用，作为一种新的贸易方式，电子商务具有诸多传统贸易无法比拟的优势，企业要充分利用电子商务来开拓国际市场。同时，由于电子商务还处于初步发展阶段，相关的法律法规还不健全，企业在参与电子商务时要注意到这一点并规避风险。

思考与练习

一、选择题

1. 下列对电子商务特征的描述中，错误的是（　　）。

A. 电子商务的方便性是指在电子商务环境中，人们不再受地域的限制，能以非常简捷的方式完成过去较为繁杂的商务活动

B. 电子商务的安全性是指电子商务目前已经彻底解决了交易的安全性问题

C. 电子商务的协调性是指电子商务可以一气呵成地将交易所涉及的各个公司或部门紧密地连接起来

D. 电子商务的低成本特征是指电子商务不需要实体店铺和投入大量的人员，降低了商业成本

2. 目前，电子商务的类别主要有(　　)。

A. B2B　　B. B2C　　C. C2B　　D. B2G

3. 目前，制约国际贸易全面在互联网上进行的主要因素是(　　)。

A. 交易各方不够信任　　B. 安全有待进一步加强

C. 国际网络不稳定　　D. 计算机普及程度太低

4. 下列情况中，当事人不能以非其真实意思表示为由，对合同成立的效力提出抗辩的是(　　)。

A. 卖方存在诈欺行为　　B. 通过电子商务系统订立电子合同

C. 卖方以胁迫手段订立合同　　D. 在对买方根本不利情况下订立合同

5. 电子商务在国际贸易中的(　　)等方面有所应用。

A. 商务谈判　　B. 进出口报关

C. 国际货物运输　　D. 索赔和仲裁

二、思考题

试分析电子商务与EDI的区别。

专业词汇索引

贸易术语　trade term/1
价格术语　price term/1
船上交货　free on board，FOB/3
工厂交货　ex works，EXW/4
货交承运人　free carrier，FCA/4
装运港船边交货　free alongside ship，FAS/4
成本加运费　cost and freight，C&F/4
成本加保险费、运费　cost，insurance and freight，CIF/4
运费付至　carriage paid to，CPT/4
运费、保险费付至　cost and insurance paid to，CIP/4
边境交货　delivered at frontier，DAF/4
目的港船上交货　delivered ex ship，DES/4
目的港码头交货　delivered ex quay，DEQ/4
未完税交货　delivered duty unpaid，DDU/4
完税交货　delivered duty paid，DDP/4
电子数据交换　electronic data interchange，EDI/5
空仓费　dead freight/5
滞期费　demurrage/5
象征性交货　symbolic delivery/9
实际交货　physical delivery/9
含佣价　price including commission/22
净价　net price/22
佣金　commission/23
折扣　discount/24
计价货币　money of account/25
支付货币　money of payment/25
商品的名称　name of product/30
商品的品质　quality of product/32
凭样品买卖　sale by sample/34
确认样　confirming sample/34
凭规格买卖　sale by specification/34
凭等级买卖　sale by grade/34
良好平均品质　fair average quality，F. A. Q. /35

凭说明书和图样买卖　sale by descriptions and illustrations/35
品质公差　quality tolerance/36
毛重　gross weight/38
净重　net weight/38
皮重　tare/38
公量计重　conditioned weight/38
溢短装条款　more or less clause/39
约量条款　about clause/39
运输包装　shipping package/41
运输标志,唛头　shipping mark/41
指示性标志　indicating mark/42
警告性标志　warning mark/42
销售包装　selling package/42
UPC码　universal product code/43
EAN条码　europe article number/43
中性包装　neutral package/43
海洋运输　ocean transport/44
班轮运输　liner transport/44
重量吨　weight ton/47
尺码吨　measurement ton/47
大副收据　mate's receipt/49
租船运输　charter transport/50
定期租船　time charter/50
定程租船　voyage charter/50
速遣费　dispatch/51
铁路运输　rail transport/51
航空运输　air transport/52
班机运输　airliner transport/52
包机运输　chartered carrier transport/52
集中托运　consolidation transport/52
航空快递　air express service/52
邮包运输　parcel post transport/53
集装箱运输　container transport/53
整箱货　full container load, FCL/53
集装箱堆场　container yard, CY/54
拼箱货　less than container load, LCL/54
集装箱货运站　container freight station, CFS/54
拼箱和装箱　stuffing, vanning/54
拆箱　unstuffing, devantting/54
FAK包箱费率　freight for all kinds/55
FCS包箱费率　freight for class/55

国际多式联运　international multimodel transport，international combined transport / 55
陆桥运输　land bridge transport / 55
O. C. P. 运输　overland common points / 56
海运提单　bill of lading，B / L / 57
承运人　carrier / 57
托运人　shipper / 57
收货人　consignee / 57
被通知人　notify party / 57
装货港　port of loading / 57
卸货港　port of discharge / 57
电放　telex release / 61
到货通知　notice of arrival / 63
不可转让海运单　nonnegotiable sea waybill / 64
多式联运单据　multimodel transport document，MTD / 64
航空运单　air waybill / 65
邮包收据　parcel post receipt / 66
装运时间　time of shipment / 66
装运港　port of shipment / 67
目的港　port of destination / 67
分批装运　partial shipment / 68
转运　transhipment / 69
海上风险　perils of sea / 71
自然灾害　natural calamities / 71
意外事故　fortuitous accidents / 72
外来风险　extraneous risks / 72
一般外来风险　general extraneous risks / 72
特殊外来风险　special extraneous risks / 72
海上损失　ocean losses / 72
全部损失　total loss / 72
实际全损　actual total loss / 72
推定全损　constructive total loss / 73
委付通知　notice of abandonment / 73
部分损失　partial loss / 73
共同海损　general average / 73
单独海损　particular average / 74
中国保险条款　china insurance clauses，CIC / 75
平安险　free from particular average，FPA / 75
水渍险　with particular average，WA or WPA / 76
一切险　all risks / 76
海洋运输冷藏货物保险　ocean marine insurance — frozen products / 77
一般附加险　general additional risk / 78

特殊附加险　special additional risk/79
战争险　war risk/79
罢工险　strikes risk/79
陆运险　overland transportation risk/80
陆运一切险　overland transportation all risks/80
陆上运输冷藏货物险　overland transportation insurance — frozen products/81
陆上运输货物战争险(火车)　overland transportation cargo war risks by train/81
航空运输险　air transportation risks/81
航空运输一切险　air transportation all risks/82
航空运输货物战争险　air transportation war risks/82
邮包险　parcel post risks/82
邮包一切险　parcel post all risks/82
邮包战争险　parcel war risks/83
保险金额　insurance amount/86
保险单　insurance policy/87
保险凭证　insurance certificate/87
联合凭证　combined certificate/87
预约保险单　open policy/87
暂保单　binder cover note/88
汇票　bill of exchange, draft, bill/90
银行汇票　banker's draft/91
商业汇票　commercial draft/91
光票　clean bill/91
跟单汇票　documentary bill/91
即期汇票　sight draft/91
远期汇票　time bill, usance bill/91
商业承兑汇票　trader's acceptance bill/91
银行承兑汇票　banker's acceptance bill/92
出票　issue/92
提示　presentation/92
持票人　holder/92
承兑　acceptance/92
付款　payment/93
背书　endorsement/93
贴现　discount/93
拒付　dishonor/93
追索　recourse/93
不受追索　without recourse/93
本票　promissory note/94
支票　check, cheque/94
汇付　remittance/96

汇款人　remitter/96
收款人　payee/96
汇出行　remitting bank/96
汇入行　paying bank/96
电汇　telegraphic transfer，T/T/96
信汇　mail transfer，M/T/97
票汇　remittance by bankers' demand draft，D/D/97
预付货款　T/T in advance/97
货到付款　T/T after arrival of goods/98
金融单据　financial document/98
商业单据　commercial document/98
托收统一惯例　uniform rules for collection/99
国际商会第522号出版物　ICC publication No. 522/99
委托人　principal/99
出票人　drawer/99
付款人　payer，drawee/99
托收行　remitting bank/99
代收行　collecting bank/99
提示行　presenting bank/99
需要时的代理　principal's representative in-case-of-need/99
光票托收　clean collecting/99
跟单托收　documentary collecting/99
付款交单　documents against payment，D/P/99
信托收据　trust receipt/100
承兑交单　documents against acceptance，D/A/101
信用证　letter of credit，L/C/102
开证申请人　applicant/103
开证行　opening bank，issuing bank/103
通知行　advising bank，noticing bank/103
受益人　beneficiary/103
议付行　negotiating bank/103
付款行　paying bank/104
保兑行　confirming bank/104
偿付行　reimbursement bank/104
跟单信用证　documentary credit/107
议付信用证　negotiation letter of credit/111
不符点　discrepancy/112
软条款　soft clause/112
陷阱条款　pitfall clause/112
银行保函　banker's letter of guarantee，L/G/113
备用信用证　stand by letter of credit/116

国际保付代理　international factoring/116
赊销　open account，O/A/116
商品检验　commodity inspection/128
检验证书　inspection certificate/131
品质检验证书　inspection certificate of quality/132
重量或数量检验证书　inspection certificate of weight or quantity/132
包装检验证书　inspection certificate of packing/132
兽医检验证书　veterinary inspection certificate/132
卫生检验证书　sanitary inspection certificate/132
消毒检验证书　inspection certificate of disinfection/132
熏蒸证书　inspection certificate of fumigation/132
残损检验证书　inspection certificate on damaged cargo/132
价值证明书　certificate of value/132
争议　disputes/133
索赔　claim/133
理赔　settlement of claim/133
异议与索赔条款　discrepancy and claim clause/134
罚金条款　penalty clause/134
不可抗力　force majeure，or act of god/134
仲裁　arbitration/136
普遍优惠制　generalized system of preferences，GSP/151
普惠制原产地证书格式 A　GSP certificate of origin FORM A/151
询盘　enquiry/164
发盘　offer/164
售货发盘　sell offer/164
购货发盘　buy offer/164
递盘　bid/164
发盘人　offeror/164
受盘人　offeree/164
撤回　withdrawal/164
撤销　revocation/164
发盘的终止　termination of offer/165
还盘　counter offer/166
接受　acceptance/166
合同　contract/169
确认书　confirmation/169
协议　agreement/169
备忘录　memorandum/169
订单　bill/169
售货合同　sales contract/169
销售确认书　sales confirmation/169

装运期　time of shipment/175
最迟装运日　latest date for shipment/175
到期日　expiry date/175
交单期　date for presentation of documents/175
托运单　booking note，B/N/177
装货单　shipping order，S/O/177
大副收据　mate's receipt/177
场站收据　dock receipt/178
装运通知　shipping advice/178
出票条款　drawn clause/179
商业发票　commercial invoice/179
装箱单　packing list or packing specification/180
装货单　shipping order/180
原产地证书　certificate of origin/180
普惠制单据　generalized system of preferences certificate/180
贷记通知书　credit note/181
经销　distributorship/188
独家经销　exclusive distributorship/188
独家经销协议　exclusive sales agreement/189
代理　agency/190
一般代理　agent/191
佣金代理　commission agent/191
独家代理　exclusive agent/191
总代理　general agent/191
招标　invitation to tender/192
投标　submission of tender/192
寄售　consignment/194
拍卖　auction/196
期货交易　future trade/197
套期保值　hedging/199
进料加工　processing with imported materials/199
来料加工　processing with customer's materials/200
来件装配　assembling with customer's parts/200
对销贸易　counter trade/202
补偿贸易　compensation trade/203
电子商务　electronic commerce/206
企业对消费者的电子商务　business to customer，B2C/207
企业对企业的电子商务　business to business，B2B/207
企业对政府的电子商务　business to government，B2G/208
电子营销　electronic marketing/211

联合国国际货物销售合同公约

（1980年4月11日订于维也纳）

本公约各缔约国，铭记联合国大会第六届特别会议通过的关于建立新的国际经济秩序的各项决议的广泛目标，考虑到在平等互利基础上发展国际贸易是促进各国间友好关系的一个重要因素，认为采用照顾到不同的社会、经济和法律制度的国际货物销售合同统一规则，将有助于减少国际贸易的法律障碍，促进国际贸易的发展，兹协议如下：

第一部分　适用范围和总则

第一章　适用范围

第一条

(1) 本公约适用于营业地在不同国家的当事人之间所订立的货物销售合同：

(a) 如果这些国家是缔约国；或

(b) 如果国际私法规则导致适用某一缔约国的法律。

(2) 当事人营业地在不同国家的事实，如果从合同或从订立合同前任何时候或订立合同时，当事人之间的任何交易或当事人透露的情报均看不出，应不予考虑。

(3) 在确定本公约的适用时，当事人的国籍和当事人或合同的民事或商业性质，应不予考虑。

第二条

本公约不适用于以下的销售：

(a) 购供私人、家人或家庭使用的货物的销售，除非卖方在订立合同前任何时候或订立合同时不知道而且没有理由知道这些货物是购供任何这种使用；

(b) 经由拍卖的销售；

(c) 根据法律执行令状或其他令状的销售；

(d) 公债、股票、投资证券、流通票据或货币的销售；

(e) 船舶、船只、气垫船或飞机的销售；

(f) 电力的销售。

第三条

(1) 供应尚待制造或生产的货物的合同应视为销售合同，除非订购货物的当事人保证供应这种制造或生产所需的大部分重要材料。

(2) 本公约不适用于供应货物一方的绝大部分义务在于供应劳力或其他服务的

合同。

第四条

本公约只适用于销售合同的订立和卖方及买方因此种合同而产生的权利和义务。特别是,本公约除非另有明文规定,与以下事项无关:

(a) 合同的效力,或其任何条款的效力,或任何惯例的效力;

(b) 合同对所售货物所有权可能产生的影响。

第五条

本公约不适用于卖方对于货物对任何人所造成的死亡或伤害的责任。

第六条

双方当事人可以不适用本公约,或在第十二条的条件下,减损本公约的任何规定或改变其效力。

第二章　总则

第七条

(1) 在解释本公约时,应考虑到本公约的国际性质和促进其适用的统一以及在国际贸易上遵守诚信的需要。

(2) 凡本公约未明确解决的属于本公约范围的问题,应按照本公约所依据的一般原则来解决,在没有一般原则的情况下,则应按照国际私法规定适用的法律来解决。

第八条

(1) 为本公约的目的,一方当事人所作的声明和其他行为,应依照他的意旨解释,如果另一方当事人已知道或者不可能不知道此一意旨。

(2) 如果上一款的规定不适用,当事人所作的声明和其他行为,应按照一个与另一方当事人同等资格、通情达理的人处于相同情况中,应有的理解来解释。

(3) 在确定一方当事人的意旨或一个通情达理的人应有的理解时,应适当地考虑到与事实有关的一切情况,包括谈判情形、当事人之间确立的任何习惯作法、惯例和当事人其后的任何行为。

第九条

(1) 双方当事人业已同意的任何惯例和他们之间确立的任何习惯做法,对双方当事人均有约束力。

(2) 除非另有协议,双方当事人应视为已默示地同意对他们的合同或合同的订立适用双方当事人已知道或理应知道的惯例,而这种惯例,在国际贸易上,已为有关特定贸易所涉同类合同的当事人所广泛知道并为他们所经常遵守。

第十条

为本公约的目的:

(a) 如果当事人有一个以上的营业地,则以与合同及合同的履行关系最密切的营业地为其营业地,但要考虑到双方当事人在订立合同前任何时候或订立合同时所知道或所设想的情况;

(b) 如果当事人没有营业地,则以其惯常居住地为准。

第十一条

销售合同无须以书面订立或书面证明，在形式方面也不受任何其他条件的限制。销售合同可以用包括人证在内的任何方法证明。

第十二条

本公约第十一条、第二十九条或第二部分准许销售合同或其更改或根据协议终止，或者任何发价、接受或其他意旨表示得以书面以外任何形式作出的任何规定不适用，如果任何一方当事人的营业地是在已按照本公约第九十六条作出了声明的一个缔约国内，各当事人不得减损本条或改变其效力。

第十三条

为本公约的目的，"书面"包括电报和电传。

第二部分　合同的订立

第十四条

(1) 向一个或一个以上特定的人提出的订立合同的建议，如果十分确定并且表明发价人在得到接受时承受约束的意旨，即构成发价。一个建议如果写明货物并且明示或暗示地规定数量和价格或规定如何确定数量和价格，即为十分确定。

(2) 非向一个或一个以上特定的人提出的建议，仅应视为邀请作出发价，除非提出建议的人明确地表示相反的意向。

第十五条

(1) 发价于送达被发价人时生效。

(2) 一项发价，即使是不可撤销的，得予撤回，如果撤回通知于发价送达被发价人之前或同时，送达被发价人。

第十六条

(1) 在未订立合同之前，发价得予撤销，如果撤销通知于被发价人发出接受通知之前送达被发价人。

(2) 但在下列情况下，发价不得撤销：

(a) 发价写明接受发价的期限或以其他方式表示发价是不可撤销的；或

(b) 被发价人有理由信赖该项发价是不可撤销的，而且被发价人已本着对该项发价的信赖行事。

第十七条

一项发价，即使是不可撤销的，于拒绝通知送达发价人时终止。

第十八条

(1) 被发价人声明或作出其他行为表示同意一项发价，即是接受，缄默或不行动本身不等于接受。

(2) 接受发价于表示同意的通知送达发价人时生效。如果表示同意的通知在发价人所规定的时间内，如未规定时间，在一段合理的时间内，未曾送达发价人，接受就成为无效，但须适当地考虑到交易的情况，包括发价人所使用的通讯方法的迅速程序。对口头发价必须立即接受，但情况有别者不在此限。

(3) 但是,如果根据该项发价或依照当事人之间确立的习惯作法和惯例,被发价人可以作出某种行为,例如与发运货物或支付价款有关的行为,来表示同意,而无须向发价人发出通知,则接受于该项行为作出时生效,但该项行为必须在上一款所规定的期间内作出。

第十九条

(1) 对发价表示接受但载有添加、限制或其他更改的答复,即为拒绝该项发价,并构成还价。

(2) 但是,对发价表示接受但载有添加或不同条件的答复,如所载的添加或不同条件在实质上并不变更该项发价的条件,除发价人在不过分迟延的期间内以口头或书面通知反对其间的差异外,仍构成接受。如果发价人不作出这种反对,合同的条件就以该项发价的条件以及接受通知内所载的更改为准。

(3) 有关货物价格、付款、货物质量和数量、交货地点和时间、一方当事人对另一方当事人的赔偿责任范围或解决争端等的添加或不同条件,均视为在实质上变更发价的条件。

第二十条

(1) 发价人在电报或信件内规定的接受期间,从电报交发时刻或信上载明的发信日期起算,如信上未载明发信日期,则从信封上所载日期起算。发价人以电话、电传或其他快速通讯方法规定的接受期间,从发价送达被发价人时起算。

(2) 在计算接受期间时,接受期间内的正式假日或非营业日应计算在内。但是,如果接受通知在接受期间的最后1天未能送到发价人地址,因为那天在发价人营业地是正式假日或非营业日,则接受期间应顺延至下一个营业日。

第二十一条

(1)逾期接受仍有接受的效力,如果发价人毫不迟延地用口头或书面将此种意见通知被发价人。

(2) 如果载有逾期接受的信件或其他书面文件表明,它是在传递正常、能及时送达发价人的情况下寄发的,则该项逾期接受具有接受的效力,除非发价人毫不迟延地用口头或书面通知被发价人:他认为他的发价已经失效。

第二十二条

接受得予撤回,如果撤回通知于接受原应生效之前或同时,送达发价人。

第二十三条

合同于按照本公约规定对发价的接受生效时订立。

第二十四条

为公约本部分的目的,发价、接受声明或任何其他意旨表示“送达”对方,系指用口头通知对方或通过任何其他方法送交对方本人,或其营业地或通讯地址,如无营业地或通讯地址,则送交对方惯常居住地。

第三部分　货物销售

第一章　总则

第二十五条

一方当事人违反合同的结果,如使另一方当事人蒙受损害,以至于实际上剥夺了他根据合同规定有权期待得到的东西，即为根本违反合同，除非违反合同一方并不预知而且一个同等资格、通情达理的人处于相同情况中也没有理由预知会发生这种结果。

第二十六条

宣告合同无效的声明，必须向另一方当事人发出通知，方始有效。

第二十七条

除非公约本部分另有明文规定，当事人按照本部分的规定，以适合情况的方法发出任何通知、要求或其他通知后，这种通知如在传递上发生耽搁或错误，或者未能到达，并不使该当事人丧失依靠该项通知的权利。

第二十八条

如果按照本公约的规定，一方当事人有权要求另一方当事人履行某一义务，法院没有义务作出判决，要求具体履行此一义务，除非法院依照其本身的法律对不属本公约范围的类似销售合同愿意这样做。

第二十九条

(1) 合同只需双方当事人协议，就可更改或终止。

(2) 规定任何更改或根据协议终止必须以书面作出的书面合同，不得以任何其他方式更改或根据协议终止。但是，一方当事人的行为，如经另一方当事人寄以信赖，就不得坚持此项规定。

第二章　卖方的义务

第三十条

卖方必须按照合同和本公约的规定，交付货物，移交一切与货物有关的单据并转移货物所有权。

第一节　交付货物和移交单据

第三十一条

如果卖方没有义务要在任何其他特定地点交付货物，他的交货义务如下：

(a) 如果销售合同涉及货物的运输，卖方应把货物移交给第一承运人，以运交给买方；

(b) 在不属于上款规定的情况下，如果合同指的是特定货物或从特定存货中提取的或尚待制造或生产的未经特定化的货物，而双方当事人在订立合同时已知道这些货物是在某一特定地点，或将在某一特定地点制造或生产，卖方应在该地点把货物交给买方处置；

(c) 在其他情况下，卖方应在他于订立合同时的营业地把货物交给买方处置。

第三十二条

(1) 如果卖方按照合同或本公约的规定将货物交付给承运人，但货物没有以货物上加标记，或以装运单据或其他方式清楚地注明有关合同，卖方必须向买方发出列明货物的发货通知。

(2) 如果卖方有义务安排货物的运输，他必须订立必要的合同，以按照通常运输条件，用适合情况的运输工具，把货物运到指定地点。

(3) 如果卖方没有义务对货物的运输办理保险，他必须在买方提出要求时，向买方提供一切现有的必要资料，使他能够办理这种保险。

第三十三条

卖方必须按以下规定的日期交付货物：

(a) 如果合同规定有日期，或从合同可以确定日期，应在该日期交货；

(b) 如果合同规定有一段时间，或从合同可以确定一段时间，除非情况表明应由买方选定一个日期外，应在该段时间内任何时候交货；或者

(c) 在其他情况下，应在订立合同后一段合理时间内交货。

第三十四条

如果卖方有义务移交与货物有关的单据，他必须按照合同所规定的时间、地点和方式移交这些单据。如果卖方在那个时间以前已移交这些单据，他可以在那个时间到达前纠正单据中任何不符合同规定的情形，但是，此一权利的行使不得使买方遭受不合理的不便或承担不合理的开支。但是，买方保留本公约所规定的要求损害赔偿的任何权利。

第二节　货物相符与第三方要求

第三十五条

(1) 卖方交付的货物必须与合同所规定的数量、质量和规格相符，并须按照合同所规定的方式装箱或包装。

(2) 除双方当事人业已另有协议外，货物除非符合以下规定，否则即为与合同不符：

(a) 货物适用于同一规格货物通常使用的目的；

(b) 货物适用于订立合同时曾明示或默示地通知卖方的任何特定目的，除非情况表明买方并不依赖卖方的技能和判断力，或者这种依赖对他是不合理的；

(c) 货物的质量与卖方向买方提供的货物样品或样式相同；

(d) 货物按照同类货物通用的方式装箱或包装，如果没有此种通用方式，则按照足以保全和保护货物的方式装箱或包装。

(3) 如果买方在订立合同时知道或者不可能不知道货物不符合同，卖方就无须按上一款(a)项至(d)项负有此种不符合同的责任。

第三十六条

(1) 卖方应按照合同和本公约的规定，对风险移转到买方时所存在的任何不符合同情形，负有责任，即使这种不符合同情形在该时间后方始明显。

(2) 卖方对在上一款所述时间后发生的任何不符合同情形，也应负有责任，如果这种不符合同情形是由于卖方违反他的某项义务所致，包括违反关于在一段时间内货物将继续适用于其通常使用的目的或某种特定目的，或将保持某种特定质量或性质的任何保证。

第三十七条

如果卖方在交货日期前交付货物，他可以在那个日期到达前，交付任何缺漏部分或补足所交付货物的不足数量，或交付用以替换所交付不符合同规定的货物，或对所交付货物中任何不符合同规定的情形作出补救，但是，此一权利的行使不得使买方遭受不合理的不便或承担不合理的开支。但是，买方保留本公约所规定的要求损害赔偿的任何权利。

第三十八条

(1) 买方必须在按情况实际可行的最短时间内检验货物或由他人检验货物。

(2) 如果合同涉及货物的运输,检验可推迟到货物到达目的地后进行。

(3) 如果货物在运输途中改运或买方须再发运货物,没有合理机会加以检验,而卖方在订立合同时已知道或理应知道这种改运或再发运的可能性,检验可推迟到货物到达新目的地后进行。

第三十九条

(1) 买方对货物不符合同,必须在发现或理应发现不符情形后一段合理时间内通知卖方,说明不符合同情形的性质,否则就丧失声称货物不符合同的权利。

(2) 无论如何,如果买方不在实际收到货物之日起 2 年内将货物不符合同情形通知卖方,他就丧失声称货物不符合同的权利,除非这一时限与合同规定的保证期限不符。

第四十条

如果货物不符合同规定指的是卖方已知道或不可能不知道而又没有告知买方的一些事实,则卖方无权援引第三十八条和第三十九条的规定。

第四十一条

卖方所交付的货物,必须是第三方不能提出任何权利或要求的货物,除非买方同意在这种权利或要求的条件下,收取货物。但是,如果这种权利或要求是以工业产权或其他知识产权为基础的,卖方的义务应依照第四十二条的规定。

第四十二条

(1) 卖方所交付的货物,必须是第三方不能根据工业产权或其他知识产权主张任何权利或要求的货物,但以卖方在订立合同时已知道或不可能不知道的权利或要求为限,而且这种权利或要求根据以下国家的法律规定是以工业产权或其他知识产权为基础的:(a)如果双方当事人在订立合同时预期货物将在某一国境内转售或做其他使用,则根据货物将在其境内转售或做其他使用的国家的法律;或者

(b) 在任何其他情况下,根据买方营业地所在国家的法律。

(2) 卖方在上一款中的义务不适用于以下情况:

(a) 买方在订立合同时已知道或不可能不知道此项权利或要求;或

(b) 此项权利或要求的发生,是由于卖方要遵照买方所提供的技术图样、图案、程式或其他规格。

第四十三条

(1) 买方如果不在已知道或理应知道第三方的权利或要求后一段合理时间内,将此一权利或要求的性质通知卖方,就丧失援引第四十一条或第四十二条规定的权利。

(2) 卖方如果知道第三方的权利或要求以及此一权利或要求的性质,就无权援引上一款的规定。

第四十四条

尽管有第三十九条第(1)款和第四十三条第(1)款的规定,买方如果对他未发出所需的通知具备合理的理由,仍可按照第五十条规定减低价格,或要求利润损失以外的损害赔偿。

第三节　卖方违反合同的补救办法

第四十五条

(1) 如果卖方不履行他在合同和本公约中的任何义务,买方可以:

(a) 行使第四十六条至第五十二条所规定的权利;

(b) 按照第七十四条至第七十七条的规定,要求损害赔偿。

(2) 买方可能享有的要求损害赔偿的任何权利,不因他行使采取其他补救办法的权利而丧失。

(3) 如果买方对违反合同采取某种补救办法,法院或仲裁庭不得给予卖方宽限期。

第四十六条

(1) 买方可以要求卖方履行义务,除非买方已采取与此一要求相抵触的某种补救办法。

(2) 如果货物不符合同,买方只有在此种不符合同情形构成根本违反合同时,才可以要求交付替代货物,而且关于替代货物的要求,必须与依照第三十九条发出的通知同时提出,或者在该项通知发出后一段合理时间内提出。

(3) 如果货物不符合同,买方可以要求卖方通过修理对不符合同之处作出补救,除非他考虑了所有情况之后,认为这样做是不合理的。修理的要求必须与依照第三十九条发出的通知同时提出,或者在该项通知发出后一段合理时间内提出。

第四十七条

(1) 买方可以规定一段合理时限的额外时间,让卖方履行其义务。

(2) 除非买方收到卖方的通知,声称他将不在所规定的时间内履行义务,买方在这段时间内不得对违反合同采取任何补救办法。但是,买方并不因此丧失他对迟延履行义务可能享有的要求损害赔偿的任何权利。

第四十八条

(1) 在第四十九条的条件下,卖方即使在交货日期之后,仍可自付费用,对任何不履行义务作出补救,但这种补救不得造成不合理的迟延,也不得使买方遭受不合理的不便,或无法确定卖方是否将偿付买方预付的费用。但是,买方保留本公约所规定的要求损害赔偿的任何权利。

(2) 如果卖方要求买方表明他是否接受卖方履行义务,而买方不在一段合理时间内对此一要求作出答复,则卖方可以按其要求中所指明的时间履行义务。买方不得在该段时间内采取与卖方履行义务相抵触的任何补救办法。

(3) 卖方表明他将在某一特定时间内履行义务的通知,应视为包括根据上一款规定要买方表明决定的要求在内。

(4) 卖方按照本条第(2)和第(3)款作出的要求或通知,必须在买方收到后,始生效力。

第四十九条

(1) 买方在以下情况下可以宣告合同无效:

(a) 卖方不履行其在合同或本公约中的任何义务,等于根本违反合同;或

(b) 如果发生不交货的情况,卖方不在买方按照第四十七条第(1)款规定的额外时间内交付货物,或卖方声明他将不在所规定的时间内交付货物。

(2) 但是,如果卖方已交付货物,买方就丧失宣告合同无效的权利,除非:

(a) 对于迟延交货,他在知道交货后一段合理时间内这样做;

(b) 对于迟延交货以外的任何违反合同事情:

(一) 他在已知道或理应知道这种违反合同后一段合理时间内这样做;或

(二) 他在买方按照第四十七条第(1)款规定的任何额外时间满期后,或在卖方声明他将不在这一额外时间履行义务后一段合理时间内这样做;或

(三) 他在卖方按照第四十八条第(2)款指明的任何额外时间满期后,或在买方声明他将不接受卖方履行义务后一段合理时间内这样做。

第五十条

如果货物不符合同,不论价款是否已付,买方都可以减低价格,减价按实际交付的货物在交货时的价值与符合合同的货物在当时的价值两者之间的比例计算。但是,如果卖方按照第三十七条或第四十八条的规定对任何不履行义务做出补救,或者买方拒绝接受卖方按照该两条规定履行义务,则买方不得减低价格。

第五十一条

(1) 如果卖方只交付一部分货物,或者交付的货物中只有一部分符合合同规定,第四十六条至第五十条的规定适用于缺漏部分及不符合同规定部分的货物。

(2) 买方只有在完全不交付货物或不按照合同规定交付货物等于根本违反合同时,才可以宣告整个合同无效。

第五十二条

(1) 如果卖方在规定的日期前交付货物,买方可以收取货物,也可以拒绝收取货物。

(2) 如果卖方交付的货物数量大于合同规定的数量,买方可以收取也可以拒绝收取多交部分的货物。如果买方收取多交部分货物的全部或一部分,他必须按合同价格付款。

第三章　买方的义务

第五十三条

买方必须按照合同和本公约规定支付货物价款和收取货物。

第一节　支付价款

第五十四条

买方支付价款的义务包括根据合同或任何有关法律和规章规定的步骤和手续,以便支付价款。

第五十五条

如果合同已有效的订立,但没有明示或暗示地规定价格或规定如何确定价格,在没有任何相反表示的情况下,双方当事人应视为已默示地引用订立合同时此种货物在有关贸易的类似情况下销售的通常价格。

第五十六条

如果价格是按货物的重量规定的,如有疑问,应按净重确定。

第五十七条

(1) 如果买方没有义务在任何其他特定地点支付价款,他必须在以下地点向卖方支付

价款：

(a) 卖方的营业地；或

(b) 如凭移交货物或单据支付价款，则为移交货物或单据的地点。

(2) 卖方必须承担因其营业地在订立合同后发生变动而增加的支付方面的有关费用。

第五十八条

(1) 如果买方没有义务在任何其他特定时间内支付价款，他必须于卖方按照合同和本公约规定将货物或控制货物处置权的单据交给买方处置时支付价款。卖方可以支付价款作为移交货物或单据的条件。

(2) 如果合同涉及货物的运输，卖方可以在支付价款后方可把货物或控制货物处置权的单据移交给买方作为发运货物的条件。

(3) 买方在未有机会检验货物前，无义务支付价款，除非这种机会与双方当事人议定的交货或支付程序相抵触。

第五十九条

买方必须按合同和本公约规定的日期或从合同和本公约可以确定的日期支付价款，而无需卖方提出任何要求或办理任何手续。

第二节　收取货物

第六十条

买方收取货物的义务如下：

采取一切理应采取的行动，以期卖方能交付货物；和接收货物。

第三节　买方违反合同的补救办法

第六十一条

(1) 如果买方不履行他在合同和本公约中的任何义务，卖方可以：

(a) 行使第六十二条至第六十五条所规定的权利；

(b) 按照第七十四至第七十七条的规定，要求损害赔偿。

(2) 卖方可能享有的要求损害赔偿的任何权利，不因他行使采取其他补救办法的权利而丧失。

(3) 如果卖方对违反合同采取某种补救办法，法院或仲裁庭不得给予买方宽限期。

第六十二条

卖方可以要求买方支付价款、收取货物或履行他的其他义务，除非卖方已采取与此一要求相抵触的某种补救办法。

第六十三条

(1) 卖方可以规定一段合理时限的额外时间，让买方履行义务。

(2) 除非卖方收到买方的通知，声称他将不在所规定的时间内履行义务，卖方不得在这段时间内对违反合同采取任何补救办法。但是，卖方并不因此丧失他对迟延履行义务可能享有的要求损害赔偿的任何权利。

第六十四条

(1) 卖方在以下情况下可以宣告合同无效：

(a) 买方不履行其在合同或本公约中的任何义务,等于根本违反合同;或

(b) 买方不在卖方按照第六十三条第(1)款规定的额外时间内履行支付价款的义务或收取货物,或买方声明他将不在所规定的时间内这样做。

(2) 但是,如果买方已支付价款,卖方就丧失宣告合同无效的权利,除非:

(a) 对于买方迟延履行义务,他在知道买方履行义务前这样做;或

(b) 对于买方迟延履行义务以外的任何违反合同事情:

(一) 他在已知道或理应知道这种违反合同后一段合理时间内这样做;或

(二) 他在卖方按照第六十三条第(1)款规定的任何额外时间满期后或在买方声明他将不在这一额外时间内履行义务后一段合理时间内这样做。

第六十五条

(1) 如果买方应根据合同规定订明货物的形状、大小或其他特征,而他在议定的日期或在收到卖方的要求后一段合理时间内没有订明这些规格,则卖方在不损害其可能享有的任何其他权利的情况下,可以依照他所知的买方的要求,自己订明规格。

(2) 如果卖方自己订明规格,他必须把订明规格的细节通知买方,而且必须规定一段合理时间,让买方可以在该段时间内订出不同的规格。如果买方在收到这种通知后没有在该段时间内这样做,卖方所订的规格就具有约束力。

第四章　风险移转

第六十六条

货物在风险移转到买方承担后遗失或损坏,买方支付价款的义务并不因此解除,除非这种遗失或损坏是由于卖方的行为或不行为所造成。

第六十七条

(1) 如果销售合同涉及货物的运输,但卖方没有义务在某一特定地点交付货物,自货物按照销售合同交付给第一承运人以转交给买方时起,风险就移转到买方承担。如果卖方有义务在某一特定地点把货物交付给承运人,在货物于该地点交付给承运人以前,风险不移转到买方承担。卖方授权保留控制货物处置权的单据,并不影响风险的移转。

(2) 但是,在货物以货物上加标记,或以装运单据,或向买方发出通知或其他方式清楚地注明有关合同以前,风险不移转到买方承担。

第六十八条

对于在运输途中销售的货物,从订立合同时起,风险就移转到买方承担。但是,如果情况表明有此需要,从货物交付给签发载有运输合同单据的承运人时起,风险就由买方承担。尽管如此,如果卖方在订立合同时已知道或理应知道货物已经遗失或损坏,而他又不将这一事实告之买方,则这种遗失或损坏应由卖方负责。

第六十九条

(1) 在不属于第六十七条和第六十八条规定的情况下,从买方接收货物时起,或如果买方不在适当时间内这样做,则从货物交给他处置但他不收取货物从而违反合同时起,风险移转到买方承担。

(2) 但是,如果买方有义务在卖方营业地以外的某一地点接收货物,当交货时间已到而

买方知道货物已在该地点交给他处置时，风险方始移转。

(3) 如果合同指的是当时未加识别的货物，则这些货物在未清楚注明有关合同以前，不得视为已交给买方处置。

第七十条

如果卖方已根本违反合同，第六十七条、第六十八条和第六十九条的规定，不损害买方因此种违反合同而可以采取的各种补救办法。

第五章　卖方和买方义务的一般规定

第一节　预期违反合同和分批交货合同

第七十一条

(1) 如果订立合同后，另一方当事人由于下列原因显然将不履行其大部分重要义务，一方当事人可以中止履行义务：

(a) 他履行义务的能力或他的信用有严重缺陷；或

(b) 他在准备履行合同或履行合同中的行为。

(2) 如果卖方在上一款所述的理由明显化以前已将货物发运，他可以阻止将货物交给买方，即使买方持有其有权获得货物的单据。本款规定只与买方和卖方间对货物的权利有关。

(3) 中止履行义务的一方当事人不论是在货物发运前还是发运后，都必须立即通知另一方当事人，如经另一方当事人对履行义务提供充分保证，则他必须继续履行义务。

第七十二条

(1) 如果在履行合同日期之前，明显看出一方当事人将根本违反合同，另一方当事人可以宣告合同无效。

(2) 如果时间许可，打算宣告合同无效的一方当事人必须向另一方当事人发出合理的通知，使他可以对履行义务提供充分保证。

(3) 如果另一方当事人已声明他将不履行其义务，则上一款的规定不适用。

第七十三条

(1) 对于分批交付货物的合同，如果一方当事人不履行对任何一批货物的义务，便对该批货物构成根本违反合同，则另一方当事人可以宣告合同对该批货物无效。

(2) 如果一方当事人不履行对任何一批货物的义务，使另一方当事人有充分理由断定对今后各批货物将会发生根本违反合同，该另一方当事人可以在一段合理时间内宣告合同今后无效。

(3) 买方宣告合同对任何一批货物的交付为无效时，可以同时宣告合同对已交付的或今后交付的各批货物均为无效，如果各批货物是互相依存的，不能单独用于双方当事人在订立合同时所设想的目的。

第二节　损害赔偿

第七十四条

一方当事人违反合同应负的损害赔偿额，应与另一方当事人因他违反合同而遭受的包括利润在内的损失额相等。这种损害赔偿不得超过违反合同一方在订立合同时，依照他当时已知道或理应知道的事实和情况，对违反合同预料到或理应预料到的可能损失。

第七十五条

如果合同被宣告无效，而在宣告无效后一段合理时间内，买方已以合理方式购买替代货物，或者卖方已以合理方式把货物转卖，则要求损害赔偿的一方可以取得合同价格和替代货物交易价格之间的差额以及按照第七十四条规定可以取得的任何其他损害赔偿。

第七十六条

(1) 如果合同被宣告无效，而货物又有时价，要求损害赔偿的一方，如果没有根据第七十五条规定进行购买或转卖，则可以取得合同规定的价格和宣告合同无效时的时价之间的差额以及按照第七十四条规定可以取得的任何其他损害赔偿。但是，如果要求损害赔偿的一方在接收货物之后宣告合同无效，则应适用接收货物时的时价，而不适用宣告合同无效时的时价。

(2) 为上一款的目的，时价指原应交付货物地点的现行价格，如果该地点没有时价，则指另一合理替代地点的价格，但应适当地考虑货物运费的差额。

第七十七条

声称另一方违反合同的一方，必须按情况采取合理措施，减轻由于该另一方违反合同而引起的损失，包括利润方面的损失。如果他不采取这种措施，违反合同一方可以要求从损害赔偿中扣除原可以减轻的损失数额。

第三节　利息

第七十八条

如果一方当事人没有支付价款或任何其他拖欠金额，另一方当事人有权对这些款额收取利息，但不妨碍要求按照第七十四条规定可以取得的损害赔偿。

第四节　免责

第七十九条

(1) 当事人对不履行义务，不负责任，如果他能证明此种不履行义务，是由于某种非他所能控制的障碍，而且对于这种障碍，没有理由预期他在订立合同时能考虑到或能避免或克服它或它的后果。

(2) 如果当事人不履行义务是由于他所雇用履行合同的全部或一部分规定的第三方不履行义务所致，该当事人只有在以下情况下才能免除责任：

(a) 他按照上一款的规定应免除责任，和

(b) 假如该项的规定也适用于他所雇用的人，这个人也同样会免除责任。

(3) 本条所规定的免责对障碍存在的期间有效。

(4) 不履行义务的一方必须将障碍及其对他履行义务能力的影响通知另一方。

如果该项通知在不履行义务的一方已知道或理应知道此一障碍后一段合理时间内仍未为另一方收到，则他对由于另一方未收到通知而造成的损害应负赔偿责任。

(5) 本条规定不妨碍任何一方行使本公约规定的要求损害赔偿以外的任何权利。

第八十条

一方当事人因其行为或不行为而使得另一方当事人不履行义务时，不得声称该另一方

当事人不履行义务。

第五节　宣告合同无效的效果

第八十一条

(1) 宣告合同无效解除了双方在合同中的义务,但应负责的任何损害赔偿仍应负责。宣告合同无效不影响合同关于解决争端的任何规定,也不影响合同中关于双方在宣告合同无效后权利和义务的任何其他规定。

(2) 已全部或局部履行合同的一方,可以要求另一方归还他按照合同供应的货物或支付的价款,如果双方都须归还,他们必须同时这样做。

第八十二条

(1) 买方如果不可能按实际收到货物的原状归还货物,他就丧失宣告合同无效或要求卖方交付替代货物的权利。

(2) 上一款的规定不适用于以下情况:

(a) 如果不可能归还货物或不可能按实际收到货物的原状归还货物,并非由于买方的行为或不行为所造成;或

(b) 如果货物或其中一部分的毁灭或变坏,是由于按照第三十八条规定进行检验所致;或

(c) 如果货物或其中一部分,在买方发现或理应发现与合同不符以前,已为买方在正常营业过程中售出,或在正常使用过程中消费或改变。

第八十三条

买方虽然依第八十二条规定丧失宣告合同无效或要求卖方交付替代货物的权利,但是根据合同和本公约规定,他仍保有采取一切其他补救办法的权利。

第八十四条

(1) 如果卖方有义务归还价款,他必须同时从支付价款之日起支付价款利息。

(2) 在以下情况下,买方必须向卖方说明他从货物或其中一部分得到的一切利益:

(a) 如果他必须归还货物或其中一部分;或

(b) 如果他不可能归还全部或一部分货物,或不可能按实际收到货物的原状归还全部或一部分货物,但他已宣告合同无效或已要求卖方支付替代货物。

第六节　保全货物

第八十五条

如果买方推迟收取货物,或在支付价款和交付货物应同时履行时,买方没有支付价款,而卖方仍拥有这些货物或仍能控制这些货物的处置权,卖方必须按情况采取合理措施,以保全货物。他有权保有这些货物,直至买方把他所付的合理费用偿还他为止。

第八十六条

(1) 如果买方已收到货物,但打算行使合同或本公约规定的任何权利,把货物退回,他必须按情况采取合理措施,以保全货物。他有权保有这些货物,直至卖方把他所付的合理费用偿还给他为止。

(2) 如果发运给买方的货物已到达目的地,并交给买方处置,而买方行使退货权利,则

买方必须代表卖方收取货物，除非他这样做需要支付价款而且会使他遭受不合理的不便或需承担不合理的费用。如果卖方或授权代表他掌管货物的人也在目的地，则此一规定不适用。如果买方根据本款规定收取货物，他的权利和义务与上一款所规定的相同。

第八十七条

有义务采取措施以保全货物的一方当事人，可以把货物寄放在第三方的仓库，由另一方当事人担负费用，但该项费用必须合理。

第八十八条

(1) 如果另一方当事人在收取货物或收回货物或支付价款或保全货物费用方面有不合理的迟延，按照第八十五条或第八十六条规定有义务保全货物的一方当事人，可以采取任何适当办法，把货物出售，但必须事前向另一方当事人发出合理的意向通知。

(2) 如果货物易于迅速变坏，或者货物的保全牵涉到不合理的费用，则按照第八十五条或第八十六条规定有义务保全货物的一方当事人，必须采取合理措施，把货物出售，在可能的范围内，他必须把出售货物的打算通知另一方当事人。

(3) 出售货物的一方当事人，有权从销售所得收入中扣回为保全货物和销售货物而付的合理费用。他必须向另一方当事人说明所余款项。

第四部分　最后条款

第八十九条

兹指定联合国秘书长为本公约保管人。

第九十条

本公约不优于业已缔结或可以缔结并载有与属于本公约范围内事项有关的条款的任何国际协定，但以双方当事人的营业地均在这种协定的缔约国内为限。

第九十一条

(1) 本公约在联合国国际货物销售合同会议闭幕会议上开放签字，并在纽约联合国总部继续开放签字，直至1981年9月30日为止。

(2) 本公约须经签字国批准、接受或核准。

(3) 本公约从开放签字之日起开放给所有非签字国加入。

(4) 批准书、接受书、核准书和加入书应送交联合国秘书长存放。

第九十二条

(1) 缔约国可在签字、批准、接受、核准或加入时声明他不受本公约第二部分的约束或不受本公约第三部分的约束。

(2) 按照上一款规定就本公约第二部分或第三部分做出声明的缔约国，在该声明适用的部分所规定事项上，不得视为本公约第一条第(1)款范围内的缔约国。

第九十三条

(1) 如果缔约国具有两个或两个以上的领土单位，而依照该国宪法规定、各领土单位对本公约所规定的事项适用不同的法律制度，则该国得在签字、批准、接受、核准或加入时声明本公约适用于该国全部领土单位或仅适用于其中的一个或数个领土单位，并且可以随时提出另一声明来修改其所做的声明。

(2) 此种声明应通知保管人，并且明确地说明适用本公约的领土单位。

(3) 如果根据按本条做出的声明，本公约适用于缔约国的一个或数个但不是全部领土单位，而且一方当事人的营业地位于该缔约国内，则为本公约的目的，该营业地除非位于本公约适用的领土单位内，否则视为不在缔约国内。

(4) 如果缔约国没有按照本条第(1)款作出声明，则本公约适用于该国所有领土单位。

第九十四条

(1) 对属于本公约范围的事项具有相同或非常近似的法律规则的两个或两个以上的缔约国，可随时声明本公约不适用于营业地在这些缔约国内的当事人之间的销售合同，也不适用于这些合同的订立。此种声明可联合作出，也可以相互单方面声明的方式作出。

(2) 对属于本公约范围的事项具有与一个或一个以上非缔约国相同或非常近似的法律规则的缔约国，可随时声明本公约不适用于营业地在这些非缔约国内的当事人之间的销售合同，也不适用于这些合同的订立。

(3) 作为根据上一款所做声明对象的国家如果后来成为缔约国，这项声明从本公约对该新缔约国生效之日起，具有根据第(1)款所做声明的效力，但以该新缔约国加入这项声明，或作出相互单方面声明为限。

第九十五条

任何国家在交存其批准书、接受书、核准书或加入书时，可声明它不受本公约第一条第(1)款(b)项的约束。

第九十六条

本国法律规定销售合同必须以书面订立或书面证明的缔约国，可以随时按照第十二条的规定，声明本公约第十一条、第二十九条或第二部分准许销售合同或其更改或根据协议终止，或者任何发价、接受或其他意旨表示得以书面以外任何形式作出的任何规定不适用，如果任何一方当事人的营业地是在该缔约国内。

第九十七条

(1) 根据本公约规定在签字时作出的声明，须在批准、接受或核准时加以确认。

(2) 声明和声明的确认，应以书面提出，并应正式通知保管人。

(3) 声明在本公约对有关国家开始生效时同时生效。但是，保管人于此种生效后收到正式通知的声明，应于保管人收到声明之日起 6 个月后的第 1 个月第 1 天生效。根据第九十四条规定作出的相互单方面声明，应于保管人收到最后一份声明之日起 6 个月后的第 1 个月第 1 天生效。

(4) 根据本公约规定做出声明的任何国家可以随时用书面正式通知保管人撤回该项声明。此种撤回于保管人收到通知之日起 6 个月后的第 1 个月第 1 天生效。

(5) 撤回根据第九十四条作出的声明，自撤回生效之日起，就会使另一国家根据该条所做的任何相互声明失效。

第九十八条

除本公约明文许可的保留外，不得作任何保留。

第九十九条

(1) 在本条第(6)款规定的条件下，本公约在第十件批准书、接受书、核准书或加入书，包括载有根据第九十二条规定作出的声明的文书交存之日起12月后的第1个月第1天生效。

(2) 在本条第(6)款规定的条件下,对于在第10件批准书、接受书、核准书或加入书交存后才批准、接受、核准或加入本公约的国家,本公约在该国交存其批准书、接受书、核准书或加入书之日起12个月后的第1个月第1天对该国生效,但不适用的部分除外。

(3) 批准、接受、核准或加入本公约的国家,如果是1964年7月1日海牙签订的《关于国际货物销售合同的订立统一法公约》(《1964年海牙订立合同公约》)和1964年7月1日在海牙签订的《关于国际货物销售统一法的公约》(《1964年海牙货物销售公约》)中一项或两项公约的缔约国。应按情况同时通知荷兰政府声明退出《1964年海牙货物销售公约》或《1964年海牙订立合同公约》或退出该两公约。

(4) 凡为《1964年海牙货物销售公约》缔约国并批准、接受、核准或加入本公约和根据第九十二条规定声明或业已声明不受本公约第二部分约束的国家,应于批准、接受、核准或加入时通知荷兰政府声明退出《1964年海牙货物销售公约》。

(5) 凡为《1964年海牙订立合同公约》缔约国并批准、接受、核准或加入本公约和根据第九十二条规定声明或业已声明不受本公约第三部分约束的国家,应于批准、接受、核准或加入时通知荷兰政府声明退出《1964年海牙订立合同公约》。

(6) 为本条的目的,《1964年海牙订立合同公约》或《1964年海牙货物销售公约》的缔约国的批准、接受、核准或加入本公约,应在这些国家按照规定退出该两公约生效后方始生效。本公约保管人应与1964年两公约的保管人荷兰政府进行协商,以确保在这方面进行必要的协调。

第一百条

(1) 本公约适用于合同的订立,只要订立该合同的建议是在本公约对第一条第(1)款(a)项所指缔约国或第一条第(1)款(b)项所指缔约国生效之日或其后作出的。

(2) 本公约只适用于在它对第一条第(1)款(a)项所指缔约国或第一条第(1)款(b)项所指缔约国生效之日或其后订立的合同。

第一百零一条

(1) 缔约国可以用书面正式通知保管人声明退出本公约,或本公约第二部分或第三部分。

(2) 退出于保管人收到通知12个月后的第1个月第1天起生效。凡通知内订明一段退出生效的更长时间,则退出于保管人收到通知后该段更长时间满时起生效。

1980年4月11日订于维也纳,正本1份,其阿拉伯文本、中文本、英文本、法文本、俄文本和西班牙文本都具有同等效力。

下列全权代表,经各自政府正式授权,在本公约上签字,以资证明。

《联合国国际货物销售合同公约》(United Nations Convention on Contracts of International Sales of Goods)是由联合国国际贸易法委员会主持制定的,于1980年4月11日在维也纳举行的外交会议上获得通过,于1988年1月1日正式生效。

1986年12月11日,中国交存核准书,在提交核准书时,提出了两项保留意见:① 不同意扩大该公约的适用范围,只同意该公约适用于缔约国的当事人之间签订的合同。② 不同意用书面以外的其他形式订立、修改和终止合同。

截至 2002 年上半年，核准和参加该公约的共有 61 个国家，包括：莱索托、法国、叙利亚、埃及、匈牙利、阿根廷、赞比亚、中国、意大利、美国、芬兰、瑞典、奥地利、墨西哥、澳大利亚、挪威、丹麦、白俄罗斯、德国、乌克兰、智利、瑞士、伊拉克、保加利亚、西班牙、俄罗斯、荷兰、几内亚、加拿大、罗马尼亚、厄瓜多尔、乌干达、斯洛伐克、爱沙尼亚、捷克、斯洛文尼亚、古巴、波斯尼亚—黑塞哥维那、新西兰、摩尔多瓦、古巴、立陶宛、新加坡、波兰、比利时、乌兹别克斯坦、卢森堡、拉脱维亚、蒙古、希腊、克罗地亚、布隆迪、乌拉圭、秘鲁、毛里坦尼亚、吉尔吉斯斯坦、圣文森特和格林纳丁斯、南斯拉夫、冰岛、哥伦比亚和以色列。

跟单信用证统一惯例(UCP600)

本公约各缔约国,铭记联合国大会第六届特别会议通过的关于建立新的国际经济秩序的各项决议的广泛目标,考虑到在平等互利基础上发展国际贸易是促进各国间友好关系的一个重要因素,认为采用照顾到不同的社会、经济和法律制度的国际货物销售合同统一规则,将有助于减少国际贸易的法律障碍,促进国际贸易的发展,兹协议如下:

第一部分 适用范围和总则

第一章 适用范围

第一条 UCP 的适用范围

《跟单信用证统一惯例——2007 年修订本,国际商会第 600 号出版物》(简称“UCP”)乃一套规则,适用于所有的其文本中明确表明受本惯例约束的跟单信用证(下称信用证)(在其可适用的范围内,包括备用信用证)。除非信用证明确修改或排除,本惯例各条文对信用证所有当事人均具有约束力。

第二条 定义

就本惯例而言

通知行 指应开证行的要求通知信用证的银行。

申请人 指要求开立信用证的一方。

银行工作日 指银行在其履行受本惯例约束的行为的地点通常开业的一天。

受益人 指接受信用证并享受其利益的一方。

相符交单 指与信用证条款、本惯例的相关适用条款以及国际标准银行实务一致的交单。

保兑 指保兑行在开证行承诺之外作出的承付或议付相符交单的确定承诺。

保兑行 指根据开证行的授权或要求对信用证加具保兑的银行。

信用证 指一项不可撤销的安排,无论其名称或描述如何,该项安排构成开证行对相符交单予以交付的确定承诺。

承付 指:

a. 如果信用证为即期付款信用证,则即期付款。

b. 如果信用证为延期付款信用证,则承诺延期付款并在承诺到期日付款。

c. 如果信用证为承兑信用证,则承兑受益人开出的汇票并在汇票到期日付款。

开证行 指应申请人要求或者代表自己开出信用证的银行。

议付　指指定银行在相符交单下，在其应获偿付的银行工作日当天或之前向受益人预付或者同意预付款项，从而购买汇票（其付款人为指定银行以外的其他银行）及/或单据的行为。

指定银行　指信用证可在其处兑用的银行，如信用证可在任一银行兑用，则任何银行均为指定银行。

交单　指向开证行或指定银行提交信用证项下单据的行为，或指按此方式提交的单据。

交单人　指实施交单行为的受益人、银行或其他人。

第三条　解释

就本惯例而言：

如情形适用，单数词形包含复数含义，复数词形包含单数含义。

信用证是不可撤销的，即使未如此表明。

单据签字可用手签、摹样签字、穿孔签字、印戳、符号或任何其他机械或电子的证实方法为之。

诸如单据须履行法定手续、签证、证明等类似要求，可由单据上任何看似满足该要求的签字、标记、印戳或标签来满足。

一家银行在不同国家的分支机构被视为不同的银行。

用诸如“第一流的”、“著名的”、“合格的”、“独立的”、“正式的”、“有资格的”或“本地的”等词语描述单据的出单人时，允许除受益人之外的任何人出具该单据。

除非要求在单据中使用，否则诸如“迅速地”、“立刻地”或“尽快地”等词语将被不予理会。

“在或大概在（on or about）”或类似用语将被视为规定事件发生在指定日期的前后五个日历日之间，起讫日期计算在内。“至（to）”、“直至（until、till）”、“从……开始（from）”及“在……之间（between）”等词用于确定发运日期时包含提及的日期，使用“在……之前（before）”及“在……之后（after）”时则不包含提及的日期。

“从……开始（from）”及“在……之后（after）”等词用于确定到期日期时不包含提及的日期。

“前半月”及“后半月”分别指一个月的第一日到第十五日及第十六日到该月的最后一日，起讫日期计算在内。

一个月的“开始（beginning）”、“中间（middle）”及“末尾（end）”分别指第一日到第十日、第十一日到第二十日及第二十一日到该月的最后一日，起讫日期计算在内。

第四条　信用证与合同

a. 就其性质而言，信用证与可能作为其开立基础的销售合同或其他合同是相互独立的交易，即使信用证中含有对此类合同的任何援引，银行也与该合同无关，且不受其约束。因此，银行关于承付、议付或履行信用证项下其他义务的承诺，不受申请人基于与开证行或与受益人之间的关系而产生的任何请求或抗辩的影响。

受益人在任何情况下不得利用银行之间或申请人与开证行之间的合同关系。

b. 开证行应劝阻申请人试图将基础合同、形式发票等文件作为信用证组成部分的做法。

第五条　单据与货物、服务或履约行为

银行处理的是单据，而不是单据可能涉及的货物、服务或履约行为。

第六条　兑用方式、截止日和交单地点

a. 信用证必须规定可在其处兑用的银行，或是否可在任一银行兑用。规定在指定解行兑用的信用证同时也可以在开证行兑用。

b. 信用证必须规定其是以即付款、延期付款，承兑还是议付的方式兑用。

c. 信用证不得开成凭以申请人为付款人的汇票兑用。

d. i. 信用证必须定一个交单的截止日。规定的承付或议付的截止日将被视为交单的截止日。

ii. 可在其处兑用信用证的银行所在地即为交单地点。可在任一银行兑用的信用证其交单地点为任一银行所在地。除规定的交单地点外，开证行所在地也是交单地点。

e. 除非如第二十九条 a 款规定的情形，否则受益人或者代表受益人的交单应截止日当天或之前完成。

第七条　开证行责任

a. 只要规定的单据提交给指定银行或开证方，并且构成相符交单，则开证行必须承付，如果信用证为以下情形之一：

i. 信用证规定由开证行即期付款，延期付款或承兑；

ii. 信用证规定由指定银行即期付款但其未付款；

iii. 信用证规定由指定银行延期付款但其未承诺延期付款，或虽已承诺延期付款，但未在到期日付款；

iv. 信用证规定由指定银行承兑，但其未承兑以其为付款人的汇票，或虽然承兑了汇票，但未在到期日付款。

v. 信用证规定由指定银行议付但其未议付。

b. 开证行自开立信用证之时起即不可撤销地承担承付责任。

c. 指定银行承付或议付相符交单并将单据转给开证行之后，开证行即承担偿付该指定银行的责任。对承兑或延期付款信用证下相符合交单金额的偿付应在到期日办理，无论指定银行是否在到期日之前预付或购买了单据，开证行偿付指定银行的责任独立于开证行对受益人的责任。

第八条　保兑行责任

a. 只要规定的单据提交给保兑行，或提交给其他任何指定银行，并且构成相符交单，保兑行必须：

i. 承付，如果信用证为以下情形之一：

a）信用证规定由保兑行即期付款、延期付款或承兑；

b）信用证规定由另一指定银行延期付款，但其未付款；

c）信用证规定由另一指定银行延期付款，但其未承诺延期付款，或虽已承诺延期付款但未在到期日付款；

d）信用证规定由另一指定银行承兑，但其未承兑以其为付款人的汇票，或虽已承兑汇票未在到期日付款；

e）信用证规定由另一指定银行议付，但其未议付。

ii. 无追索权地议付，如果信用证规定由保兑行议付。

b. 保兑行自对信用证加具保兑之时起即不可撤销地承担承付或议付的责任。

c. 其他指定银行承付或议付相符交单并将单据转往保兑行之后，保兑行即承担偿付该指定银行的责任。对承兑或延期付款信用证下相符交单金额的偿付应在到期日办理，无论指定银行是否在到期日之前预付或购买了单据。保兑行偿付指定银行的责任独立于保兑行对受益人的责任。

d. 如果开证行授权或要求一银行对信用证加具保兑，而其并不准备照办，则其必须毫不延误地通知开证行，并可通知此信用证而不加保兑。

第九条　信用证及其修改的通知

a. 信用证及其任何修改可以经由通知行通知给受益人。非保兑行的通知行通知信用及修改时不承担承付或议付的责任。

b. 通知行通知信用证或修改的行为表示其已确信信用证或修改的表面真实性，而且其通知准确地反映了其收到的信用证或修改的条款。

c. 通知行可以通过另一银行（“第二通知行”）向受益人通知信用证及修改。第二通知行通知信用证或修改的行为表明其已确信收到的通知的表面真实性，并且其通知准确地反映了收到的信用证或修改的条款。

d. 经由通知行或第二通知行通知信用证的银行必须经由同一银行通知其后的任何修改。

e. 如一银行被要求通知信用证或修改但其决定不予通知，则应毫不延误地告知自其处收到信用证、修改或通知的银行。

f. 如一银行被要求通知信用证或修改但其不能确信信用证、修改或通知的表面真实性，则应毫不延误地通知看似从其处收到指示的银行。如果通知行或第二通知行决定仍然通知信用证或修改，则应告知受益人或第二通知行其不能确信信用证、修改或通知的表面真实性。

第十条　修改

a. 除第三十八条另有规定者外，未经开证行、保兑行（如有的话）及受益人同意，信用证即不得修改，也不得撤销。

b. 开证行自发出修改之时起，即不可撤销地受其约束。保兑行可将其保兑扩展至修改，并自通知该修改时，即不可撤销地受其约束。但是，保兑行可以选择将修改通知受益人而不对其加具保兑。若然如此，其必须毫不延误地将此告知开证行，并在其给受益人的通知中告知受益人。

c. 在受益人告知通知修改的银行其接受该修改之前，原信用证（或含有先前被接受的修改的信用证）的条款对受益人仍然有效。受益人应提供接受或拒绝修改的通知。如果受益人未能给予通知，当交单与信用证以及尚未表示接受的修改的要求一致时，即视为受益人已作出接受修改的通知，并且从此时起，该信用证被修改。

d. 通知修改的银行应将任何接受或拒绝的通知转告发出修改的银行。

e. 对同一修改的内容不允许部分接受，部分接受将被视为拒绝修改的通知。

f. 修改中关于除非受益人在某一时间内拒绝修改否则修改生效的规定应被不予理会。

第十一条　电讯传输的和预先通知的信用证和修改

a. 以经证实的电讯方式发出的信用证或信用证修改即被视为有效的用证或修改文据，任何后续的邮寄确认书应被不予理会。

如电讯声明“详情后告”(或类似用语)或声明以邮寄确认书为有效信用证或修改，则该电讯不被视为有效信用证或修改。开证行必须随即不迟延地开立有效信用证或修改，其条款不得与该电讯矛盾。

b. 开证行只有在准备开立有效信用证或作出有效修改时，才可以发出关于开立或修改信用证的初步通知（预先通知）。开证行作出该预先通知，即不可撤销地保证不迟延地开立或修改信用证，且其条款不能与预先通知相矛盾。

第十二条　指定

a. 除非指定银行为保兑行，对于承付或议付的授权并不赋予指定银行承付或议付的义务，除非该指定银行明确表示同意并且告知受益人。

b. 开证行指定一银行承兑汇票或作出延期付款承诺，即为授权该指定银行预付或购买其已其已承兑的汇票或已作出的延期付款承诺。

c. 非保兑行的指定银行收到或审核并转递单据的行为并不使其承担承付或议付的责任，也不构成其承付或议付的行为。

第十三条　银行之间的偿付安排

a. 如果信用证规定指定银行(“索偿行”)向另一方(“偿付行”)获取偿付时，必须同时规定该偿付是否按信用证开立时有效的 ICC 银行间偿付规则进行。

b. 如果信用证没有规定偿付遵守 ICC 银行间偿付规则，则按照以下规定：

i. 开证行必须给予偿付行有关偿付的授权，授权应符合信用证关于兑用方式的规定，且不应设定截止日。

ii. 开证行不应要求索偿行向偿付行提供与信用证条款相符的证明。

iii. 如果偿付行未按信用证条款见索即偿，开证行将承担利息损失以及产生的任何其他费用。

iv. 偿付行的费用应由开证行承担。然而，如果此项费用由受益人承担，开证行有责任有信用证及偿付授权中注明。如果偿付行的费用由受益人承担，该费用应在偿付时从付给索偿行的金额中扣取。如果偿付未发生，偿付行的费用仍由开证行负担。

c. 如果偿付行未能见索即偿，开证行不能免除偿付责任。

第十四条　单据审核标准

a. 按指定行事的指定银行、保兑行(如果有的话)及开证行须审核交单，并仅基于单据本身确定其是否在表面上构成相符交单。

b. 按指定行事的指定银行、保兑行(如有的话)及开证行各有从交单次日起至多五个银行工作日用以确定交单是否相符。这一期限不因在交单日当天或之后信用证截止日或最迟交单日届至而受到缩减或影响。

c. 如果单据中包含一份或多份受第十九、第二十、第二十一、第二十二、第二十三、第二十四或第十二五条规制的正本运输单据，则须由受益人或其他表在不迟于本惯例所指的发运日之后的二十一个日历日内交单,但是在任何情况下都不得迟于信用证的截止日。

d. 单据中的数据,在与信用证、单据本身以及国际标准银行实务参照解读时,无须与该单据本身中的数据,其他要求的单据或信用证中的数据等同一致、但不得矛盾。

e. 除商业发票外,其他单据中的货物、服务或履约行为的描述,如果有的话,可使用与信用证中的描述不矛盾的概括性用语。

f. 如果信用证要求提交运输单据、保险单据或者商业发票之外的单据,却未规定出单人或其数据内容,则只要提交的单据内容看似满足所要求单据的功能,且其他方面符合第十四条 d 款,银行将接受该单据。

g. 提交的非信用证所要求的单据将被不予理会,并可被退还给交单人。

h. 如果信用证含有一项条件,但未规定用以表明该条件得到满足的单据,银行将视为未作规定并不予理会。

i. 单据日期可以早于信用证的开立日期,但不得晚于交单日期。

j. 当受益人和申请人的地址出现在任何规定的单据中时,无须与信用证或其他规定单据中所载相同,但必须与信用证中规定的相应地址同在一国。联络细节(传真、电话、电子邮件及类似细节)作为受益人和申请人地址的一部分时将被不予理会。然而,如果申请人的地址和联络细节为第十九、第二十、第二十一、第二十二、第二十三、第二十四或第二十五条规定的运输单据上的收货人或通知方细节的一部分时,应与信用证规定的相同。

k. 在任何单据中注明的托运人或发货人无须为信用证的受益人。

l. 运输单据可以由任何人出具,无须为承运人、船东、船长或租船人,只要其符合第十九、第二十、第二十一、第二十二、第二十三或第二十四条的要求。

第十五条　相符交单

a. 当开证行确定交单相符时,必须承付。

b. 当保兑行确定交单相符时,必须承付或者议付并将单据转递给开证行。

c. 当指定银行确定交单相符并承付或议付时,必须将单据转递给保兑行或开证行。

第十六条　不符单据、放弃及通知

a. 当按照指定行事的指定银行、保兑行(如有的话)或者开证行确定交单不符时,可以拒绝承付或议付。

b. 当开证行确定交单不符时,可以自行决定联系申请人放弃不符点。然而这并不能延长第十四条 b 款所指的期限。

c. 当按照指定行事的指定银行、保兑行(如有的话)或开证行决定拒绝承付或议付时,必须给予交单人一份单独的拒付通知。

该通知必须声明:

i. 银行拒绝承付或议付;及

ii. 银行拒绝承付或者议付所依据的每一个不符点;及

iii. a) 银行留存单据听候交单人的进一步指示;或

b) 开证行留存单据直到其从申请人处接到放弃不符点的通知并同意接受该放弃,或者其同意接受对不符点的放弃之前从交单人处收到其进一步指示;或

c) 银行将退回单据;或

d）银行将按之前从交单人处获得的指示处理。

d. 第十六条c款要求的通知必须以电讯方式、如不可能，则以其他快捷方式，在不迟于自交单之翌日起第五个银行工作日结束前发出。

e. 按照指定行事的指定银行、保兑行(如有的话)或开证行在按照第十六条c款iii项a)发出了通知后，可以在任何时候单据退还交单人。

f. 如果开证行或保兑行未能按照本条行事，则无权宣称交单不符。

g. 当开证行拒绝承付或保兑行拒绝承付或者议付，并且按照本条发出了拒付通知后，有权要求返还已偿付的款项及利息。

第十七条　正本单据及副本

a. 信用证规定的每一种单据须至少提交一份正本。

b. 银行应将任何带有看似出单人的原始签名、标记、印戳或标签的单据视为正本单据，除非单据本身表明其非正本。

c. 除非单据本身另有说明，在以下情况下，银行也将其视为正本单据：

i. 单据看似由出单人手写、打字、穿孔或盖章；或

ii. 单据看似使用出单人的原始信纸出具；或

iii. 单据声明其为正本单据，除非该声明看似不适用于提交的单据。

d. 如果信用证使用诸如“一式两份(in duplicate)”、“两份(in two fold)”、“两套(in two copies)”等用语要求提交多份单据，则提交至少一份正本，其余使用副本即可满足要求，除非单据本身另有说明。

第十八条　商业发票

a. 商业发票：

i. 必须看似由受益人出具(第三十八条规定的情形除外)；

ii. 必须出具成以申请人为抬头(第三十八条g款规定的情形除外)；

iii. 必须与信用证的货币相同；且

iv. 无须签名。

b. 按指定行事的指定银行、保兑行(如有的话)或开证行可以接受金额大于信用证允许金额的商业发票，其决定对有关各方均有约束力，只要该银行对超过信用证允许金额的部分未作承付或者议付。

c. 商业发票上的货物、服务或履约行为的描述应该与信用证中的描述一致。

第十九条　涵盖至少两种不同运输方式的运输单据

a. 涵盖至少两种不同运输方式的运输单据(多式或联合运输单据)，无论名称如何，必须看似：

i. 表明承运人名称并由以下人员签署：

* 承运人或其具名代理人；或

* 船长或其具名代理人。

承运人、船长或代理人的任何签字，必须标明其承运人、船长或代理人的身份。

代理人签字必须表明其系代表承运人还是船长签字。

ii. 通过以下方式表明货运站物已经在信用证规定的地点发送，接管或已装船。

* 事先印就在文字;或

* 表明货物已经被发送、接管或装船日期的印戳或批注。

运输单据的出具日期将被视为发送,接管或装船的日期,也即发运的日期。然而如单据以印戳或批注的方式表明了发送、接管或装船日期,该日期将被视为发运日期。

iii. 表明信用证规定的发送、接管或发运地点,以及最终目的地、即使:

a) 该运输单据另外还载明了一个不同的发送、接管或发运地点或最终目的地;或

b) 该运输单据载有"预期的"或类似的关于船只、装货港或卸货港的限定语。

iv. 为唯一的正本运输单据,或者如果出具为多份正本,则为运输单据中表明的全套单据。

v. 载有承运这条款和条件,或提示承运条款和条件参见别处(简式/背面空白的运输单据)。银行将不审核承运条款和条件的内容。

vi. 未表明受租船合同约束。

b. 就本条而言,转运指在从信用证规定的发送,接管或者发运地点最终目的地的运输过程中从某一运输工具上卸下货物并装上另一运输工具的行为(无论其是否为不同的运输方式)。

c. i. 运输单据可以表明货物将要或可能被转运,只要全程运输由同一运输单据涵盖。

ii. 即使信用证禁止转运,注明将要或者可能发生转运的运输单据仍可接受。

第二十条　提单

a. 提单,无论名称如何,必须看似:

i. 表明承运人名称,并由下列人员签署:

* 承运人或其具名代理人;或

* 船长或其具名代理人。

承运人,船长或代理人的任何签字必须标明其承运人,船长或代理人的身份。

代理人的任何签字必须标明其系代表承运人还是船长签字。

ii. 通过以下方式表明货物已在信用证规定的装货港装上具名船只:

* 预先印就的文字;或

* 已装船批注注明货物的装运日期。

提单的出具日期将被视为发运日期,除非提单载有表明发运日期的已装船批注,此时已装船批注中显示的日期将被视为发运日期。

如果提单载有"预期船只"或类似的关于船名的限定语,则需以已装船批注明确发运日期以及实际船名。

iii. 表明货物从信用证规定的装货港发运至卸货港。

如果提单没有表明信用证规定的装货港为装货港,或者其载有"预期的"或类似的关于装货港的限定语,则需以已装船批注表明信用证规定的装货港、发运日期以及实际船名。即使提单以事先印就的文字表明了货物已装载或装运于具名船只、本规定仍适用。

iv. 为唯一的正本提单,或如果以多份正本出具,为提单表明的全套正本。

v. 载有承运条款和条件,或提示承运条款和条件参见别处(简式/背面空白的提单)。银行将不审核承运条款和条件的内容。

vi. 未表明受租船合同约束。

b. 就本条而言，转运系指在信用证规定的装货港台到卸货港之间的运输过程中，将货物从船卸下并再装上另一船的行为。

c. i. 提单可以表明货物将要或可能被转运，只要全程运输由同一提单涵盖。

ii. 即使信用证禁止转运，注明将要或可能发生转运的提单仍可接受，只要其表明货物由集装箱、拖车或子船运输。

d. 提单中声明承运人保留转运权利的条款将被不予理会。

第二十一条　不可转让的海运单

a. 不可转让的海运单，无论名称如何，必须看似：

i. 表明承运人名称并由下列人员签署：

* 承运人或其具名代理人；或

* 船长或其具名代理人。

承运人、船长或代理人的任何签字必须标明其承运人、船长或代理人的身份。

代理签字必须标明其系代表承运人还是船长签字。

ii. 通过以下方式表明货物已在信用证规定的装货上具名船只：

* 预先印就的文字；或

* 已装船批注表明货物的装运日期。

不可转让海运单的出具日期将被视为发运日期，除非其上带有已装船批注注明发运日期，此已装船批注注明的日期将被视为发运日期。

如果不可转让海运单载有“预期船只”或类似的关于船名的限定语，则需要以已装船批注表明发运日期和实际船只。

iii. 表明货物从信用证规定的装货港发运至卸货港。

如果不可转让海运单未以信用证规定的装货港为装货港，或者如果其载有“预期的”或类似的关于装货港的限定语，则需要以已装船批注表明信用证规定的装货港、发运日期和船只。即使不可转让海运单以预先印就的文字表明货物已由具名船只装载或装运，本规定也适用。

iv. 为唯一的正本不可转让海运单，或如果以多份正本出具，为海运单上注明的全套正本。

v. 载有承运条款的条件，或提示承运条款和条件参见别处(简式/背面空白的海运单)。银行将不审核承运条款和条件的内容。

vi. 未注明受租船合同约束。

b. 就本条而言，转运系指在信用证规定的装货港到卸货之间的运输过程中，将货物从船卸下并装上另一船的行为。

c. i. 不可转让海运单可以注明货物将要或可能被转运，只要全程运输由同一海运单涵盖。

ii. 即使信用证禁止转运，注明转运将要或可能发生的不可转让的海运单仍可接受，只要其表明货物装于集装箱，拖船或子船中运输。

d. 不可转让的海运单中声明承运人保留转运权利条款将被不予理会。

第二十二条　租船合同提单

a. 表明其受租船合同约束的提单(租船合同提单),无论名称如何,必须看似:

i. 由以下员签署:

* 船长或其具名代理人;或

* 船东或其具有名代理人;或

* 租船人或其具有名代理人。

船长、船东、租船人或代理人的任何签字必须标明其船长、船东、租船人或代理人的身份。

代理人签字必须表明其系代表船长,船东不是租船人签字。

代理人代表船东或租船人签字时必须注明船东或租船人的名称。

ii. 通过以下方式表明货物已在信用证规定的装货港装上具名船只:

* 预先印就的文字;或

* 已装船批注注明货物的装运日期。

租船合同提单的出具日期将被视为发运日期,除非租船合同提单载有已装船批注注明发运日期,此时已装船批注上注明的日期将被视为发运日期。

iii. 表明货物从信用证规定的装货港台发运至卸货港。卸货港也可显示为信用证规定的港口范围或地理区域。

iv. 为唯一的正本租船合同提单,或如以多份正本出具,为租船合同提单注明的全套正本。

b. 银行将不审核租船合同,即使信用证要求提交租船合同。

第二十三条　空运单据

a. 空运单据,无论名称如何,必须看似:

i. 表明承运人名称,并由以下人员签署;

* 承运人;或

* 承运人的具名代理人。

承运人或其代理人的任何签字必须标明其承运人或代理人的身份。

代理人或其代理人的任何签字必须标明其承运人或代理人的身份。

代理人签字必须表明其系代表承运人签字。

ii. 表明货物已被收妥待运。

iii. 表明出具日期。该日期将被视为发运日期,除非空运单据载有专门批注注明实际发运日期,此时批注中的日期将被视为发运日期。

空运单据中其他与航班号和航班日期相关的信息将不被用来确定发运日期。

iv. 表明信用证规定的起飞机场和目的地机场。

v. 为开给发货人或托运人正本,即使信用证规定提交全套正本。

vi. 载有承运条款和条件,或提示条款和条件参见别处。银行将不审核承运条款和条件的内容。

b. 就本条而言,转运是指在信用证规定的起飞机场到目的地机场的运输过程中,将货物从一飞机卸下再装上另一收音机的行为。

c. i. 空运单据可以注明货物将要或可能转运，只要全程运输由同一空运单据涵盖。

ii. 即使信用证禁止转运，注明将要或可能发生转运的空运单据仍可接受。

第二十四条　公路、铁路或内陆水运单据

a. 公路、铁路或内陆水运单据、无论名称如何、必须看似：

i. 表明承运人名称；且

* 由承运人或其具名代理人签署；或

* 由承运人或其具名代理人以签字、印戳或批注表明货物收讫。

承运人或其具名代理人的收货签字、印戳或批注必须标明其承运人或代理人的身份。

代理人的收货签字，印戳或批注必须标明代理人系代理承运人签字或行事。

如果铁路运输单据没有指明承运人，可以接受铁路运输公司的任何签字或印戳作为承运人签署单据的证据。

ii. 表明货物的信用规定地点的发运日期，或者收讫待运或待发送的日期。运输单据的出具日期将被视为发运日期，除非运输单据上盖有带日期的收货印戳，或注明了收货日期或发运日期。

iii. 表明信用证规定的发运地及目的地。

b. i. 公路运输单据必须看似为开给发货人或托运人的正本，或没有任何标记表明单据开给何人。

ii. 注明"第二联"的铁路运输单据将被作为正本接受。

iii. 无论是否注明"正本"字样，铁路或内陆水运单据都被作为正本接受。

c. 如运输单据上未注明出具的正本数量，提交的份数即视为全套正本。

d. 就本条而言，转运是指在信用证规定的发运、发送或运送的地点到目的地之间的运输过程中，在同一运输方式中从一运输工具卸下再装上另一运输工具的行为。

e. i. 只要全程运输由同一运输单据涵盖、公路、铁路或内陆水运单据可以注明货物将要或可能被转运。

ii. 即使信用证禁止转运，注明将要或可能发生转运的公路、铁路或内陆水运单据仍可接受。

第二十五条　快递收据、邮政收据或投邮证明

a. 证明货物收讫待运的快递收据，无论名称如何，必须看似：

i. 表明快递机构的名称，并在信用证规定的货物发运地点由该具名快递机构盖章或签字；且

ii. 表明取件或收件的日日期或类似词语，该日期将被视为发运日期。

b. 如果要求显示快递费用付讫或预付，快递机构出具的表明快递费由收货人以外的一方支付的运输单据可以满足该项要求。

c. 证明货物收讫待运的邮政收据或投邮证明，无论名称如何，必须看似在信用证规定的货物发运地点盖章或签署并注明日期。该日期将被视为发运日期。

第二十六条　"货装舱面"、"托运人装载和计数"、"内容据托运人报称"及运费之外的费用。

a. 运输单据不得表明货物装于或者装于舱面。声明可能被装于舱面的运输单据条款

可以接受。

b. 载有诸如“托运人装载和计数”或“内容据托运人报称”条款的运输单据可以接受。

c. 运输单据上可以以印戳或其他方法提及运费之外的费用。

第二十七条　清洁运输单据

银行只接受清洁运输单据,清洁运输单据指未载有明确宣称货物或包装有缺陷的条款或批注的运输单据。“清洁”一词并不需要在运输单据上出现,即使信用证要求运输单据为“清洁已装船”的。

第二十八条　保险单据及保险范围

a. 保险单据,例如保险单或预约保险项下的保险证明书或者声明书,必须看似由保险公司或承保人或其代理人或代表出具并签署。

b. 如果保险单据表明其以多份正本出具,所有正本均须提交。

c. 暂保单将不被接受。

d. 可以接受保险单代预约保险项下的保险证明书或声明书。

e. 保险单据日期不得晚于发运日期,除非保险单据表明保险责任不迟于发运日生效。

f. i. 保险单据必须表明投保金额并以与信用证相同的货币表示。

ii. 信用证对于投保金额为货物价值,发票金额或类似金额的某一比例的要求,将被视为对最低保额的要求。

如果信用证对投保金额未做规定,投保金额或类似金额的某一比例的要求,将被视为对最低保额要求。

如果信用证对投保金额未做规定,投保金额须至少为货物的CIF或CIP价格的110%。

如果从单据中不能确定CIF或者CIP价格,投保金额必须基于要求承付或议付的金额,或者基于发票上显示的货物总值来计算,两者之中取金额较高者。

iii. 保险单据须表明承保的风险区间至少涵盖从信用证规定的货物接管地或发运地开始到卸货地或最终目的地为止。

g. 信用证应规定所需投保的险别及附加险(如有的话)。如果信用证使用诸如“通常风险”或“惯常风险”等含义不确切的用语,则无论是否有漏保之风险,保险单据将被照样接受。

h. 当信用证规定投保“一切险”时,如保险单据载有任何“一切险”批注或条款,无论是否有“一切险”标题,均将被接受,即使其声明任何风险除外。

i. 保险单据可以援引任何除外条款。

j. 保险单据可以注明受免赔率或免赔额(减除额)约束。

第二十九条　截止日或最迟交单日的顺延

a. 如果信用证的截止日或最迟交单日适逢接受交单的银行非因第三十六条所述原因而歇业,则截止日或最迟交单日,视何者适用,将顺延至其重新开业的第一个银行工作日。

b. 如果在顺延后的第一个银行工作日交单,指定银行必须在其致开证行或保兑行的面函中声明交单是在根据第二十九条a款顺延的期限内提交的。

c. 最迟发运日不因第二十九条a款规定的原因而顺延。

第三十条　信用证金额、数量与单价的伸缩度

a. “约”或“大约”用于信用证金额或信用证规定的数量或单价时,应解释为允许有关金

额或数量或单价有不超过10%的增减幅度。

b. 在信用证未以包装单位件数或货物自身件数的方式规定货物数量时，货物数量允许有5%的增减幅度，只要总支取金额不超过信用证金额。

c. 如果信用证规定了货物数量，而该数量已全部发运，及如果信用证规定了单价，而该单价又未降低，或当第三十条b款不适用时，则即使不允许部分装运，也允许支取的金额有5%的减幅。若信用证规定有特定的增减幅度或使用第三十条a款提到的用语限定数量，则该减幅不适用。

第三十一条　部分支款或部分发运

a. 允许部分支款或部分发运。

b. 表明使用同一运输工具并经由同次航程运输的数套运输单据在同一次提交时，只要显示相同目的地，将不视为部分发运，即使运输单据上表明的发运日期不同或装货港、接管地或发运地点不同。如果交单由数套运输单据构成，其中最晚的一个发运日将被视为发运日。

含有一套或数套运输单据的交单，如果表明在同一种运输方式下经由数件运输工具运输，即使运输工具在同一天出发运往同一目的地，仍将被视为部分发运。

c. 含有一份以上快递收据，邮政收据或投邮证明的交单，如果单据看似由同一快递或邮政机构在同一地点和日期加盖印戳或签字并且表明同一目的地，将不视为部分发运。

第三十二条　分期支款或分期发运

如信用证规定在指定的时间段内分期支款或分期发运，任何一期未按信用证规定期限支取或发运时，信用证对该期及以后各期均告失效。

第三十三条　交单时间

银行在其营业时间外无接受交单的义务。

第三十四条　关于单据有效性的免责

银行对任何单据的形式、充分性、准确性、内容真实性，虚假性或法律效力，或对单据中规定或添加的一般或特殊条件，概不负责；银行对任何单据所代表的货物，服务或其他履约行为的描述、数量、重量、品质、状况、包装、交付、价值或其存在与否、或对发货人、承运人、货运代理人、收货人、货物的保险人或其他任何人的诚信与否、作为或不作为，清偿能力、履约或资信状况，也概不负责。

第三十五条　关于信息传递和翻译的免责

当报文、信件或单据按照信用证的要求传输或发送时，或当信用证未作指示，银行自行选择传送服务时，银行对报文传输或信件或单据的递送过程中发生的延误、中途遗失、残缺或其他错误产生的后量，概不负责。

如果指定银行确定交单相符并将单据发往开证行或保兑行，无论指定银行是否已经承付或议付，开证行或保兑行必须承付或议付，或偿付指定银行，即使单据在指定银行送往开证行或保兑行的途中，或保兑行送往开证行的途中丢失。

银行对技术语的翻译或解释上的错误，不负责任，并可不加翻译地传送信用证条款。

第三十六条　不可抗力

银行对由于天灾、暴动、骚乱、叛乱、战争、恐怖主义行为或任何罢工、停工或其无法控制的任何其他原因导致的营业中断的后果，概不负责。

银行恢复营业时，对于在营业中断期间已逾期的信用证，不再进行承付或议付。

第三十七条　关于被指示方行为的免责

a. 为了执行申请人的指示，银行利用其他银行的服务，其费用和风险由申请人承担。

b. 即使银行自行选择了其他银行，如果发出的指示未被执行，开证行或通知行对此亦不负责。

c. 指示另一银行提供服务的银行有责任负担被指示方因执行指示而发生的任何佣金、手续费、成本或开支（“费用”）。

如果信用证规定费用由受益人负担，而该费用未能收取或从信用证款项中扣除，开证行依然承担支付此费用的责任。

信用证或其修改不应规定向受益人的通知以通知行或第二通知行收到其费用为条件。

d. 外国法律和惯例加诸于银行的一切义务和责任，申请人应受其约束，并就此对银行负补偿之责。

第三十八条　可转让信用证

a. 银行无办理信用证转让的义务，除非其明确同意。

b. 就本条而言：

可转让信用证系指特别注明“可转让(transferable)”字样的信用证。可转让信用证可应受益人（第一受益人）的要求转为全部或部分由另一受益人（第二受益人）兑用。

转让行系指办理信用证转让的指定银行，或当信用证规定可在任何银行兑用时，指开证行特别如此授权并实际办理转让的银行。开证行也可担任转让行。

已转让信用证指已由转让行转为可由第二受益人兑用的信用证。

c. 除非转让时另有约定，有关转让的所有费用（诸如佣金、手续费、成本或开支）须由第一受益人支付。

d. 只要信用证允许部分支款或部分发运，信用证可以分部分转让给数名第二受益人。

已转让信用证不得应第二受益人的要求转让给任何其后受益人。第一受益人不视为其后受益人。

e. 任何转让要求须说明是否允许及在何条件下允许将修改通知第二受益人。已转让信用证须明确说明该项条件。

f. 如果信用证转让给数名第二受益人，其中一名或多名第二受益人对信用证修改并不影响其他第二受益人接受修改。对接受者而言该已转让信用证即被相应修改，而对拒绝修改的第二受益人而言，该信用证未被修改。

g. 已转让信用证须准确转载原证条款，包括保兑（如果有的话），但下列项目除外：

——信用证金额；

——规定的任何单价；

——截止日；

——交单期限；或

——最迟发运日或发运期间。

以上任何一项或全部均可减少或缩短。

必须投保的保险比例可以增加，以达到原人信用证或本惯例规定的保险金额。

可用第一受益人的名称替换原证中的开证申请人名称。

如果原证特别要求开证申请人名称应在除发票以外的任何单据出现时，已转让信用证必须反映该项要求。

h. 第一受益人有权以自己的发票和汇票（如有的话）替换第二受益人的发票的汇票，其金额不得超过原信用证的金额。经过替换后，第一受益人可在原信用证项下支取自己发票与第二受益人发票间的差价（如有的话）。

i. 如果第一受益人应提交其自己的发票和汇票（如有的话），但未能在第一次要求的照办，或第一受益人提交的发票导致了第二受益人的交单中本不存在的不符点，而其未能在第一次要求时修正，转让行有权将从第二受益人处收到的单据照交开证行，并不再对第一受益人承担责任。

j. 在要求转让时，第一受益人可以要求在信用证转让后的兑用地点，在原信用证的截止日之前（包括截止日），对第二受益人承付或议付。该规定并不得损害第一受益人在第三十八条 h 款下的权利。

k. 第二受益人或代表第二受益人的交单必须交给转让行。

第三十九条　款项让渡

信用证未注明可转让，并不影响受益人根据所适用的法律规定，将该信用证项下其可能有权或可能将成为有权获得的款项让渡给他人的权利。本条只涉及款项的让渡，而不涉及在信用证项下进行履行行为的权利让渡。

外销员考试历年真题汇总

一、名词解释(如系英文,先译成中文,然后就其含义作简要解释)

1. 国际多式联运(2008)
2. 承兑交单(2007)
3. 共同海损(2001)
4. Factoring(2007)
5. Clean B/L(2007)
6. CIF Liner Terms(2008)

二、选择题(在下列试题的几种答案中选出正确的一个或多个答案,并在括号内划上"√")

1. 按惯例,若买卖合同中未对溢短装部分规定作价方法,则应________。(2008)

(　　)① 按合同价格计算

(　　)② 按装运时某种市价计算

(　　)③ 按到货时某种市价计算

2. 我出口企业以 CIF 条件与国外客户成交,如双方在合同中未规定保险险别,按照《INCOTERMS1990》,我企业应负责投保________。(2008)

(　　)① CIC 的一切险

(　　)② CIC 的平安险

(　　)③ CIC 的平安险和战争险

3. 福费廷业务中的远期汇票应得到________。(2007)

(　　)① 进口商担保

(　　)② 进口商银行担保

(　　)③ 出口商银行担保

4. 在其他条件不变的情况下,进口商应选择货币计价的有________。(2007)

(　　)① 上浮趋势的货币

(　　)② 下浮趋势的货币

(　　)③ 币值大幅度上下波动的货币

5. 使用 L/C、D/P、D/A 三种支付方式结算货款,就卖方的收汇风险而言,从小到大依次排序为________。(2007)

(　　)① D/P、D/A 和 L/C

(　　)② D/A、D/P 和 L/C

(　　)③ L/C、D/P 和 D/A

6. 轻工进出口公司出口电冰箱共 1 000 台,合同和信用证都规定不准分批装运。运输时有 30 台被撞,包装破裂,冰箱外观变形,不能出口。根据《UCP500》规定,只要货款不超过信用证总金额,交货数量允许有 5%的增减。据此,轻工公司发货时,可以装运________台。

(2006)

(　　)① 1 000

(　　)② 970

(　　)③ 950

7. 托收方式下的D/P和D/A的主要区别是________。(2006)

(　　)① D/P是属于跟单托收;D/A是属于光票托收

(　　)② D/P是付款后交单;D/A是承兑后交单

(　　)③ D/P是即期付款;D/A是远期付款

8. 根据《跟单信用证统一惯例》,必须规定一个交单地点的信用证是________。(2007)

(　　)① 即期付款信用证

(　　)② 延期付款信用证

(　　)③ 承兑信用证

(　　)④ 自由议付信用证

(　　)⑤ 限制议付信用证

9. 假远期信用证又称买方远期信用证,其主要特点是________。(2006)

(　　)① 由开证行开出延期付款信用证

(　　)② 由受益人开出远期汇票

(　　)③ 由指定的付款行负责贴现汇票

(　　)④ 由进口人负担贴现息和费用

(　　)⑤ 由出口人待汇票到期时收取货款

三、判断题(正确的,在括号内划上"√";错误的,在括号内划上"×")

(　　)1. 在出口凭样品成交业务中,为了争取国外客户,便于达成交易,出口企业应尽量选择质量最好的样品请对方确认并签订合同。(2008)

(　　)2. 在出口业务中,如同意客户定牌的要求,则应在出口商品或其包装上使用买方指定的商标或牌号,但不能注明"中国制造"字样。(2008)

(　　)3. 按CIF/CIP贸易术语成交,尽管价格中包括至指定目的港/目的地的运费和保险费,但卖方不承担货物必然到达目的港/目的地的责任。(2008)

(　　)4. 在某些商品的进出口合同中,不仅要规定异议与索赔条款,还应规定罚金条款。(2007)

(　　)5. 根据《跟单信用证统一惯例》,除非信用证另有规定,商业发票应由开证申请人签发,必须作成受益人的抬头。(2007)

(　　)6. 出口的茶叶在装运途中,最大的问题是怕串味,因此,投保货运险时,除投保一切险之外,还应加保串味险。(2006)

(　　)7. 票汇业务和托收业务都是商业信用,使用的都是商业汇票。(2007)

(　　)8. 银行汇票与商业汇票的主要区别在于:前者的出票人和付款人都是银行;后者的出票人和付款人都是工商企业或个人。(2006)

(　　)9. 在信用证支付方式下,受益人只要在信用证规定的有效期内向银行提交符合信用证规定的全部单据,银行就必须履行付款的义务。(2006)

(　　)10. 在国际贸易中，如交易双方愿将履约中的争议提交仲裁解决，必须在买卖合同中订立仲裁条款；否则，仲裁机构不予受理。(2006)

四、计算题

1. 我国某公司出口商品一批共 1 000 吨，出口价格为每吨 2 000 美元 CIF×××港。客户现要求改报 FOB C 5%上海价。查该商品总重量为 1 200 吨，总体积 1 100 立方米，海运运费按 W/M 计收，每运费吨基本运费率为 120 美元，港口附加费 15%；原报价保险金额按 CIF 价另加成 10%，保险险别为一切险，保险率为 1%。试求该商品的 FOB C 5%上海价。(2008)

2. 我国某企业向新加坡 A 公司出售一批货物，出口总价为 10 万美元 CIF 新加坡，其中从大连港运至新加坡的海运运费为 4 000 美元，保险按 CIF 总价的 110%投保一切险，保险费率 1%。这批货物的出口总成本为 72 万元人民币。结汇时，银行外汇买入价为 1 美元折合 8.30 元人民币。试计算这笔交易的换汇成本和盈亏额。(2006)

3. 某公司出口箱装货物，报价为每箱 50 美元 CFR 伦敦。英商要求改报 FOB 价，我方应报价多少？(已知：该货物体积每箱长 45 厘米、宽 40 厘米、高 25 厘米，每箱毛重 35 千克，运费计算标准为 W/M，每运费吨基本运费为 120 美元，并加收直航附加费 20%，港口附加费 10%)(2007)

五、案例题

1. 我国 A 公司向巴基斯坦 B 公司以 CIF 条件出口货物一批。国外来证中单据条款规定："商业发票一式两份；全套(full set)清洁已装船提单，注明'运费预付'，作成指示抬头空白背书；保险单一式两份，根据中国人民保险(集团)公司 1981 年 1 月 1 日海洋运输货物保险条款投保一切险和战争险"。信用证内并注明"按 UCP500 办理"。A 公司在信用证规定的装运期限内将货物装上船，并于到期日前向议付行交单议付，议付行随即向开证行寄单索偿。开证行收到单据后来电表示拒绝付款，其理由是单证有下列不符：① 商业发票上没有受益人的签字。② 正本提单是以一份组成，不符合全套要求。③ 保险单上的保险金额与发票金额相等，因此，投保金额不足。试分析开证行单证不符的理由是否成立，并说明理由。(2008)

2. A 公司委托 B 公司进口机器一台，合同规定索赔期限为货到目的港后 30 天。货到目的港卸船后，B 公司立即将货物转给 A 公司，因 A 公司厂房尚未建好，机器无法安装试车。半年后厂房完工，机器安装完毕进行试车，A 公司发现机器不能正常运转。经过商检机构检验证明，该机器是旧货，于是 A 公司要求 B 公司对外索赔，但外商拒绝赔偿，A 公司遭受了巨大经济损失。问我们应从中吸取什么教训？(2007)

3. 中国 A 公司从德国 B 公司进口一套大型生产设备，分三批交货。第一批交付的货物符合合同的要求，第二批交付的货物为该设备的主要部件，其型号、性能与合同不符，无法安装投产。A 公司因此提出撤销整个合同，而 B 公司提出异议。请依照《联合国国际货物销售合同公约》的有关规定分析哪方有理？为什么？(2006)

主要参考文献

[1] 程怀儒.国际贸易实务[M].北京：人民教育出版社，2006.

[2] 张婧.国际贸易理论与实务[M].北京：清华大学出版社，北京交通大学出版社，2009.

[3] 全国国际商务专业人员职业资格考试用书编委会.国际商务基础理论与实务[M].北京：中国商务出版社，2008.

[4] 张梅.国际贸易理论与实务[M].北京：中国铁道出版社，2010.

[5] 卓骏.国际贸易理论与实务[M].北京：机械工业出版社，2010.

[6] 谢惠琳，许士春，李轶，刘冉.国际贸易理论与实务[M].徐州：中国矿业大学出版社，2009.

[7] 刘重力.国际贸易实务[M].北京：清华大学出版社，2008.

[8] 程祖伟，韩玉军.国际贸易结算与信贷[M].北京：中国人民大学出版社，2004.

[9] 严国辉.国际贸易理论与实务[M].北京：对外经济贸易大学出版社，2005.

[10] 胡婷婷.货代提单的法律性质及其实践问题略析[J].东南大学学报：哲学社会科学版，2008(10).

[11] 陈霜华，查贵勇.国际贸易习题与案例[M].上海：复旦大学出版社，2008.

[12] 石玉川，周婷.国际贸易术语惯例与案例分析[M].北京：对外经济贸易大学出版社，2007.

[13] 田运银.国际贸易实务精讲[M].4版.北京：中国海关出版社，2010.

[14] 傅龙海.信用证与UCP600[M].北京：对外经济贸易大学出版社，2010.

[15] 易露霞，方玲玲，陈原.国际贸易实务双语教程[M].2版.北京：清华大学出版社，2010.

[16] 黎孝先，石玉川.国际贸易实务[M].北京：对外经济贸易大学出版社，2008.

[17] 李晓燕.国际贸易理论与实务[M].北京：清华大学出版社，2010.

[18] 崔日明，王海兰.国际贸易实务[M].2版.北京：机械工业出版社，2010.

[19] 田运银.国际贸易实务疑难解答[M].北京：中国海关出版社，2010.

[20] 原擒龙.国际结算与贸易融资案例分析[M].北京：中国金融出版社，2010.

[21] 贺瑛.国际结算习题及案例[M].上海：复旦大学出版社，2008.

[22] 孟祥年.国际贸易实务习题集[M].北京：对外经济贸易大学出版社，2008.